Die eigene Sachentscheidung des BGH in Strafsachen (§ 354 Abs. 1 StPO)

Bielefelder Rechtsstudien

Schriftenreihe für Gesetzgebungswissenschaft, Rechtstatsachenforschung und Rechtspolitik

Herausgegeben von
Otto Backes, Stephan Barton,
Gerhard Otte, Martin Stock

Band 12

PETER LANG
Frankfurt am Main · Berlin · Bern · Bruxelles · New York · Oxford · Wien

Thomas Schwarz

Die eigene Sachentscheidung des BGH in Strafsachen (§ 354 Abs. 1 StPO)

Eine normativ-empirische Studie

PETER LANG
Europäischer Verlag der Wissenschaften

Die Deutsche Bibliothek - CIP-Einheitsaufnahme

Schwarz, Thomas:

Die eigene Sachentscheidung des BGH in Strafsachen (§ 354 Abs. 1 StPO) : eine normativ-empirische Studie / Thomas Schwarz. - Frankfurt am Main ; Berlin ; Bern ; Bruxelles ; New York ; Oxford ; Wien : Lang, 2002
(Bielefelder Rechtsstudien ; Bd. 12)
Zugl.: Bielefeld, Univ., Diss., 2001
ISBN 3-631-38689-3

D 361
ISSN 0937-0641
ISBN 3-631-38689-3

www.peterlang.de

Vorwort

Die Arbeit hat der Fakultät für Rechtswissenschaft der Universität Bielefeld im Sommersemester 2001 als Dissertation vorgelegen.

An dieser Stelle möchte ich insbesondere Herrn Prof. Dr. Stephan Barton danken, der die Erstattung des Erstgutachtens übernommen hat. Er hat mich zu dem Thema der Arbeit angeregt und ihr Entstehen durch seine ständige Gesprächsbereitschaft und wertvollen Hinweise maßgeblich gefördert. Zu danken habe ich ihm auch für die Überlassung der für mich relevanten Daten aus seinem Forschungsprojekt „Die Revisionsrechtsprechung des BGH in Strafsachen".

Für die Übernahme des Zweitgutachtens und seine konstruktive Kritik habe ich Herrn Prof. Dr. Otto Backes zu danken.

Herrn Thomas Schubert danke ich ganz herzlich für seinen virtuosen Umgang mit der computergestützten Datenverwaltung.

Bielefeld, im August 2001 *Thomas Schwarz*

Inhaltsverzeichnis

A. Einleitung

Gegen nicht rechtskräftige Strafurteile stehen dem Beschwerdeführer (nur) zwei Rechtsmittel offen: Die Berufung und die Revision. Versucht man schlagwortartig, die Revision im Strafrecht von der Berufung abzugrenzen, so findet sich durchgehend in etwa folgende Umschreibung:

> Die Revision ist auf die rechtliche Nachprüfung des Urteils beschränkt, während die Berufung unmittelbar zur Neuverhandlung der Sache auch in tatsächlicher Hinsicht führt[1].

Diese Unterscheidung ergibt sich aus der Zusammenschau der §§ 328 Abs. 1 und 337 StPO. Dementsprechend hat das Revisionsgericht grundsätzlich eine bloße Prüfungskompetenz im Hinblick auf das Vorliegen eines Rechtsfehlers. Stellt es einen solchen Fehler fest, ist die Sache grundsätzlich an das Tatgericht zurückzuverweisen; entweder an eine andere Abteilung/Kammer desselben Gerichtes, welches die angefochtene Entscheidung erlassen hat oder aber an ein anderes Gericht gleicher Ordnung (§ 354 Abs. 2 StPO). Eine eigene Entscheidung des Revisionsgerichts in der Sache selbst paßt demgemäß nicht in das skizzierte Bild von der Revision als Rechtsbeschwerdeverfahren[2]. So sieht denn § 354 Abs. 1 StPO auch nur in wenigen Ausnahmefällen die Möglichkeit einer eigenen revisionsgerichtlichen Sachentscheidung vor. Das Revisionsgericht kann auf Freisprechung, Einstellung[3] oder eine absolut bestimmte Strafe erkennen. Des weiteren kann in der Sache selbst entschieden werden, wenn das Revisionsgericht „in Übereinstimmung mit dem Antrag der Staatsanwaltschaft die gesetzlich niedrigste Strafe oder das Absehen von Strafe für angemessen erachtet". Gemeinsame Voraussetzung all dieser Entscheidungsmöglichkeiten ist allerdings, daß die tatrichterlich getroffenen Feststellungen, auf denen das tatrichterliche Urteil gründet, von der eigenen Entscheidung des Revisionsgerichts nicht betroffen werden (§ 354 Abs. 1 S. 1 Hs. 1 StPO). Mit anderen Worten: Das Revisionsgericht hat seiner Entscheidung die vom Tatgericht getroffenen Feststellungen zugrunde zu legen.

Weiter darf das Revisionsgericht nur dann selbst entscheiden, wenn es dazu „ohne weitere tatsächliche Erörterungen" in der Lage ist (§ 354 Abs. 1 1 Hs. 2 StPO). Die Feststellungen des Tatgerichts sind demnach als *abschließende* Tatsachengrundlage für das Revisionsgericht anzusehen; darüber hinausgehende Feststellungen dürfen nicht getroffen werden. Insofern wird also die oben beschriebene alleinige Aufgabe des Revisionsgerichts zur *Rechts*prüfung nicht berührt. Neben der Neubewertung der vom Tatgericht getroffenen Feststellungen in rechtlicher Hinsicht – wobei sowohl der Schuld- als auch der Rechtsfolgenausspruch betroffen sein kann –ist vom Revisionsgericht bei jeder eigenen Sachentscheidung auch zu prüfen, ob

---

[1] Siehe z. B. KK – *Kuckein*, vor § 333, Rn. 1.

[2] LR – *Hanack*, § 354, Rn. 1.

[3] Gemeint ist die Einstellung wegen eines Verfahrenshindernisses, nicht die nach §§ 153 ff. StPO: KK – *Kuckein*, § 354, Rn. 7; LR – *Hanack*, § 354, Rn. 7.

die tatrichterlichen Feststellungen in rechtlich einwandfreier Weise zustande gekommen sind.

Gemeinsame „Grundlage" aller kodifizierten Sachentscheidungsmöglichkeiten ist also, daß für das Revisionsgericht lediglich eine Nachprüfung des ordnungsgemäßen Zustandekommens der tatrichterlichen Feststellungen und deren rechtliche Bewertung in Frage kommt. Entscheidend ist dabei die (strenge) Grenzziehung zwischen dem Aufgabenbereich des Tat– und des Revisionsgerichts zu beachten, wonach dem Revisionsgericht lediglich die Aufgabe zugewiesen ist, das tatrichterliche Urteil in rechtlicher Hinsicht zu überprüfen.

Eine Entscheidung ohne hinreichende Prüfung der Vollständigkeit tatrichterlicher Feststellungen würde hingegen eine eigene Überzeugungsbildung seitens des Revisionsgerichts im Hinblick auf die Beweiswürdigung bedeuten, was mit § 261 StPO nicht zu vereinbaren wäre, der im Hinblick auf das Ergebnis der Beweisaufnahme eine Überzeugung *aufgrund* einer Hauptverhandlung verlangt[4]. Im übrigen schließt § 354 Abs. 1 StPO eine eigene Beweiswürdigung durch das Revisionsgericht von vornherein selbst aus, verlangt doch die Norm, daß eine Entscheidung des Revisionsgerichts davon abhängt, daß die tatrichterlichen Feststellungen nicht angegriffen werden („... sofern ohne weitere tatsächliche Erörterungen...").

Mit anderen Worten: Die Entscheidung des Revisionsgerichts muß auf der Grundlage der tatrichterlichen Feststellungen erfolgen. Das Revisionsgericht ist an die Feststellungen des angefochtenen Urteils gebunden und darf sie weder ändern noch ergänzen[5]. Sind die Feststellungen aber fehlerhaft, so muß die Sache an das Tatgericht zurückverwiesen werden[6]. Eine eigene Beweiswürdigung verträgt sich damit aber nicht, ist sie doch das Zeichen, daß die tatrichterlichen Feststellungen eben nicht fehlerfrei zustande gekommen sind. *Alsberg*[7] brachte es schon im Jahre 1913 kurz und knapp auf den Punkt:

> „Die Würdigung der Beweisaufnahme ist eben schlechthin jeder Nachprüfung durch die Revisionsinstanz entzogen."

§ 354 Abs. 1 StPO ermöglicht dem Revisionsgericht also zum einen eine eigene Sachentscheidung in den Fällen, in denen keine eigene Ermessenstätigkeit ausgeübt werden muß, um zu einem Erkenntnis zu gelangen, nämlich bei den Alternativen „Freisprechung", „Einstellung" und einer „absolut bestimmten Strafe". Hier wird das „Ergebnis" durch bloße Subsumtion (bzw. bei der Frage der Einstellung durch das objektive Vorliegen eines Prozeßhindernisses) erzielt. Eine reine Rechtsprüfung – als „klassisch revisionsgerichtliche Aufgabe" – ist die Folge. Diese Rechtsprüfung bezieht sich bei den genannten Alternativen ausschließlich auf den Schuldspruch. Das gilt auch für die Alternative der „absolut bestimmten Strafe", da hier die Strafzumessung (besser: Straffestsetzung) aufgrund der vom gesetzlichen Tatbestand –

---

[4] Vgl. *Steinmetz*, Sachentscheidungskompetenzen, S. 132; *Luther*, NJ 1994, 350.

[5] LR – *Hanack*, § 354, Rn. 1.

[6] LR – *Hanack*, § 354, Rn. 1.

[7] *Alsberg*, Justizirrtum, S. 35.

welcher durch Subsumtion ermittelt wurde – vorgegebenen Rechtsfolge bestimmt wird und nicht durch eine eigene Ermessensentscheidung des Revisionsgerichts[8]. Bei der Alternative der „gesetzlich niedrigsten Strafe" nimmt das Revisionsgericht dagegen eine eigene Strafzumessung aufgrund einer eigenständig durchgeführten Ermessensausübung vor. Insoweit erfolgt also ein Übergriff in „klassische" tatrichterliche Aufgaben. Dieser Systembruch[9] ist durch die gesetzgeberische Intention zu erklären, eine Verfahrensvereinfachung[10] herbeizuführen, wenn es der Staatsanwaltschaft primär um die Festsetzung des richtigen Schuldspruchs geht[11] und nicht so sehr um die Strafzumessung. Da hier die Staatsanwaltschaft für die Festsetzung der gesetzlich niedrigsten Strafe zustimmen muß – und somit kein „Alleingang" des Revisionsgerichts möglich ist – und im übrigen für den Angeklagten ohnehin keine Benachteiligung entsteht[12], erscheint diese dogmatische Inkonsequenz hinnehmbar. Mit der Alternative „Absehen von Strafe" sollte dagegen 1951 (Strafrechtsänderungsgesetz) der gestiegenen Zahl der Vorschriften des materiellen Rechts, welche verstärkt ein Absehen von Strafe ermöglichten, Rechnung getragen werden[13]. Die für die Rechtfertigung der systemfremden Einordnung der Alternative der „gesetzlich niedrigsten Strafe" geltend gemachten Überlegungen, gelten entsprechend auch hier[14], da sich beide Alternativen in ihren Grundlagen sehr ähnlich sind. Hervorzuheben ist bzgl. der beiden letztgenannten Alternativen aber ausdrücklich, daß es sich hier um bewußte gesetzgeberische Ausnahmen vom Grundsatz „Strafzumessung = Aufgabe des Tatrichters" handelt.

I. Der Pistazieneis–Fall

Vor dem beschriebenen Hintergrund sei nun aber folgender Fall – der sog. Pistazieneis–Fall[15] – angeführt, dessen Sachverhalt sich kurz wie folgt zusammenfassen läßt:

Die Angeklagte besuchte die Familie ihres Bruders. Sie brachte ihrer Nichte eine Packung Pistazieneis mit. Das Kind aß ein Stück Leberkäse und ein Laugenbrötchen. Die Eltern des Kindes verließen dann das Haus, so daß die Angeklagte mit ihrer Nichte bis 22.OO Uhr allein war. Die Angeklagte gab dem Kind zwei Portionen des Pistazieneises mit einer Schokoladensauce, die im Hause des Bruders in einer angebrochenen Flasche vorhanden war, zu essen. Sie selbst aß ebenfalls eine Portion, allerdings ohne Sauce. Nachdem die Angeklagte das Kind zu Bett brachte, mußte dieses

---

[8] *Geerds*, JZ 1968, 393.

[9] Bedenken aufgrund eines unzulässigen Eingriffs in die tatrichterliche Strafzumessung äußert denn auch der Vertreter der Bundesrates bei den Beratungen der Reichstagskommission zu § 316 (jetzt § 354); siehe Hanauer, bei *Hahn,* Motive (RStPO), Abt. 1, S. 1047.

[10] Siehe die Begründung des Abg. Becker für den Antrag, dem Revisionsgericht die Möglichkeit zu geben, auf die gesetzlich niedrigste Strafe zu erkennen; bei *Hahn,* Motive (RStPO), Abt. 1, S. 1046 f.

[11] *Batereau*, Schuldspruchberichtigung, S. 75.

[12] *Batereau*, Schuldspruchberichtigung, S. 6.

[13] *Steinmetz*, Sachentscheidungskompetenzen, S. 41; *Bode*, Sachentscheidung, S. 4 f.; *Dallinger*, JZ 1951, 622 f.

[14] Siehe auch *Bode*, Sachentscheidung, S. 4; *Geerds*, JZ 1968, 393.

[15] BGH, NJW 1999, 1562. Siehe auch die Anmerkung von *Salditt*, in: NStZ 1999, 420.

sich eine Stunde später erstmals erbrechen. Als die Eltern nach Hause kamen, berichtete das Kind vom Erbrechen. Es habe 'zu viel Eis gegessen'. Bis 23.15 Uhr saß das Kind bei den Erwachsenen und trank Tee. Kurze Zeit später erbrach sich das Kind erneut mehrmals und bekam Durchfall. Als der Vater ihm dagegen Medikamente gab, ließen die Brechdurchfälle langsam nach. Am frühen Morgen kam es jedoch erneut zu heftigem Erbrechen und schließlich zum Zusammenbruch des Kindes. Das Kind verstarb wenig später im Krankenhaus. Als Todesursache wurde eine Vergiftung mit Arsenik festgestellt. Das Landgericht Stuttgart verurteilte die Angeklagte wegen Mordes – unter Bejahung der besonderen Schwere der Schuld – zu lebenslanger Freiheitsstrafe, da es davon ausging, sie habe das Gift dem Eis beigefügt, in der Absicht, das Kind zu töten.

Der BGH[16] hob das Urteil auf und verwies die Sache an das Landgericht zurück. Dieses verurteilte die Angeklagte erneut wegen Mordes an ihrer Nichte zu lebenslanger Freiheitsstrafe. Gegen dieses Urteil richtete sich die Revision der Angeklagten. Das Rechtsmittel hatte Erfolg. Der BGH hob das Urteil auf. Als Begründung führt der erkennende Senat[17] u. a. aus,

> „... daß die Beweiswürdigung des Landgerichts einer rechtlichen Überprüfung nicht standhält. Das Landgericht sei von vornherein von der Täterschaft der Angeklagten überzeugt gewesen, da andere Personen innerhalb des Familienkreises mangels Tatmotivs ausscheiden würden. Das Landgericht habe aus Verhaltensweisen und Äußerungen der Angeklagten Folgerungen zu ihren Lasten gezogen. Auf der anderen Seite würde dagegen Gleichartiges bei den Eltern als plausibel und nachvollziehbar eingestuft."

Erinnert man sich an die oben beschriebene Funktion der Revision, so würde man nun bei einer - hier vorliegenden - erfolgreichen Revision im Hinblick auf den weiteren Verfahrensgang erwarten, daß es bei der bloßen Feststellung der Fehlerhaftigkeit des tatgerichtlichen Urteils sein Bewenden hat und die Sache zur erneuten Verhandlung zurückverwiesen wird. Diese Vorgehensweise wird durch die Vorschrift des § 354 Abs. 2 StPO quasi als revisionstypisch kodifiziert. Eine Zurückverweisung der Sache erschien dem Senat aber nicht notwendig; vielmehr entschied er in der Sache selbst und sprach die Angeklagte frei. Er führt insoweit aus:

> „Eine Zurückverweisung der Sache zu erneuter tatrichterlicher Prüfung ist aber nicht angebracht. Der Senat kann durch Freispruch in der Sache selbst entscheiden (§ 354 I StPO; vgl. BGHSt 36, 316 [319] = NJW 1990, 1373). Der Senat schließt aus, daß bei einer Zurückverweisung in einer erneuten (dritten) Hauptverhandlung Tatsachen festgestellt werden könnten, die für eine Verurteilung tragfähig wären. Gegen die vorsätzliche Tötung des Kindes durch die Angekl. spricht, daß auch in der zweiten Hauptverhandlung – von theoretischen Möglichkeiten, die keinen Schluß zum Nachteil der Angekl. gestatten, abgesehen – kein Motiv für die Tatbegehung festgestellt werden konnte, kein unmittelbares tatbezogenes Indiz gegen die Angekl. vorhanden ist und nach den Feststellungen des sachverständig beratenen LG auch kein 'geordneter Wahn' vorlag, der ein Handeln durch die Angekl. erklären könnte. Die Tatbegehung durch sie ist immer noch 'kaum verständlich', während umgekehrt andere Ursachen für den Tod des Kindes nicht ausgeschlossen werden können. Bei dieser Sachlage fehlt endgültig eine objektiv hohe Wahrscheinlichkeit der Tatbegehung durch die Angekl., die aber nach der Rechtsprechung des BGH Voraussetzung für eine Verurteilung wäre ... und nicht allein durch die, für die Verurteilung freilich zusätzlich erforderliche, subjektive richterliche Überzeugung ersetzt werden kann. Deshalb kann von Rechts wegen eine sichere Überzeugung von der Täterschaft der Angekl. nicht gewonnen werden."

[16] BGH, NStZ-RR 1997, 42 (= StV 1997, 62).

[17] BGH, NJW 1999, 1562.

1. Eigenständige Beweiswürdigung durch das Revisionsgericht

Der BGH hebt hier ein Urteil auf, an dem insgesamt 6 Berufsrichter und 4 Schöffen mitgewirkt haben[18]. Diese haben aus dem Inbegriff der Hauptverhandlung (§ 261 StPO) die Überzeugung von der Schuld der Angeklagten gewonnen. Dieses Ergebnis wird nun vom BGH selbst – wohlgemerkt ohne Hauptverhandlung, also ohne der Angeklagten „gegenübergestanden" zu haben – umgekehrt. Eine verblüffende Wendung; aus der Höchststrafe wird ein Freispruch. Wie paßt eine solche Entscheidung – genauer formuliert: die Art und Weise der Entscheidung – in den beschriebenen Rahmen vom Rechtsbeschwerdeverfahren? Ein solches Verfahren gestattet – wie bereits erörtert – doch lediglich eine bloße rechtliche Nachprüfung des Urteils im Hinblick auf mögliche Rechtsfehler. Eine eigene abschließende Entscheidung in der Sache selbst aufgrund einer vom Revisionsgericht vorgenommenen selbständigen Würdigung der Beweise bzw. der festgestellten Tatsachen läßt sich damit aber nicht vereinbaren. Die rechtliche Ebene wird zu Gunsten der tatsächlichen verlassen.

Man fragt sich deshalb, wie eine solche Entscheidung unter prozessualen Gesichtspunkten gerechtfertigt werden kann. Als prozessuale Grundlage für die Entscheidung gibt der BGH selbst die Norm des § 354 Abs. 1 StPO an. Auf den ersten Blick erscheint dies auch durchaus nachvollziehbar, denn diese Vorschrift sieht in der Tat vor, daß das Revisionsgericht u. a. *selbst* einen Freispruch vornehmen kann (§ 354 Abs. 1 Alt. 1 StPO). Untersucht man aber nun die Voraussetzungen für eine solche Entscheidung, so fällt die Einordnung des Freispruchs im angeführten Fall unter die Norm des § 354 Abs. 1 StPO alles andere als leicht. Die Vorschrift verlangt ja eine Entscheidung auf der Grundlage *fehlerfrei* zustande gekommener Tatsachen; nur wenn die Tatsachen unverändert bleiben können, besteht überhaupt die Möglichkeit einer Entscheidung nach § 354 Abs. 1 StPO[19]. Davon war bereits die Rede. Sind die Tatsachen aber auf fehlerhaftem Wege zustande gekommen, so können bzw. dürfen sie dementsprechend auch nicht bestehen bleiben; der Weg des § 354 Abs. 1 StPO ist versperrt. Zwangsläufig kann eine eigene Sachentscheidung des Revisionsgerichts gem. § 354 Abs. 1 StPO deshalb nur (sieht man vom Fehlen der Verfahrensvoraussetzungen ab)[20] auf eine Gesetzesverletzung bei der Anwendung des sachlichen Rechts gestützt werden[21]. Ist die Beweiswürdigung des Tatgerichts aber fehlerhaft, so ist das Urteil verfahrensrechtlich gesehen eben nicht auf fehlerfreiem Wege zustande gekommen. Genauso liegt es doch aber hier:

---

[18] Vgl. *Salditt*, NStZ 1999, 420.

[19] LR – *Hanack*, § 354, Rn. 1.

[20] Die Einstellung des Verfahrens (§ 354 Abs. 1 Alt. 2 StPO) bildet eine Ausnahme. Genau genommen handelt es sich hier nämlich nicht um eine eigene Sachentscheidung, bei der eine bei der Subsumtion unterlaufene Gesetzesverletzung korrigiert wird, sondern vielmehr fehlt es mangels einer Prozeßvoraussetzung bzw. wegen eines Prozeßhindernisses gerade an der Grundlage für eine eigene Sachentscheidung. Vgl. *Batereau*, Schuldspruchberichtigung, S. 27.

[21] *Batereau*, Schuldspruchberichtigung, S. 27; *Bode*, Sachentscheidung, S. 5; *Steinmetz*, Sachentscheidungskompetenzen, S. 65 ff.

Der BGH billigt die tatgerichtliche Beweiswürdigung nicht, da u. a. kein Motiv für die Tötung bei der Angeklagten festgestellt wurde. Wird aber die Beweiswürdigung des Untergerichts als fehlerhaft festgestellt, so basiert die anschließende eigene Sachentscheidung zwangsläufig auf fehlerhaft zustande gekommener Tatsachengrundlage. Es bleibt hier nun aber nicht bei der bloßen Nachprüfung der fehlerhaften tatrichterlichen Beweiswürdigung (Stichwort: Darstellungskontrolle durch das Revisionsgericht[22]). Vielmehr geht der erkennende Senat noch einen Schritt weiter. Er nimmt im Hinblick auf die mitgeteilten Tatsachen eine selbständige Bewertung vor und ersetzt dadurch die Beweiswürdigung des Tatgerichts durch eine eigene, welches sich eben in einer abschließenden Entscheidung in der Sache widerspiegelt.

Man kann hier also eine Verfahrensweise beobachten, welche jedenfalls nicht durch die Voraussetzungen des § 354 Abs. 1 StPO gedeckt ist.

2. Die revisionsgerichtliche Sachentscheidung in der praktischen Anwendung

Nun könnte man denken, daß es sich hier um einen einmaligen Ausnahmefall handeln würde, bei dem die Voraussetzungen des § 354 Abs. 1 StPO nicht beachtet wurden. Dem ist aber nicht so. Untersucht man die Spruchpraxis der Revisionsgerichte, so finden sich schon in den veröffentlichten Entscheidungen immer wieder Judikate, in denen das angefochtene Urteil zwar rechtlich fehlerhaft war, jedoch eine (evtl. teilweise) Zurückverweisung nach § 354 Abs. 2 StPO unterblieb; vielmehr eine eigene Entscheidung in der Sache durch das Revisionsgericht selbst erfolgte, obwohl die Voraussetzungen für eine solche Entscheidung, die in § 354 Abs. 1 StPO angeführt sind, ausdrücklich nicht gegeben waren. Stellvertretend sei ein Fall[23] angeführt, in dem der BGH den Schuldspruch des Landgerichts geändert hat:

Das Tatgericht hatte den Angeklagten wegen Anstiftung zur versuchten Strafvereitelung zu einer Freiheitsstrafe verurteilt. Nach Ansicht des erkennenden Senates handelte es sich aber lediglich um eine Beihilfe zur versuchten Strafvereitelung. Im Tenor heißt es:

> „1. Auf die Revision des Angeklagten wird das Urteil des Landgerichts Mannheim vom 14. Februar 1995, soweit es ihn betrifft,
> a) im Schuldspruch dahin geändert, daß der Angeklagte der Beihilfe zu versuchter Strafvereitelung schuldig ist (§§ 23, 27, 258 StGB)."

Im Hinblick auf den Strafausspruch wurde die Sache dagegen an das Landgericht zurückverwiesen.

Mit anderen Worten: Durch die selbständige Festsetzung des Schuldspruchs durch den BGH trat insoweit Rechtskraft ein, was den Rechtsfolgenausspruch betrifft, dagegen nicht. Versucht man nun, diese Vorgehensweise am Gesetz – nämlich § 354 Abs. 1 StPO – festzumachen, so wird man feststellen, daß eine solche Vorgehensweise nicht innerhalb der angeführten Sachentscheidungsalternativen angeführt

---

[22] Siehe dazu im einzelnen unter D. I. 1.

[23] BGH, StV 1996, 2.

wird. Der BGH hat hier also den Boden des § 354 Abs. 1 StPO verlassen; er ist auch hier über den ausdrücklich umschriebenen Anwendungsbereich einer eigenen revisionsgerichtlichen Sachentscheidung hinausgegangen. Anders formuliert: Der ausdrücklich durch § 354 Abs. 1 StPO geregelte Rahmen einer eigenen Sachentscheidung durch das Revisionsgericht ist erweitert worden. Will man dieser tatsächlichen Ausdehnung des Anwendungsbereiches eine rechtliche Einordnung geben, so muß man von einer analogen Normanwendung sprechen.

II. Die eigene Sachentscheidung als praktische Notwendigkeit?

Naturgemäß stellt sich die Frage, warum Sachentscheidungen vom Revisionsgericht vorgenommen werden, obwohl eine ausdrückliche gesetzliche Grundlage hierfür fehlt. Schaut man sich die Vorschrift des § 354 Abs. 1 StPO genauer an, so stellt man zunächst fest, daß der normierte Anwendungsbereich der einzelnen Alternativen sehr klein ist. Das Revisionsgericht darf nur dann in der Sache selbst entscheiden, wenn die tatsächlichen Feststellungen rechtsfehlerfrei sind und dementsprechend als unabänderliche Entscheidungsgrundlage dienen können. Insoweit ist die Möglichkeit einer eigenen Sachentscheidung also schon von vornherein an das Vorliegen eines Sachmangels geknüpft bzw. begrenzt. Aber auch die quantitativen Variationen einer eigenen Sachentscheidung sind gering. Inhaltlich gestattet § 354 Abs. 1 StPO nur fünf verschiedene Entscheidungsalternativen, von denen die Alternativen der „absolut bestimmten Strafe" (§ 354 Abs. 1 Alt. 3 StPO), der „gesetzlich niedrigsten Strafe" (§ 354 Abs. 1 Alt. 4 StPO) und des „Absehens von Strafe" (§ 354 Abs. 1 Alt. 5 StPO) lediglich den Rechtsfolgenausspruch betreffen, und im übrigen keine differenzierten Überlegungen zum Strafmaß angestellt werden können, sondern dieses quasi absolut vorgegeben ist. Allgemein gesprochen kann man sagen, daß § 354 Abs.1 StPO nur „pauschale" Entscheidungsinhalte umfaßt, da die einzelnen Alternativen der Norm das Entscheidungsergebnis bereits von vornherein festlegen; differenzierte Ermessenserwägungen sind nicht möglich. Das gilt auch für die Alternativen der „gesetzlich niedrigsten Strafe" bzw. dem „Absehen von Strafe". Das Revisionsgericht hat lediglich die Möglichkeit, diese Rechtsfolgenentscheidungen zu treffen oder eben nicht.

Diese Beschränkungen kennzeichnen denn auch den Charakter von § 354 Abs. 1 StPO als bloße Ausnahmevorschrift bzgl. eigener Sachentscheidungen durch das Revisionsgericht, wobei diese Beschränkungen (relativ) unproblematische Fallgestaltungen umfassen. Eine differenzierte Modifizierung des tatgerichtlichen Urteils – sei es nun bzgl. des Schuldspruchs oder aber im Hinblick auf die Rechtsfolge (von Kombinationen gar nicht zu reden) – ist jedenfalls nach der gesetzlichen Konzeption nicht vorgesehen. Die Praxis empfindet denn auch gerade deshalb die gesetzlich vorgesehenen Möglichkeiten eigener Sachentscheidungen durch das Revisionsgericht für ihre Bedürfnisse als zu eng[24].

---

[24] So ausdrücklich *Wimmer*, MDR 1948, 69. Dabei stellt sich natürlich die Frage, was denn unter solch praktischen Bedürfnissen zu verstehen ist. Vordergründig betrachtet, wird man darunter verstehen, so weit wie möglich eine zeit- und kostenaufwendige Zurückverweisung zu vermeiden. Problematisch erscheint dabei aber, daß bei begründeten Revisionen, die Sache manchmal zurückverwiesen wird, ein anderes Mal aber – bei durchaus vergleichbarer Fallgestaltung – eine eigene Sachentscheidung

Schaut man in die verschiedenen Kommentierungen zu § 354 Abs. 1 StPO, so wird aufgrund dieser normativen Beschränkung, die Ausweitung der revisionsgerichtlichen Sachentscheidungsmöglichkeiten[25] über den ausdrücklich normierten Rahmen hinaus gemeinhin – zumindest im Grundsatz – als durchaus notwendig akzeptiert[26]. Genauso verhält sich die sonstige Literatur; die Ausweitung des § 354 Abs. 1 StPO wird mehr oder weniger kommentarlos zugelassen[27]. Insgesamt findet man eine Vielzahl von systematisierten und kategorisierten Variationen der analogen Normanwendung. Ausschnittsweise sei nur die sog. Schuldspruchberichtigung[28] genannt, bei der das Revisionsgericht den tatgerichtlichen Schuldspruch durch einen eigenen ersetzt[29]. Weiter lassen sich Ausführungen zur Praxis der Revisionsgerichte finden, nach einer vorgenommenen Schuldspruchänderung den Rechtsfolgenausspruch nicht zur Neufestsetzung an das Tatgericht zurückzuverweisen – wie es aufgrund des „neuen" Schuldspruchs ja zu vermuten wäre –, sondern den tatgerichtlichen Strafausspruch aufrechtzuerhalten, ja diesen sogar selbständig zu ändern. Noch einen Schritt weiter gehen solche Entscheidungen, in denen nur der Rechtsfolgenausspruch vom Revisionsgericht geändert wurde, also die Strafzumessung nicht als Reaktion auf eine vorherige Schuldspruchänderung erfolgte, sondern ausschließlich eine fehlerhafte Strafzumessungsentscheidung des Tatgerichts korrigiert wurde, wie z. B. im Falle fehlerhafter Gesamtstrafenbildung. So hat der BGH[30] in einem Fall auf die Revision der Staatsanwaltschaft die vom Tatgericht verhängten vier Jahre Gesamtfreiheitsstrafe in vier Jahre und einen Monat Gesamtfreiheitsstrafe abgeändert.

Festhalten läßt sich bereits jetzt, daß sich die Spruchpraxis der Revisionsgerichte immer weiter von den Normvoraussetzungen des § 354 Abs. 1 StPO entfernt hat.

---

getroffen wird. Das gibt zur Vermutung Anlaß, daß es für eine eigene Sachentscheidung vielschichtigere Gründe geben muß, als rein prozeßökonomische Erwägungen. Der aufgeworfenen Frage soll im quantitativ-statistischen Teil dieser Arbeit nachgegangen werden (siehe unter E. VI. 2.).

[25] Siehe dazu im einzelnen unter D. und E.

[26] Siehe nur LR – *Hanack*, § 354, Rn. 15; KK – *Kuckein,* § 354, Rn. 12; *Kleinknecht/Meyer–Goßner*, § 354, Rn. 12; AK – *Maiwald*, § 354, Rn. 3.

[27] *Batereau,* Schuldspruchberichtigung, S. 13; *Bode,* Sachentscheidung, S. 11; *Fezer*, Strafprozeßrecht, Fall 20 Rn. 50; *Schroeder*, JuS 1982, 494; *Schlüchter*, Strafverfahren, Rn. 752; *Pfeiffer*, § 354, Rn. 5; *Roxin,* Strafverfahrensrecht, § 53, Rn. 66. Gegen eine Ausweitung des Anwendungsbereiches aber ausdrücklich *Geerds*, JZ 1968, 393; *Otto*, JR 1990, 128; *Merkel*, JW 1923, 400.

[28] Der Ausdruck Schuldspruch*berichtigung* ist zumindest mißverständlich, da der Eindruck erweckt wird, es handele sich bei der Änderung des Schuldspruches um die bloße Korrektur eines tatrichterlichen Versehens und somit gerade nicht um eine *eigene* Sachentscheidung des Revisionsgerichts. In der vorliegenden Arbeit wird deshalb insoweit der Begriff „Schuldspruch*änderung*" gebraucht.

[29] Siehe die schon oben angeführte Entscheidung BGH, StV 1996, 2.

[30] BGH, Beschl. v. 25.07.1995 – 1 StR 350/95.

III. Das Erkenntnisinteresse der vorliegenden Untersuchung

Mit der Untersuchung wird angestrebt, eine tatsächliche Bestandsaufnahme der Spruchpraxis des BGH bzgl. eigener Sachentscheidungen zu geben. Dabei sollen möglichst viele äußere Fakten erfaßt werden, um die rechtstatsächliche Wirklichkeit bei den eigenen Sachentscheidungen möglichst umfassend zu beschreiben. Es steht demgemäß die Frage im Mittelpunkt: Wie sieht die alltägliche Rechtsprechung des BGH im Hinblick auf eigene Sachentscheidungen aus? Welche verschiedenen Konstellationen lassen sich unterscheiden? Sind bestimmte Konstellationen häufiger anzutreffen als andere? Auch soll der Frage nachgegangen werden, wie denn der BGH selbst zu seiner (vermeintlichen) erweiterten Sachentscheidungskompetenz steht. Mit welchen Begründungen wird eine Spruchpraxis legitimiert, die über den kodifizierten Anwendungsbereich von § 354 Abs. 1 StPO hinausgeht? Diese umfassende Beschreibung der Rechtswirklichkeit im Wege einer empirischen Studie soll im Ergebnis schließlich dazu führen, daß die eigene Sachentscheidung durch den BGH nicht mehr als große Unbekannte eingeordnet werden muß, sondern als ein Stück „tatsächlich bekannten Revisionsrechts" behandelt werden kann. Es soll mit dieser Arbeit also durchaus ein Stück Transparenz im Hinblick auf die Rechtswirklichkeit geschaffen werden.

Die Bedeutung der Empirie erschöpft sich nun aber gerade nicht in einer bloßen tatsächlichen Beschreibung des tatsächlichen Ist-Zustandes. Vielmehr ermöglichen die umfassend erhobenen „harten Fakten" auch eine Beantwortung der Frage nach dem „Warum". Diese allgemeine Frage läßt sich grob etwa wie folgt konkretisieren: Was veranlaßt den BGH, in bestimmten Fällen von der Möglichkeit einer eigenen Sachentscheidung auch über den gesetzlichen Rahmen hinaus Gebrauch zu machen, in anderen äußerlich vergleichbaren Fällen jedoch nicht? Konkret: Was steckt tatsächlich hinter der Ausweitung des Normanwendungsbereiches? Was ist der Grund dafür, daß – wie oben angesprochen – die Praxis den Rahmen des § 354 Abs. 1 StPO als zu eng empfindet? Sind es wirklich die so oft angeführten prozeßökonomischen Erwägungen? Es braucht nicht besonders betont zu werden, daß eine erweiterte Anwendung des „Mittels" der eigenen Sachentscheidung eine „schnellere Rechtskraft" ermöglicht, als dies bei einer Zurückverweisung der Fall wäre. Aber auch die Tatsache, daß bei der Vermeidung einer Zurückverweisung an das Tatgericht keine neue Hauptverhandlung durchgeführt werden muß und deshalb nicht nur Zeit, sondern auch Kosten und Arbeitskraft gespart werden können[31], ist als Argument für die Erweiterung der eigenen revisionsgerichtlichen Sachentscheidungsmöglichkeiten mittlerweile etabliert. Die eigene Sachentscheidung als solche steht also gewissermaßen unter dem Postulat einer prozeßökonomischen Funktion. Ziel der Arbeit ist es insoweit auch, die daran anknüpfende Frage zu beantworten, ob denn die angeführten verfahrensökonomischen Überlegungen tatsächlich durchgreifender Art sind oder ob hier nicht lediglich ein schlagwortartiger Begriff für die tatsächliche revisionsgerichtliche Kompetenzerweiterung herangezogen wird. Anders formuliert: Sind die vorgebrachten verfahrenswirtschaftlichen Effekte in der Praxis tatsächlich feststellbar oder handelt es sich insoweit nur um ein „Scheinargument"?

---

[31] Vgl. nur *Batereau*, S. 1.

Die erhobenen Daten ermöglichen es demnach, die *wirklichen*[32] Entscheidungskriterien einer eigenen Sachentscheidung aufzuzeigen oder doch zumindest eine diesbezügliche Tendenz festzustellen. So ist z. B. der Frage nachgegangen worden, inwieweit eine Vorstrafe des Angeklagten Auswirkung auf die Entscheidungsform „Eigene Sachentscheidung" hat.

Im weiteren kann aufgrund der oben beschriebenen empirischen Erkenntnisse, dann quasi die Brücke zur normativen Problemstellung geschlagen werden. Ist nämlich die Spruchpraxis in tatsächlicher Hinsicht transparent gemacht, kann unter normativen Gesichtspunkten geprüft werden, ob denn die Anwendung der Norm, *so wie sie vom BGH gehandhabt wird*, noch als gesetzeskonform angesehen werden kann, oder ob nicht vielmehr der diesbezügliche Rahmen – Stichwort: Grenzen der Analogie – bereits in unzulässiger Weise überschritten wird. Die Problematik der erweiterten Anwendung des § 354 Abs. 1 StPO steht dabei auch unter dem Stichwort der „Neugestaltung des Rechts". Inwieweit schafft sich der BGH bei einer erweiterten Anwendung der in Rede stehenden Norm seine eigenen Gesetze[33]?

IV. Gang der Untersuchung

Zunächst werden die einzelnen Alternativen des § 354 Abs. 1 StPO in rechtsdogmatischer Hinsicht beleuchtet und dargestellt. Sodann wird auf die Erweiterung des Anwendungsbereiches der Norm eingegangen, wie sie in der Praxis feststellbar ist. (Stichwort: Analoge Anwendung). Hier wird also das Augenmerk auf die vom BGH entwickelten „neuen" Entscheidungsfiguren gelegt, also die Judikate, in denen eine eigene Sachentscheidung erfolgte, welche sich nicht in den ausdrücklichen Katalog des § 354 Abs. 1 StPO einordnen läßt. Diesbezüglich erfolgt zuerst eine dogmatische Untersuchung, wie eine solche erweiterte Normanwendung unter normativen Gesichtspunkten gerechtfertigt wird bzw. versucht wird, eine Rechtfertigung zu finden. Daran schließt sich eine generelle tatsächliche Beschreibung der analogen Anwendung des § 354 Abs. 1 StPO an. Insoweit erfolgt eine Darstellung sämtlicher Varianten einer eigenen Sachentscheidung, welche vom BGH vorgenommen wurden.

Im quantitativ-statistischen Teil der Untersuchung wird dann konkret untersucht, wie der BGH die einzelnen normativen Probleme des § 354 Abs. 1 StPO bzw. dessen erweiterten Anwendung in der Praxis tatsächlich bewältigt bzw. zu bewältigen glaubt. Diesbezüglich erfolgt eine vollständige Auswertung von drei Jahrgängen (1995 – 1997) revisionsgerichtlicher Rechtsprechung (genauer: BGH–Rechtsprechung). Es wird dabei angestrebt, eine umfassende tatsächliche Bestandsaufnahme der Spruchpraxis des BGH bzgl. eigener Sachentscheidungen zu geben. Diese Bestandsaufnahme stellt sich dabei nicht als bloße Aneinanderreihung der Betrachtung von Einzelfallentscheidungen dar; vielmehr soll eine systematisch umfassende Be-

---

[32] *Barton*, Revisionsrechtsprechung, S. 14, spricht in ähnlichem Zusammenhang von einem „Second Code" der Entscheidungsfindung.

[33] *Barton*, Revisionsrechtsprechung, S. 275, skizziert die Handhabung des Revisionsrechts durch den BGH plastisch als „Gestaltung der Spielregeln". Diese Regeln werden je nach „Bedarf" angewandt bzw. modifiziert.

schreibung stattfinden. Es werden also nicht nur die Entscheidungen untersucht, welche zur Veröffentlichung in Zeitschriften oder Entscheidungssammlungen gelangen – und schon aus diesem Grund eine herausgehobene Stellung einnehmen –, sondern vielmehr sollen auch und gerade die Judikate beleuchtet werden, die eben nicht im Zentrum des allgemeinen Interesses stehen. Es wird die tatsächliche Praxis *systematisch* vor einem rechtstatsächlichen Hintergrund vorgestellt, und zwar dergestalt, daß alle Alternativen einer eigenen Sachentscheidung untersucht werden. Die tatsächliche Beschreibung der einzelnen Anwendungskonstellationen steht dabei nicht „isoliert im Raum", sondern begreift sich als Teil innerhalb der gesamten Normanwendung, so daß stets eine Beziehung hergestellt werden kann zwischen der einzelnen speziellen Konstellation und deren Einordnung in die entsprechende „übergeordnete Kategorie", aber auch ein Vergleich mit den sonstigen Entscheidungsalternativen ermöglicht wird. Beispielsweise werden die einzelnen Möglichkeiten einer Schuldspruchänderung nicht nur als solche untersucht, sondern sie werden unter dem Oberpunkt „Schuldspruchänderungsalternativen" einer vergleichenden Betrachtung unterzogen. Die Erhebung ermöglicht es deshalb z. B. herauszufinden, welche Varianten einer eigenen Sachentscheidung wie häufig vom BGH „gebraucht" werden.

Diesbezüglich erfolgt eine Beschreibung der vom BGH in den jeweiligen Entscheidungen abgegebenen Begründungen für die (angebliche) Kompetenz zur eigenen Sachentscheidung[34]. Dabei wird auch auf die Begründungen eingegangen, welche im Hinblick auf § 265 StPO erfolgten. Konkret: Wieso glaubt der BGH, bei einem nicht erfolgten rechtlichen Hinweis trotzdem den tatrichterlichen Schuldspruch ändern zu dürfen? Dann wird noch kurz auf die Spruchpraxis der einzelnen Senate eingegangen. Wie handhaben diese jeweils die Entscheidungsmöglichkeit „Eigene Sachentscheidung", sei es nun in direkter oder analoger Anwendung von § 354 Abs. 1 StPO?

Abschließend erfolgt ein kritischer Vergleich zwischen den normativ–gesetzlichen Grundkonzeptionen der eigenen revisionsgerichtlichen Sachentscheidung und der tatsächlich festgestellten Spruchpraxis des BGH.

V. Stand der Forschung

Die Problematik der eigenen Sachentscheidung durch das Revisionsgericht war bereits Gegenstand vereinzelter monographischer Arbeiten. So hat sich *Bode*[35] 1958 mit den Voraussetzungen und den Grenzen einer eigenen Sachentscheidung befaßt. Er stellte dazu aber einen normativen Ansatz in den Mittelpunkt und analysierte die von der Rechtsprechung praktizierte Analogiebildung dementsprechend vor dem Hintergrund dogmatischer Überlegungen. Weiter ist zu bemerken, daß seit der Arbeit von *Bode* mittlerweile über 40 Jahre vergangen sind und dementsprechend die

---

[34] Dies gilt natürlich nur für die Judikate, in denen der BGH auch tatsächlich eine solche Begründung gegeben hat. Es finden sich nämlich durchaus zahlreiche Entscheidungen, in denen die Kompetenz zur eigenen Sachentscheidung auch über den ausdrücklichen Rahmen von § 354 Abs. 1 StPO hinaus quasi als gegeben angenommen wird, indem schlicht keine Ausführungen zur diesbezüglichen Kompetenz erfolgten.

[35] Die Entscheidung des Revisionsgericht in der Sache selbst, Berlin 1958.

Rechtsprechungsauswertung naturgemäß veraltet ist. Im übrigen nimmt die Rechtsprechung des BGH (natürlich) nur einen untergeordneten Raum ein, wobei es an einer rechtstatsächlich–systematischen Analyse – eben aufgrund der normativen Konzeption der Arbeit – fehlt.

1971 nahm sich *Batereau*[36] wieder der Thematik an. U. a. systematisierte er die einzelnen Möglichkeiten einer eigenen Sachentscheidung anhand von verschiedenen Fallgruppen. Auch *Batereau* beschränkt sich weitgehend auf eine dogmatische Analyse des § 354 Abs. 1 StPO. Ebenso wie bei der Arbeit von *Bode* fehlt es an einer systematischen rechtstatsächlichen Aufarbeitung der revisionsgerichtlichen Praxis bzgl. der Anwendung des § 354 Abs. 1 StPO. Auch *Batereau* untersucht sowohl die Rechtsprechung der Oberlandesgerichte als auch die des BGH. Eine übergreifende rechtstatsächliche Darstellung der hier in Rede stehenden Revisionspraxis findet sich auch in der Arbeit von *Batereau* aufgrund der dogmatischen Ausrichtung nicht.

Schließlich ist noch die umfangreiche Arbeit von *Steinmetz*[37] aus dem Jahr 1997 anzuführen. Hier stehen die einzelnen dogmatischen Begründungen bzw. Begründungsversuche für die jeweiligen Normanwendungskonstellationen im Vordergrund. Zwar wird durchaus auch auf die tatsächliche Praxis der Revisionsgerichte eingegangen. Allerdings erfolgt dies stets unter dem Blickwinkel der jeweiligen dogmatischen Fallgruppe, ohne ein zusammenfassendes Bild der Rechtswirklichkeit zu geben (bzw. geben zu wollen).

Gemeinsam ist all diesen Arbeiten, daß sie sich in erster Linie mit der normativen Frage nach der Zulässigkeit einer (erweiterten) eigenen Sachentscheidung befassen und versuchen, deren Grenzen aufzuzeigen. Die tatsächliche Betrachtung von entsprechenden Judikaten dient dabei lediglich als „Beleg" für die angestellten normativen Erwägungen (was nicht als Kritik zu verstehen ist und aufgrund der normativen Zielsetzungen der vorgestellten Arbeiten auch nicht als solche verstanden werden kann). Die systematisch–empirische Komponente ist also bei den vorgestellten Arbeiten bzgl. der Untersuchung des § 354 Abs. 1 StPO vergleichsweise gering.

Allerdings ist die Revisionsrechtsprechung des BGH in Strafsachen durchaus auch schon unter empirischen Gesichtspunkten untersucht worden. Insoweit sind zunächst die grundlegenden Arbeiten von *Fezer*[38] zu nennen. Ihm ging es vornehmlich darum, neu entwickelte Kontrollmechanismen der Revisionsrechtsprechung aufzuzeigen, welche über die kodifizierten Grenzen des „ursprünglichen" Revisionsrechts hinausgehen. Als Grundlage dienten dabei BGH-Entscheidungen aus dem Jahr 1970, welche mit Gründen versehen wurden. Die Vielzahl von Entscheidungen, welche ohne Begründung ergingen, sind dagegen nicht untersucht worden. Eine zusammenhängende Gesamtbetrachtung der revisionsgerichtlichen BGH-Rechtspre-

---

[36] Die Schuldspruchberichtigung, Göttingen 1971.

[37] Sachentscheidungskompetenzen des Revisionsgerichts in Strafsachen (§ 354 Abs. 1 StPO), Berlin 1997.

[38] Die erweiterte Revision – Legitimierung der Rechtswirklichkeit?, Tübingen 1974; Möglichkeiten einer Reform der Revision in Strafsachen, Tübingen 1975.

chung in quantitatv-systematischer Hinsicht erfolgte somit nicht und sollte auch nicht erfolgen. Erst recht konzentrierte *Fezer* seine Untersuchungen natürlich nicht auf § 354 StPO.

Auch *Rieß*[39] hat die Revisionsrechtsprechung des BGH mehrfach unter einem deskriptiven Blickwinkel analysiert. In zeitlicher Hinsicht erfolgte dabei auch eine umfassende Erhebung der Jahre 1970 bis 1985. Aber gerade dieser weite Ansatz läßt selbstverständlich keinen Raum für eine spezielle Betrachtung der eigenen revisionsgerichtlichen Sachentscheidungen. Zudem sind von *Rieß* für seine inhaltlichen Auswertungen im wesentlichen die Entscheidungen zugrundegelegt worden, welche vom BGH begründet wurden. Nicht zuletzt liegen die Auswertungen nun doch schon geraume Zeit zurück.

Dies gilt auch für die Untersuchung von *Nack*[40]. Er betrachtet „nur" die Entscheidungen, in denen das tatgerichtliche Urteil aufgehoben wurde und eine Zurückverweisung erfolgte oder aber wenn mit der Aufhebung zugleich auf Freispruch oder Einstellung entschieden wurde. Demzufolge bleiben gerade die Judikate außer Betracht, bei denen der BGH eine eigene Sachentscheidung getroffen hat, diese jedoch nicht unmittelbar in den Katalog des § 354 Abs. 1 StPO einzuordnen ist.

Von den vorgenannten Arbeiten unterscheidet sich die aktuelle Untersuchung von *Barton*[41], der ein komplettes Bild der Revisionsrechtsprechung in Strafsachen zeichnet. Dabei handelt es sich zum einen um eine Totalerhebung *aller* Revisionsverfahren aus den Jahren 1981 bis 1996[42]. D. h., es wurden nicht nur Entscheidungen erfaßt, welche vom BGH mit Gründen versehen worden sind, sondern darüber hinaus auch die Judikate, welche ohne Begründung ergangen sind. Da die unbegründeten gegenüber den begründeten Entscheidungen in quantitativer Hinsicht einen weitaus größeren Stellenwert aufweisen[43], kann gerade deshalb ein vollständiges Bild der revisionsgerichtlichen Rechtswirklichkeit gezeichnet werden. Zum anderen hat *Barton* auch eine detaillierte inhaltliche Untersuchung von Revisionsverfahren vorgenommen, indem verschiedene umfassende Aktenanalysen durchgeführt wurden[44]. So konnten neben den statistisch–quantitativen Aussagen auch solche inhaltlicher Art getroffen werden. Da das Ziel seiner Untersuchung als umfassende Zustandsbeschreibung bzw. –analyse der Revisionsrechtsprechung angesehen werden kann,

---

[39] Gedanken zum gegenwärtigen Zustand und zur Zukunft der Revision in Strafsachen, in: Festschrift für Ernst-Walter Hanack zum 70. Geburtstag, Berlin, New York 1999, S. 397 ff.; Statistische Erhebungen zur Revisionsrechtsprechung des Bundesgerichtshofs, StV 1987, 269; Einige statistische Bemerkungen und Hinweise zur Revisionstätigkeit des BGH in Strafsachen, in: Arbeitsgemeinschaft Strafrecht des DAV, 1986, S. 40 ff.; Über Aufhebungsgründe in Revisionsentscheidungen des Bundesgerichtshofes, NStZ 1982, 49;

[40] Aufhebungspraxis der Strafsenate des BGH – 1992 bis 1995 –, NStZ 1997, 153.

[41] Die Revisionsrechtsprechung in Strafsachen, Neuwied und Kriftel 1999.

[42] Der Jahrgang 1989 konnte allerdings nicht berücksichtigt werden, da dieser für die Auswertung nicht verfügbar war. Siehe *Barton*, Revisionsrechtsprechung, S. 20.

[43] Siehe dazu im einzelnen *Barton*, Revisionsrechtsprechung, S. 46 ff.

[44] Siehe dazu im einzelnen *Barton*, Revisionsrechtsprechung, S. 27 ff.

fehlt es naturgemäß an einer speziellen Auseinandersetzung mit der Frage der eigenen Sachentscheidung durch den BGH[45].

Die vorliegende Untersuchung will im Gegensatz zu den angeführten Arbeiten gerade und nur im Hinblick auf die Anwendung der Norm des § 354 Abs. 1 StPO rechtstatsächliche Fragen beleuchten. Aufgrund dieser empirischen Grundlage sollen dann weitergehende inhaltliche Aussagen getroffen werden und insoweit „Licht in das Dunkel" der tatsächlichen Praxis revisionsgerichtlicher Sachentscheidungen bringen, wobei die normative Gesetzeskonzeption des § 354 Abs. 1 StPO stets als Ausgangsdeterminante angesehen wird. Auf einen einfachen Nenner gebracht, soll der Frage nachgegangen werden, wie, wann und warum der BGH eigene Sachentscheidungen trifft.

B. Der gesetzlich geregelte Bereich eigener Sachentscheidungen gem. § 354 Abs. 1 StPO

I. Die gesetzgeberische Konzeption des § 354 Abs. 1 StPO

Die Intention des Gesetzgebers bei der Ausgestaltung von § 354 Abs. 1 StPO und damit bei der Kodifizierung der eigenen Sachentscheidungsmöglichkeiten des Revisionsgerichtes war – vor dem Hintergrund der Einordnung der Revision als Rechtsbeschwerde gewissermaßen zwangsläufig – die, daß sich die revisionsgerichtliche Entscheidung grundsätzlich durch eine bloße rechtliche Subsumtion finden läßt, und zwar aufgrund bereits feststehender Tatsachengrundlage. Andernfalls sollte eine Zurückverweisung an das Tatgericht erfolgen.

1. Die Entstehungsgeschichte der Norm

Ein konkreter Blick auf die Entstehungsgeschichte der Norm soll die gesetzgeberischen Intentionen bei der Normierung des § 354 StPO näher beleuchten. Bei der Vorbereitung der Rechtsmittelreform in der Mitte des 19. Jahrhunderts stand im Vordergrund, tatrichterliche Urteile mittels einer rechtlichen Kontrolle überprüfen zu können. Die Berufung war vorerst ausgeklammert. Der Bundesratsentwurf einer Reichsstrafprozeßordnung von 1877 verzichtete sogar auf jede Art von tatsachenüberprüfenden Rechtsmitteln. Als Begründung wurde angeführt, daß das tatrichterliche Urteil aufgrund des Prinzips der Mündlichkeit, der freien Beweiswürdigung und Laienrichterbeteiligung zustande gekommen sei. Hinsichtlich der Tatsachenfeststel-

---

[45] Das heißt aber nicht, daß dieser Problemkreis nicht angesprochen wird. Siehe z. B. *Barton*, Revisionsrechtsprechung, S. 223 ff.

lung sei also schon begrifflich gar keine Überprüfung möglich[46]. Die ursprüngliche Konzeption war also die, daß das Revisionsgericht eine reine Rechtskontrolle im Hinblick auf formelle oder materielle Rechtsverletzungen vornehmen sollte[47]. Die Belange der „Parteien" waren dabei nur von untergeordneter Bedeutung[48]. *Peters*[49] spricht demnach insoweit vom „Recht als Ansatzpunkt des Revisionsverfahrens".

Bei der Beratung über eine Strafprozeßordnung für das 1871 entstandene Deutsche Reich war man vor die Frage gestellt, ob die Befugnis des höchsten Gerichtes lediglich dahin gehen sollte, ein angefochtenes fehlerhaftes Urteil zu vernichten, oder ob die Sache durch eine eigene Entscheidung beendet werden sollte[50]. Die Motive[51] zeigen, daß man sich gegen eine – dem französischen Recht entlehnte – Kassation entschieden hat. Als Kassation bezeichnet man die Kompetenz des Revisionsgerichts, bei begründeter Anfechtung des Taturteils, dieses – lediglich – zu vernichten. Die Folge ist eine völlige Neuverhandlung des Rechtsstreits vom Tatgericht, welches ohne Bindung an die vom Revisionsgericht getroffene rechtliche Auffassung entscheidet. Eine – dem heutigen § 358 Abs. 1 StPO entsprechende – Bindungswirkung besteht für das Untergericht beim Kassationsverfahren vielmehr nur dann, wenn das Urteil mehrfach begründet angefochten wurde[52]. Mit der Abkehr vom Kassationsprinzip sollte dementsprechend dem Revisionsgericht die Möglichkeit eingeräumt werden, zumindest grundsätzlich eine eigene Sachentscheidung vorzunehmen und das Verfahren selbst zum Abschluß bringen zu können. Die Sachentscheidungsmöglichkeiten waren jedoch in tatsächlicher Hinsicht sehr eingeschränkt, sah doch der erste Entwurf einer Reichsstrafprozeßordnung von 1873 nur dann eine Entscheidung des Revisionsgerichts in der Sache selbst vor, wenn auf Freispruch oder eine absolut bestimmte Strafe oder wenn (wegen des Verbots der reformatio in peius) die Strafe des Vorderrichters aufrechtzuerhalten war[53]. Noch einschränkender war diesbezüglich der Entwurf, welcher dann dem Reichstag 1874 vorgelegt wurde. Er sah nur bei einem Freispruch die Möglichkeit einer eigenen revisionsgerichtlichen Sachentscheidung vor[54]. So verwundert es nicht, daß die Motive[55] denn auch die Zurückverweisung an den Tatrichter, als den „Normalfall" ansehen. Der Grundsatz war also der, daß bei erfolgreicher Revision das Urteil aufzuheben und die Sache an den Tatrichter zurückzuverweisen ist. Hier zeigt sich deutlich die gesetzgeberische Intention, die Aufgaben des Tat– von denen des Revisionsgerichts zu trennen. Eine

---

[46] Vgl. *Fezer*, NStZ 1995, 267.

[47] *Hahn*, Motive (RStPO), Abt.1, S. 250; LR – *Hanack*, vor § 333, Rn. 2; *Steinmetz*, Sachentscheidungskompetenzen, S. 28.

[48] *Schwinge*, Gundlagen des Revisionsrechts, S. 22.

[49] *Peters*, Strafprozeß, § 75 I (S. 634).

[50] Vgl. *Batereau*, Schuldspruchberichtigung, S. 5.

[51] *Hahn*, Motive (RStPO), Abt. 1, S. 250 ff.

[52] *Weitzel*, JuS 1992, 626 f.

[53] Vgl. *Batereau*, Schuldspruchberichtigung, S. 6; *Bode*, Sachentscheidung, S. 3.

[54] Vgl. *Batereau*, Schuldspruchberichtigung, S. 6; *Bode*, Sachentscheidung, S. 3.

[55] *Hahn*, Motive (RStPO), Abt. 1, S. 259.

eigene Entscheidung ist dem Revisionsgericht verwehrt, sobald es eigene Ermessenserwägungen anstellen müßte und damit in den (alleinigen) Aufgabenbereich des Tatrichters eingreifen würde. Mit anderen Worten: Dem Revisionsgericht sollte „nur" die Kompetenz zur rechtlichen Urteilskontrolle zustehen. Von diesem Trennungsgedanken ist auch die Strafzumessung erfaßt, denn der historische Gesetzgeber ging davon aus, daß eine Strafzumessung nur aufgrund einer – dem Revisionsgericht verwehrten – mündlichen Verhandlung erfolgen könne und demnach dem Revisionsgericht entzogen sei. In den Motiven[56] heißt es insoweit:

> „Auch die Abmessung der Strafe kann dem Revisionsrichter nicht übertragen werden, da dieselbe lediglich dem Gebiete des Thatsächlichen angehört. Das richtige Strafmaß läßt sich nur auf Grund der mündlichen Beweisverhandlung finden, und dem Revisionsrichter würde, wenn er die Strafe abmessen sollte, jede Grundlage und jeder Maßstab hierfür fehlen. Das aufgehobene Urtheil kann eine solche Grundlage nicht darstellen; die Menge größerer und kleinerer Momente, die für den ersten Richter bei Abmessung der Strafe bestimmend gewesen sind, entzieht sich häufig jeder Feststellung durch die Schrift. Gerade hinsichtlich des Strafmaßes gelangt man sehr oft zu den verschiedensten Ergebnissen, je nachdem man auf Grund der mündlichen Verhandlung oder aber auf Grund der Akten urtheilt ..."

Im übrigen nahm der Gesetzgeber auch an, daß der Revisionsrichter nicht die gleiche Erfahrung auf dem Gebiet der Strafzumessung habe wie der Tatrichter. Die Motive[57] führen dazu aus:

> „Übrigens würde bei einer Strafzumessung durch den Revisionsrichter auch die Gefahr obwalten, daß derselbe, zumal er nur selten in die Lage kommen würde, die Strafe abzumessen, auch in abstracto von einem ganz anderen Maßstab ausgehen würde als die Gerichte erster Instanz."

Nach Abschluß der Beratungen zur Reichsstrafprozeßordnung wurde beschlossen, dem Revisionsgericht zusätzlich zum Freispruch auch die Möglichkeit zu geben, das Verfahren einzustellen, auf eine absolut bestimmte Strafe zu erkennen und bei entsprechendem Antrag der Staatsanwaltschaft auf die gesetzlich niedrigste Strafe zu erkennen[58]. So lautete der dem heutigen § 354 Abs. 1 StPO entsprechende § 394 RStPO im hier in Rede stehenden Passus:

> „Erfolgt die Aufhebung des Urtheils nur wegen Gesetzesverletzung bei Anwendung des Gesetzes auf die dem Urtheil zugrunde liegenden Feststellungen, so hat das Revisionsgericht in der Sache selbst zu entscheiden, sofern ohne weitere tatsächliche Erörterungen nur auf Freisprechung, oder auf Einstellung, oder auf eine absolut bestimmte Strafe zu erkennen ist, oder das Revisionsgericht in Übereinstimmung mit dem Antrage der Staatsanwaltschaft die gesetzlich niedrigste Strafe für angemessen erachtet."[59]

Die Norm wurde 1924 durch die sog. Emminger Verordnung[60] inhaltsgleich als § 354 RStPO übernommen. Eine letzte Ergänzung erfolgte schließlich durch das Straf-

---

[56] *Hahn,* Motive (RStPO), Abt. 1, S. 259.

[57] *Hahn,* Motive (RStPO), Abt. 1, S. 259.

[58] *Hahn,* Motive (RStPO), Abt. 1, S. 1046.

[59] *Hahn,* Motive (RStPO), Abt. 2, S. 2321.

[60] Bekanntmachung des Textes der RStPO vom 22.3.1924 (RGBl. I, S. 357).

rechtsänderungsgesetz vom 30.08.1951[61]. Nunmehr konnte das Revisionsgericht in der Sache auch dann selbst entscheiden, wenn es „in Übereinstimmung mit dem Antrag der Staatsanwaltschaft (...) das Absehen von Strafe für angemessen erachtet". Die dem Revisionsgericht eingeräumten Möglichkeiten, auf Freispruch, Einstellung oder eine absolut bestimmte Strafe zu erkennen, lassen sich einfach dadurch erklären, daß hier dem Revisionsgericht die Entscheidung möglich wird, indem eine bloße Rechtsprüfung vorgenommen wird; die Entscheidung wird ohne die Ausübung eines irgendwie gearteten richterlichen Ermessens gefunden, sondern allein durch bloße Subsumtion, wobei nur eine bestimmte verfahrensbeendende Rechtsfolge ausgeworfen werden kann. Die Argumentation der bloßen Subsumtion gilt entsprechend auch für die Einstellung, da hier eine reine Rechtsbewertung durch den Richter im Hinblick auf das Vorliegen eines Verfahrenshindernisses vorgenommen werden kann. Eine Zurückverweisung in diesen Fällen müßte in der Tat als bloßer Formalismus eingeordnet werden. Die in § 354 Abs. 1 StPO vorgesehenen weiteren Alternativen im Hinblick auf eine eigene revisionsgerichtliche Sachentscheidung (Mindeststrafe, Absehen von Strafe) sind allerdings als Ausnahme vom Grundsatz der reinen Rechtsanwendung ohne Ermessensausübung durch das Revisionsgericht anzusehen. Diese Ausnahme läßt sich dadurch rechtfertigen, daß hier für den Angeklagten keine Benachteiligung möglich ist und im übrigen die Interessen des Angeklagten besser berücksichtigt werden als bei einer zeitaufwendigen Zurückverweisung. Trotzdem liegt in dogmatischer Hinsicht insoweit eine gewisse Inhomogenität im Aufbau des § 354 Abs. 1 StPO vor, wobei aber gleich wieder anzumerken ist, daß es sich dabei um eine bewußte gesetzgeberische Ausnahmeentscheidung im Vergleich zur „reinen Rechtsprüfung" handelt.

Gerade bei den in der Praxis zu beobachtenden Entscheidungen, welche eine eigene Sachentscheidung bzgl. der Rechtsfolge zum Inhalt haben, zeigt sich die Diskrepanz zwischen der beschriebenen Ausgestaltung der Revision als Rechtsbeschwerde und der tatsächlichen Spruchpraxis des BGH bzw. der Revisionsgerichte. Eine eigene Strafzumessung durch das Revisionsgericht, und damit detaillierte Ermessenserwägungen, sind dem „klassischen" Revisionsrecht „eigentlich" fremd.

Somit kann bereits jetzt festgehalten werden: Die ursprüngliche Konzeption der revisionsgerichtlichen eigenen Sachentscheidung, basierend auf der intendierten Aufgabenteilung zwischen Tat- und Revisionsgericht, ist in der Praxis mittlerweile durch richterrechtliche Fortbildung des Rechts unterlaufen worden.

2. Rechtspolitischer Ausblick

Wie noch im einzelnen zu zeigen sein wird[62], hat der BGH die Sachentscheidungsmöglichkeiten in der Praxis ausgeweitet, ohne daß sich die jeweiligen Judikate problemlos in den Katalog des § 354 Abs. 1 StPO einzuordnen wären. Bemerkenswert ist, daß einige Gesetzesvorhaben gerade diese richterrechtlich geprägte Normausweitung nunmehr kodifizieren wollen.

---

[61] BGBl. I, S. 739.

[62] Siehe unter D.

Ausgehend von einem Gesetzesantrag der Länder Baden–Württemberg, Bayern und Thüringen sieht ein Gesetzesentwurf des Bundesrates (Entwurf eines Zweiten Gesetzes zur Entlastung der Rechtspflege (strafrechtlicher Bereich)) folgende Fassung des § 354 StPO vor[63]:

> a) Die Absätze 2 und 3 werden wie folgt gefaßt:
>
> „(2) Wegen einer Gesetzesverletzung nur bei Zumessung der Rechtsfolgen kann das Revisionsgericht, auch wenn ein Fall des Absatzes 1 nicht vorliegt, auf Antrag der Staatsanwaltschaft von der Aufhebung des angefochtenen Urteils absehen, sofern die verhängte Rechtsfolge angemessen ist, oder die Rechtsfolgen angemessen herabsetzen.
>
> (3) Hebt das Revisionsgericht das Urteil nur wegen Gesetzesverletzung bei der Bildung einer Gesamtstrafe (§§ 53, 54, 55 des Strafgesetzbuches) auf, kann dies mit der Maßgabe geschehen, daß eine nachträgliche gerichtliche Entscheidung über die Gesamtstrafe nach §§ 460, 462 zu treffen ist. Entscheidet das Revisionsgericht nach Absatz 1 oder 2 hinsichtlich einer Einzelstrafe selbst, gilt Satz 1 entsprechend. Die Absätze 1 und 2 bleiben im übrigen unberührt."
>
> b) Die bisherigen Absätze 2 und 3 werden Absätze 4 und 5.

Inhaltlich deckungsgleich ist ein Gesetzesentwurf der CDU/CSU-Fraktion, welcher in der 14. Wahlperiode des Deutschen Bundestages oben genannten Gesetzesentwurf wieder aufnimmt (Entwurf eines Gesetzes zur Beschleunigung von Strafverfahren)[64].

In einer Stellungnahme der Bundesregierung[65] wurden gegenüber der Erweiterung der Sachentscheidungsmöglichkeiten des Revisionsgerichts keine Einwände erhoben. Es heißt lediglich:

> „Die Bundesregierung erhebt gegen die für das Revisionsgericht vorgesehenen erweiterten Möglichkeiten eigener Sachentscheidung keine Bedenken."

Hintergrund dieser Normentwürfe ist es, das strafprozessuale Verfahren zu beschleunigen, um so insbesondere die (angeblich) immer länger werdenden Hauptverhandlungen zu verkürzen. So heißt es allgemein in der Zielsetzung zum Entwurf eines Zweiten Gesetzes zur Entlastung der Rechtspflege (strafrechtlicher Bereich)[66]:

> „Die bisherigen Erfahrungen haben gezeigt, daß ein durchschlagender Erfolg – zumindest hinsichtlich der Entlastung der Strafjustiz von besonders umfangreichen Verfahren – noch nicht erreicht werden konnte. Vor allem bei einem längerfristigen Vergleich läßt sich eine Tendenz zu einer längeren Dauer der Verfahren, insbesondere zu einer längeren Dauer der erstinstanzlichen Hauptverhandlungen vor der landgerichtlichen Strafkammer, feststellen. ... Daher ist es im Interesse der Effektivität der Strafjustiz geboten, weitere Gesetzesänderungen in die Wege zu leiten, die zu einer Straffung des Prozeßablaufs unter Wahrung rechtsstaatlicher Erfordernisse führen sollen."

Die gleiche Beschreibung bzw. Bewertung findet sich in der Einleitung zum Straf-

---

[63] Siehe BR–Drs. 633/95 unter Nr. 44 bzw. BT–Drs. 13/4541 unter Nr. 39.

[64] BT-Drs. 14/1714 unter Nr. 34.

[65] BT–Drs. 13/4541 (S. 35).

[66] BR–Drs. 633/95 bzw. BT–Drs. 13/4541; jeweils unter „A. Zielsetzung".

verfahrensbeschleunigungsgesetz[67]. Konkret heißt es zur Begründung der Erweiterung der Sachentscheidungsmöglichkeiten[68]:

> „Bedeutsam ist schließlich, daß die Entscheidungsmöglichkeiten für das Revisionsgericht in vertretbarem Umfang erweitert werden und dadurch weitere Instanzen vermieden werden."

Schaut man sich den „neuen" Absatz 2 an, so fällt auf, daß hier inhaltlich die bestehende Spruchpraxis des BGH quasi im nachhinein legitimiert wird: Erachtet das Revisionsgericht die vom Tatgericht angenommene Rechtsfolge als angemessen, so kann es nach den Reformbestrebungen – falls allein ein Rechtsfehler bei der Strafzumessung gegeben ist – zum einen auf Antrag der Staatsanwaltschaft von einer Urteilsaufhebung absehen, und zum anderen die Rechtsfolgen sogar angemessen herabsetzen. Mit anderen Worten: Das Taturteil wird daraufhin geprüft, ob der Tat eine angemessene Strafzumessung gegenübersteht; ist dies der Fall, so sollen „formelle Strafzumessungsfehler" der Beibehaltung eben dieser angemessenen Strafe nicht im Wege stehen. Ist die Strafe dagegen nicht tat– und schuldangemessen, so soll eine angemessene Rechtsfolgenherabsetzung durch das Revisionsgericht erfolgen können. Egal ob das tatrichterliche Ergebnis nun verändert oder beibehalten wird, in beiden Fällen handelt es sich um eine eigene Strafzumessung seitens des Revisionsgerichts. Die bereits bestehende tatsächliche Praxis des BGH im Hinblick auf die Strafzumessung sieht so aus, daß entweder nach einer Schuldspruchänderung (sei es nun aufgrund direkter oder erweiterter Anwendung des § 354 Abs. 1 StPO) die tatgerichtlich festgelegte Rechtsfolge übernommen oder aber korrigiert wird[69]. Daneben erfolgt jedoch auch eine eigenständige Rechtsfolgenänderung, ohne eine vorhergehende Schuldspruchänderung[70]. Zumindest im Hinblick auf die Neufestsetzung bzw. Beibehaltung der Rechtsfolge soll also nach den Reformentwürfen die eigene Strafzumessung durch das Revisionsgericht in den beschriebenen Fällen erlaubt sein, womit eben eine zumindest teilweise Anpassung an die diesbezügliche Spruchpraxis des BGH zu konstatieren ist. Anders ausgedrückt: Die klassische Trennung zwischen den tatrichterlichen und den revisionsgerichtlichen Aufgaben[71] soll jetzt auch auf legislatorischer Ebene aufgegeben werden.

Bemerkenswert daran ist nicht so sehr die Tatsache als solche, sondern die zeitliche Reihenfolge: Der Gesetzesentwurf folgt quasi der tatsächlichen Praxis nach; es erfolgt eine *nachträgliche* Legitimierung der bereits bestehenden Praxis[72]. Man könnte deshalb zumindest den Eindruck gewinnen, daß hier seitens des Gesetzge-

---

[67] BT-Drs. 14/1714 unter „A. Problem".

[68] BT–Drs. 13/4541 (S. 14).

[69] Siehe im einzelnen unter D. III. 2. b) und c) (aa).

[70] Siehe unter D. III. 2. c) (bb).

[71] *Fezer*, Pragmatismus und Formalismus, S. 334, spricht im Zusammenhang mit der sog. *Darstellungsrüge* bzw. *Darstellungsprüfung* davon, daß sich die Revisionsgerichte (insbesondere der BGH) durch die Durchbrechung der Trennung der klassischen Aufgabenbereiche von Tat- und Revisionsgericht quasi selbst geholfen haben, um Fehlurteile zu vermeiden, und zwar konkret dadurch, daß im Falle fehlerhaft zustande gekommener Tatsachenfeststellungen bzw. unzureichender Beweiswürdigungen eine *eigene Verantwortung* für die Richtigkeit und Vollständigkeit der tatsächlichen Urteilsgrundlage übernommen haben. Siehe dazu auch unten F. II. 3.

[72] So auch *Barton*, Revisionsrechtsprechung, S. 286.

bers ein Zugeständnis an eine (angeblich) nicht mehr umkehrbare tatsächliche Entwicklung[73] gemacht werden soll.
In der Begründung[74] für die geplante Neuregelung des § 354 StPO wird die von der Rechtsprechung bereits vorgenommene Normausweitung denn auch nur noch kurz festgestellt:

> „Die Neuregelung erweitert die Möglichkeit der „Durchentscheidung", die die Rechtsprechung auch schon selbst im Rahmen von § 354 Abs. 1 StPO erweitert hat."

Wird nun aber die klassische Trennung zwischen den tat– und revisionsgerichtlichen Aufgaben (zumindest im beschriebenen Ausmaß) nicht nur tatsächlich, sondern auch legislatorisch aufgegeben, so erscheint zumindest vordergründig die Intention des Gesetzgebers grundsätzlich begrüßenswert, Rückverweisungen zu vermeiden, bei denen ohnehin keine Änderung der bereits bestehenden Rechtsfolgenentscheidung zu erwarten ist. Wenn allerdings der Hintergrund einer solchen Ausdehnung der revisionsgerichtlichen Entscheidungsbefugnis der ist, daß hiermit auf die Tendenz reagiert werden soll, daß bei einer Zurückverweisung kein oder doch kein wesentlich anderes Ergebnis zu erwarten ist – so die Entwurfsbegründung –, stellt sich allerdings (wieder) die Frage, ob das Revisionsgericht überhaupt hinreichend beurteilen kann, ob die tatrichterliche Strafzumessung tat– und schuldangemessen gewesen ist, ohne einen persönlichen Eindruck vom Angeklagten erhalten zu haben. In die gleiche Richtung geht der Einwand, daß die Frage einer „angemessenen Strafherabsetzung" abstrakt – wenn überhaupt – nur schwer zu beantworten ist.

Inhaltlich in dieselbe Richtung geht das Gutachten der Großen Strafrechtskommission des Deutschen Richterbundes vom Juli 1999[75]. Dieses Gutachten hatte zum Thema die „Reform der Rechtsmittel im Strafverfahren" und war vom Bundesministerium der Justiz in Auftrag gegeben worden. Im hier interessierenden Rahmen heißt es zur Kompetenzerweiterung der Revisionsgerichte[76]:

> „Aber schon im Rahmen eines ersten Reformschritts böte es sich an, diese revisionsrechtlichen Entscheidungskompetenzen des Bundesgerichtshofs durch eine gesetzgeberische Ergänzung der Vorschrift des § 354 Abs. 1 StPO dahin zu erweitern, dass ihm die Möglichkeit eingeräumt wird, in den Fällen, in denen die Gesetzesverletzung nur im Rahmen der Zumessung der Rechtsfolgen vorliegen, entweder von der Aufhebung des Rechtsfolgenausspruchs abzusehen, wenn der Rechtsfolgenausspruch trotz fehlerhafter einzelner Zumessungserwägungen unrechts– und schuldangemessen erscheint oder aber die Rechtsfolgen selbst angemessen herabzusetzen."

Hintergrund ist auch hier das Ziel, die 1. Instanz zu entlasten und so eine Verfahrensbeschleunigung des Verfahrens zu erreichen. Bemerkenswert dabei ist, daß auch hier auf die bereits bestehende Spruchpraxis des BGH Bezug genommen wird, wenn es im Gutachten heißt[77]:

---

[73] *Fezer*, Pragmatismus und Formalismus, S. 340; Rieß, Gegenwart und Zukunft der Revision, S. 417.

[74] BT–Drs. 13/4541 (S. 25) bzw. BT-Drs. 14/1714 (S. 19).

[75] Zu weiteren Reformkonzeptionen siehe ausführlich *Steinmetz,* Sachentscheidungskompetenzen, S. 385 ff.

[76] *Gutachten des Deutschen Richterbundes* (Reform der Rechtsmittel), S. 58.

[77] *Gutachten des Deutschen Richterbundes* (Reform der Rechtsmittel), S. 59.

„Dieser Entlastungseffekt für die 1. Instanz, der auch bei eigenen Strafzumessungsentscheidungen der Revisionsgerichte in dem oben skizzierten Rahmen (sogar verstärkt) eintreten würde, würde die Revisionsgerichte nicht nennenswert zusätzlich belasten, **zumal sich die Rechtsprechung des Bundesgerichtshofs auch hier z. B. mit der Erwägung, dass auf einem bestimmten Rechtsfehler der Strafausspruch nicht beruht, bereits eine Nische eigener Strafzumessungstätigkeit geschaffen hat.**"[78]

Nun sollen zunächst die einzelnen ausdrücklich in § 354 Abs. 1 StPO genannten Alternativen näher untersucht werden, bevor auf die Problematiken der erweiterten Anwendung der Norm eingegangen wird.

II. Die einzelnen Alternativen

1. Freisprechung (§ 354 Abs. 1 Alt. 1 StPO)

a) Voraussetzungen der Freisprechung

Stellt das Revisionsgericht nach eigener rechtlicher Prüfung fest, daß sich der Angeklagte entgegen der Auffassung des Tatgerichts weder aus dem rechtlichen Gesichtspunkt des Urteils noch aus einem anderen strafbar gemacht hat, so hat es auf Freispruch zu erkennen[79]. Dabei müssen die vom Tatgericht getroffenen Feststellungen vollständig und fehlerfrei zustande gekommen sein[80]; nur in diesem Fall kann eine Zurückverweisung unterbleiben. Es muß auszuschließen sein, daß eine neue Hauptverhandlung noch neue Aufschlüsse erbringen kann[81]. Bereits die Möglichkeit weiterer Feststellungen zwingt zur Zurückverweisung[82]. Mit anderen Worten: Es dürfen keine neuen (die Verurteilung tragenden) Feststellungen zu erwarten sein[83]. *Maiwald*[84] weist allerdings zu recht darauf hin, daß es für das Revisionsgericht ein Problem darstellt, eine evtl. Lückenhaftigkeit des Urteils – und damit eben keine vollständigen Feststellungen – auch als solche zu erkennen. Wenn der Tatrichter einen Umstand für die von ihm vorgenommene Verurteilung für unerheblich hielt, so taucht dieser als Feststellung in den Urteilsgründen natürlich nicht auf. Demnach besteht die Gefahr, daß das Revisionsgericht auf Freispruch erkennt, obwohl gerade dieser Umstand einen solchen ausschließen würde[85]. Eine Beurteilung aufgrund des Akteninhalts kommt dabei nicht in Frage[86]. Des weiteren ist diesbezüglich auf die

---

[78] Hervorhebung vom Verf.

[79] KK – *Kuckein*, § 354, Rn. 3; *Steinmetz*, Sachentscheidungskompetenzen, S. 124; *Ranft*, Rn. 2240.

[80] *Pfeiffer*, § 354, Rn. 2.

[81] *Kleinknecht/Meyer–Goßner*, § 354, Rn. 3; BGH NJW, 1993, 2451.

[82] KK – *Kuckein*, § 354, Rn. 3; *Pfeiffer*, § 354, Rn. 2 BGHSt 28, 162, 164; RGSt 47, 331, 332.

[83] KK – *Kuckein*, § 354, Rn. 3; BGHSt 13, 274.

[84] AK – *Maiwald*, § 354, Rn. 3.

[85] AK – *Maiwald*, § 354, Rn. 3.

[86] KK – *Kuckein*, § 354, Rn. 3; LR – *Hanack*, § 354, Rn. 2; *Kleinknecht/Meyer–Goßner*, § 354, Rn. 3;

grundsätzliche Gefahr hinzuweisen, einen Freispruch mit der vorschnellen pauschalen Feststellung zu legitimieren, daß weitere Feststellungen nicht zu erwarten seien. Jedenfalls kann allein dieser Satz eine Entscheidungskompetenz nach § 354 Abs. 1 Alt. 1 StPO nicht begründen[87]. Zwar ist zuzugeben, daß ein Freispruch den Angeklagten nur zu begünstigen vermag. Dabei kann es aber nicht darum gehen, die rechtliche Basis für einen solchen Freispruch aus den Augen zu verlieren; ein nicht gerechtfertigter Vorteil für den Angeklagten wäre die Folge[88].

b) Teilfreispruch

§ 354 Abs. 1 Alt. 1 StPO ermöglicht neben einem vollständigen Freispruch auch eine nur teilweise Freisprechung[89]. Dies ist nachvollziehbar, da es keinen sachlichen Grund gibt, die Anwendung der Vorschrift auf vollständige Freisprüche zu beschränken. Vielmehr ist es gerade Sinn der Regelung, das Verfahren schon in der Revisionsinstanz so weit als möglich zum Abschluß zu bringen[90]. Ein vollständiger Abschluß des Verfahrens wird im Fall des Teilfreispruchs z. B. erreicht, wenn die Revision im übrigen verworfen wird oder eine nur teilweise Anfechtung erfolgte[91]. Jedoch auch bei nicht vollständigem Verfahrensabschluß – wenn die Sache also im übrigen zurückverwiesen wird – muß dem Gedanken der (möglichst umfassenden) Beschleunigung des Verfahrensabschlusses Rechnung getragen werden, wenn das Revisionsgericht die Möglichkeit hat, durch bloße Subsumtion – also ohne eigene Ermessensentscheidung – eine Entscheidung herbeizuführen. Im übrigen erscheint eine teilweise Freisprechung aufgrund der Vorschrift des § 354 Abs. 1 Alt. 1 StPO nur konsequent, wenn man auch die Trennbarkeit von (selbständigen) Entscheidungsteilen anerkennt[92]. Voraussetzung für einen teilweisen Freispruch ist dann allerdings, daß es sich um einen abtrennbaren Bestandteil des Urteils handelt[93]. Daran fehlt es z. B. bei tateinheitlicher Verurteilung[94]. Ein Fall der analogen Anwendung von § 354 Abs. 1 Alt. 1 StPO – wie ihn *Bode*[95] annimmt – liegt demnach bei einer teilweisen Freisprechung nicht vor[96]; vielmehr handelt es sich lediglich um eine „teilweise direkte Anwendung" der Norm.

---

a. A. OLG Köln NJW 1979, 729, 730; (BGHR StPO § 354 Abs. 1 Freisprechung 1, läßt dagegen offen, ob auch der Akteninhalt herangezogen werden darf).

[87] *Steinmetz*, Sachentscheidungskompetenzen, S. 131; *Rieß*, GA 1978, 274 i. V. m. Fn. 89.

[88] *Batereau*, Schuldspruchberichtigung, S. 57 f.

[89] KK – *Kuckein*, § 354, Rn. 3; 4; BGHSt 28, 164; *Batereau*, Schuldspruchberichtigung, S. 57.

[90] *Steinmetz*, Sachentscheidungskompetenzen, S. 124.

[91] Vgl. *Steinmetz*, Sachentscheidungskompetenzen, S. 124.

[92] *Steinmetz*, Sachentscheidungskompetenzen, S. 124.

[93] RGSt 27, 394; 70, 349; BGH NJW 1973, 475.

[94] KK – *Kuckein*, § 354, Rn. 4 a. E.

[95] *Bode*, Sachentscheidung, S. 24 i. V. m. Fn. 43.

[96] So auch *Steinmetz*, Sachentscheidungskompetenzen, S. 124; *Batereau*, Schuldspruchberichtigung, S. 56.

Ist die Konstellation gegeben, daß die Anklage vom Tatgericht nicht vollständig ausgeschöpft wurde, und lassen die Urteilsgründe erkennen, daß das Tatgericht insoweit von einem (Teil)Freispruch ausging, so ist dieser vom Revisionsgericht ohne weiteres nachzuholen[97]. Ein solcher Fall wird nicht von § 354 Abs. 1 Alt. 1 StPO erfaßt[98]. Vielmehr handelt es sich hier um eine bloße Berichtigung eines offensichtlichen Versehens[99], welches aus den Urteilsgründen ersichtlich wird[100].

2. Einstellung (§ 354 Abs. 1 Alt. 2 StPO)

Nach § 354 Abs. 1 Alt. 2 StPO hat das Revisionsgericht die Möglichkeit – sofern die Voraussetzungen vorliegen – das Verfahren einzustellen. Eine Einstellung hat zu erfolgen, wenn es an einer Prozeßvoraussetzung fehlt, wenn also ein Verfahrenshindernis besteht. Nur diese Form der Einstellung, nicht die Einstellung nach den §§ 153 ff. StPO, ist gemeint[101]. § 354 Abs. 1 Alt. 2 StPO ist demnach als revisionsrechtliches Pendant zu § 260 Abs. 3 StPO anzusehen[102]. Allerdings hat das Revisionsgericht vor einer Einstellung zu prüfen, ob nicht ein Freispruch in Frage kommt. Ein Freispruch hat Vorrang vor der Einstellung[103]. Dies folgt aus dem Grundsatz des weitestreichenden Revisionsgrundes[104]. Liegen also Gründe vor, welche zur Verfahrenseinstellung führen müßten, und solche, die einen Freispruch rechtfertigen, so ist freizusprechen[105].

Ebenso wie eine teilweise Freisprechung ist auch eine teilweise Einstellung ohne weiteres möglich. Die Ausführungen zur teilweisen Freisprechung gelten hier entsprechend; das Verfahrenshindernis muß also einen selbständigen, abtrennbaren Teil des Urteils betreffen[106].
Weiter ist zu beachten, daß eine Verfahrenseinstellung gem. § 354 Abs. 1 Alt. 2 StPO nur dann in Betracht kommt, wenn die fehlende Verfahrensvoraussetzung nicht nachgeholt werden kann; in diesem Fall ist die Sache an den Tatrichter zurückzuverweisen[107]. Dies ergibt sich schon aus dem (allgemeinen) Erfordernis des § 354

---

97 S. oben S. 23. Vgl. auch *Steinmetz,* Sachentscheidungskompetenzen, *S.* 123; LR – *Hanack,* § 354, Rn. 48.

98 Unklar insoweit *Steinmetz,* Sachentscheidungskompetenzen, S. 123, 125.

99 So auch LR – *Hanack,* § 354, Rn. 48.

100 Siehe unter B. II. 5. a. E.

101 LR – *Hanack,* § 354, Rn. 7; *Steinmetz,* Sachentscheidungskompetenzen, S. 135; *Pfeiffer,* § 354, Rn. 3; AK – *Maiwald,* § 354, Rn. 6; *Kleinknecht/Meyer-Goßner,* § 354, Rn. 6.

102 Vgl. *Steinmetz,* Sachentscheidungskompetenzen, S. 135.

103 LR – *Hanack,* § 354, Rn. 8; KK – *Kuckein,* § 354, Rn. 7; RGSt 70, 193; BGHSt 8, 75, 80; 8, 268, 273; 13, 268, 273; 20, 333, 335; Sch/Sch – *Stree,* vor §§ 78 ff., Rn. 5.

104 *Dahs / Dahs,* Revision, Rn. 574, 586; Sch/Sch – *Stree,* vor §§ 78 ff., Rn. 5.

105 AK – *Maiwald,* § 354, Rn. 6.

106 LR – *Hanack,* § 354, Rn. 9; KK – *Kuckein,* § 354, Rn. 7; BGHSt 8, 269; *Batereau,* Schuldspruchberichtigung, S. 57.

107 LR – *Hanack,* § 354, Rn. 8; AK – *Maiwald,* § 354, Rn. 6; *Pfeiffer,* § 354, Rn. 3; *Steinmetz,* Sachentscheidungskompetenzen, S. 134.

Abs. 1 StPO im Hinblick auf eine erschöpfende tatrichterliche Feststellung[108], die im Fall einer behebbaren Prozeßvoraussetzung (noch) fehlt. Beispiele für fehlende Verfahrensvoraussetzungen sind der Eintritt der Verfolgungsverjährung oder ein fehlender bzw. mangelhafter Eröffnungsbeschluß. Dagegen kann das Revisionsgericht bei vorübergehender Verhandlungsunfähigkeit des Angeklagten das Verfahren nach § 205 StPO vorläufig selbst einstellen[109].

Anzumerken bleibt noch, daß die Einordnung der Einstellung wegen eines Verfahrenshindernisses in den Katalog des § 354 Abs. 1 StPO sachfremd erscheint, kann doch von einer Entscheidung „in der Sache selbst" nicht gesprochen werden[110]. Beim Vorliegen eines Prozeßhindernisses fehlt es ja gerade an einer Voraussetzung für eine eigene Sachentscheidung; dies wird durch eine Entscheidung nach § 354 Abs. 1 Alt. 2 StPO lediglich festgestellt[111]. Auch die Intention des Gesetzgebers, ein revisionsrechtliches Pendant zu § 260 Abs. 3 StPO zu schaffen, kann an dieser systematischen Inkonsequenz nichts ändern. Hinzu kommt noch, daß bereits die Möglichkeit besteht, das angefochtene Urteil im Beschlußwege nach § 349 Abs. 4 StPO aufzuheben[112]. Als „Rechtfertigung" für die Einordnung in den Kanon des § 354 StPO läßt sich aber immerhin anführen, daß eine Einstellung nach § 354 Abs. 1 Alt. 2 StPO ebenso wie die anderen in der Vorschrift aufgeführten Entscheidungsalternativen von der Erschöpfung der tatsächlichen Feststellungen abhängig ist[113]. Auch hat das Revisionsgericht durch die Vorschrift zumindest die Möglichkeit, im Falle einer Hauptverhandlung durch Urteil zu entscheiden[114].

3. Absolut bestimmte Strafe (§ 354 Abs. 1 Alt. 3 StPO)

Mit der Festsetzung einer absolut bestimmten Strafe i. S. d. § 354 Abs. 1 Alt. 3 StPO besteht für das Revisionsgericht die Möglichkeit, die Rechtsfolge neu festzusetzen.

a) Fälle der absolut bestimmten Strafe nach dem Wortlaut

Mit einer absoluten Strafe sind die Rechtsnormen gemeint, welche im Hinblick auf die Rechtsfolge nur eine Reaktion durch das Strafgesetz kennen[115], so daß für das Revisionsgericht insoweit keine Wahlmöglichkeit besteht[116]. Geht man vom Wortlaut aus, so sind absolute Strafen derzeit nur in den §§ 211 StGB und 220 a Abs. 1 Nr. 1

---

[108] Vgl. KK – *Kuckein*, § 354, Rn.7; *Steinmetz*, Sachentscheidungskompetenzen, S. 134 (Fn. 86).

[109] BGH, NStZ 1996, 242.

[110] *Batereau*, Schuldspruchberichtigung, S. 27; *Bode*, Sachentscheidung, S. 6; *von Kries*, Lehrbuch, S. 686.

[111] *Bode*, Sachentscheidung, S. 6. Siehe dazu oben Fn. 20.

[112] *Steinmetz*, Sachentscheidungskompetenzen, S. 137.

[113] *Batereau*, Schuldspruchberichtigung, S. 28; *Steinmetz*, Sachentscheidungskompetenzen, S. 137.

[114] Einen zusammenfassenden Überblick über die verschiedenen Einstellungsmöglichkeiten nach der StPO gibt *Steinmetz*, Sachentscheidungskompetenzen, S. 138 f.

[115] LR – *Hanack*, § 354, Rn. 11.

[116] LR – *Hanack*, § 354, Rn. 11.

StGB angedroht. Nach der ratio des § 354 Abs. 1 StPO erscheint die eigene Sachentscheidung des Revisionsgerichts in diesen Fällen nur konsequent, denn bei einer zwingenden Rechtsfolge ist gerade die von der Vorschrift nicht gewollte Ermessensausübung auf Seiten des Revisionsgerichts – in diesem Fall eine eigene Strafzumessung – ausgeschlossen[117]. Demzufolge geht die überwiegende Meinung im Hinblick auf § 211 StGB denn auch ohne weiteres davon aus, daß auch das Revisionsgericht befugt sei, eine lebenslange Freiheitsstrafe zu verhängen[118].

b) Lebenslange Freiheitsstrafe als absolut bestimmte Strafe?

Problematisch ist diese Einordnung der lebenslangen Freiheitsstrafe in § 211 Abs. 1 StGB freilich aufgrund einer verfassungsrechtlich gebotenen „Relativierung" des Tatbestandes des § 211 Abs. 2 StGB. Diesbezüglich wegweisend war eine Entscheidung des Bundesverfassungsgerichts vom 21.06.1977[119]. Das Gericht unterzog das angefochtene Urteil insoweit einer verfassungsrechtlichen Prüfung, als die Verurteilung wegen Mordes unter den Gesichtspunkten der „heimtückischen Begehung" und der Begehung „um eine andere Straftat zu verdecken" in Rede stand. In seiner Entscheidung geht das Bundesverfassungsgericht davon aus, daß mit Hilfe einer verfassungskonformen Auslegung des § 211 StGB verhindert werden müsse, daß im Einzelfall eine lebenslange Freiheitsstrafe verhängt werde, wo dies nicht gerechtfertigt erscheint. Mithin wird dadurch der absolute Charakter der angedrohten lebenslangen Freiheitsstrafe relativiert. Hier wird deutlich, daß die (absolute) Rechtsfolge Einfluß auf die Tatbestandsermittlung nimmt[120], also ein gegenseitiger Ausgleich erfolgt. Eine „isolierte" Tatbestandsermittlung ist somit nicht mehr möglich[121].

Verläßt man den Tatbestand, so zeigt sich aber auch im Bereich der Rechtsfolge selbst – genauer: im Bereich der Strafvollstreckung – eine Relativierung des absoluten Charakters der lebenslangen Freiheitsstrafe. In der genannten Entscheidung ging das Bundesverfassungsgericht[122] nämlich davon aus, daß im Fall der Verurteilung zu einer lebenslangen Freiheitsstrafe, der Verurteilte eine Chance haben müsse, vorzeitig aus der Haft entlassen zu werden. Dies folge aus der in Art. 1 Abs. 1 GG garantierten Würde des Menschen. Das Rechtsstaatsprinzip verlange eine gesetzliche Regelung im Hinblick auf die Voraussetzungen und das Verfahren der Vollstreckungsaussetzung einer lebenslangen Freiheitsstrafe. Dieser Forderung kam der Gesetzgeber schließlich mit der Einführung des § 57 a StGB am 01.05.1982[123]

---

[117] Vgl. LR – *Hanack,* § 354, Rn. 11; *Schmidt*, Lehrkommentar II, §§ 353 – 355, Rn. 43.

[118] Vgl. z. B. *Schmidt*, Lehrkommentar II, §§ 353 – 355, Rn. 43; KK – *Kuckein,* § 354, Rn. 10; *Kühne*, Strafprozeßlehre, Rn. 679; *Pfeiffer*, § 354, Rn. 4; *Dahs / Dahs*, Revision, Rn. 587; *Roxin*, Strafverfahrensrecht, § 53, Rn. 65; *Kleinknecht/Meyer–Goßner*, § 354, Rn.9.

[119] BVerfGE 45, 187 ff. (= NJW 1977, 1525).

[120] Vgl. *Peters*, JZ 1978, 231.

[121] *Peters*, JZ 1978, 231.

[122] BVerfGE 45, 242 ff.

[123] Eingeführt durch das 20. Strafrechtsänderungsgesetz vom 08.12.1981 (BGBl. I, S. 1329).

nach. In dieser Vorschrift wird die Aussetzung des noch nicht verbüßten Teils der lebenslangen Freiheitsstrafe geregelt (Mindestverbüßungszeit von 15 Jahren, keine besondere Schwere der Schuld, günstige Kriminalprognose, Einwilligung des Verurteilten).

Nach dem Gesagten ist also die Zulässigkeit der Verhängung einer lebenslangen Freiheitsstrafe durch das Revisionsgericht zumindest nicht allein aufgrund des Wortlauts des § 211 StGB ohne weiteres möglich. Allerdings hat das Bundesverfassungsgericht[124] selbst die Ersetzung einer zeitigen Freiheitsstrafe durch eine lebenslange Freiheitsstrafe in der Revisionsinstanz für zulässig erklärt. Der BGH[125] hat wiederholt in Fällen des Mordes selbst auf die lebenslange Freiheitsstrafe erkannt. Freilich ist aber zu beachten, daß die *tatsächliche* Vollstreckung der lebenslangen Freiheitsstrafe ebenfalls – wie auch die Verhängung der lebenslangen Freiheitsstrafe als solche – nicht allein aufgrund einer schlichten Subsumtion der Tatbestandsvoraussetzungen des § 211 StGB erfolgen kann. Wie gezeigt sind auch und gerade im Bereich der Rechtsfolge selbst weitere Prüfungen notwendig, um gegebenenfalls eine wirklich lebenslange Vollstreckung – und damit auch eine wirkliche absolut bestimmte Strafe – annehmen zu können. Nach allem läßt sich deshalb mit guten Gründen vertreten, die lebenslange Freiheitsstrafe des § 211 StGB nicht (mehr) als absolut bestimmte Strafe i. S. d. § 354 Abs. 1 Alt. 3 StPO anzusehen[126].

4. Gesetzlich niedrigste Strafe (§ 354 Abs. 1 Alt. 4 StPO)

Gem. § 354 Abs. 1 Alt. 4 StPO kann das Revisionsgericht auf die gesetzlich niedrigste Strafe erkennen. Diese Regelung stellt demgemäß einen Systembruch dar, da dem Revisionsgericht ausnahmsweise originäre Aufgaben des Tatgerichts – hier: Strafzumessung[127] – zugewiesen werden[128]. Hintergrund sind einmal mehr prozeßökonomische Erwägungen[129]; eine Zurückverweisung soll möglichst vermieden werden. Der Systembruch erscheint hier verzeihlich, weil der Beschuldigte durch eine Entscheidung nach § 354 Abs. 1 Alt. 4 StPO nicht benachteiligt werden kann[130]. Außerdem ist noch ein entsprechender Antrag der Staatsanwaltschaft, welcher gewissermaßen als Kontrollfunktion gesehen werden kann, erforderlich; ein „Alleingang" des Revisionsgerichts ist somit ausgeschlossen.

---

[124] BVerfGE 54, 100, 115.

[125] BGH NJW 1977, 1544; 1978, 1336; BGHSt 35, 116.

[126] So auch *Peters*, JZ 1978, 231; Strafprozeß, S. 665; *Sarstedt/Hamm*, Revision in Strafsachen, Fn. 2812. Kritisch ebenfalls *Steinmetz,* Sachentscheidungskompetenzen, S. 257; LR – *Hanack,* § 354, Rn. 11. Zur Vorsicht bei der Verhängung der lebenslangen Freiheitsstrafe durch das Revisionsgericht mahnt auch AK – *Maiwald*, § 354, Rn. 7.

[127] Vgl. BGH, StV 1993, 62.

[128] Für eine Abschaffung dieser Alternative aufgrund dieses Systembruchs spricht sich denn auch AK – *Maiwald,* § 354, Rn. 8 aus.

[129] Vgl. AK – *Maiwald*, § 354, Rn. 8.

[130] Siehe *Scheffler*, NStZ 1992, 297.

Der Gesetzgeber[131] hatte die Fälle vor Augen, in denen es der Staatsanwaltschaft primär auf eine genaue Auslegung des jeweiligen Straftatbestandes ankommt und nicht so sehr auf das letztendlich verhängte Strafmaß[132]. Demnach sind die Fälle erfaßt, in denen es um eine Schuldspruchänderung mit nachfolgender Änderung der Rechtsfolge geht. Selbstverständlich sind aber auch – und darauf weist *Steinmetz*[133] zu recht hin – die Fälle erfaßt, die *nur* eine Änderung des Strafmaßes zum Inhalt haben. Schließlich sei noch erwähnt, daß, falls die gesetzliche Mindeststrafe von der Annahme eines minderschweren Falles abhängig ist, das Revisionsgericht sie nur dann selbst verhängen darf, wenn schon der Tatrichter einen solchen minderschweren Fall angenommen hat[134]. Droht das Gesetz neben einer Freiheits– auch eine Geldstrafe an, so ist nur das Mindestmaß der angedrohten Freiheitsstrafe für sich allein die „gesetzlich niedrigste Strafe"[135].

5. Absehen von Strafe (§ 354 Abs. 1 Alt. 5 StPO)

Des weiteren hat das Revisionsgericht die Möglichkeit, in der Sache selbst zu entscheiden, wenn es ein Absehen von Strafe für angemessen hält (§ 354 Abs. 1 Alt. 5 StPO). Wie im Fall der „gesetzlich niedrigsten Strafe" ist auch hier ein entsprechender Antrag der Staatsanwaltschaft[136] erforderlich. Innerhalb des StGB ermöglichen zahlreiche Vorschriften ein solches Absehen von Strafe[137]. Auch hier ist der Ausnahmecharakter der Vorschrift hervorzuheben, eröffnet doch der Satzteil „... für angemessen erachtet" einen dem Revisionsgericht grundsätzlich unzulässigen Wertungsspielraum.

Aufgrund dieses Systembruchs sind hier wieder die gleichen Bedenken anzuführen, welche auch schon bei § 354 Abs. 1 Alt. 4 StPO angeführt wurden[138] (Stichwort: Strafzumessung als alleinige tatrichterliche Aufgabe). Der Antrag der Staatsanwaltschaft im Hinblick auf ein Absehen von Strafe ist zwingend erforderlich[139]. Dies ergibt sich schon eindeutig aus dem Wortlaut des § 354 Abs. 1 Alt. 5 StPO. Im übrigen dient der Antrag der Staatsanwaltschaft der zusätzlichen Legitimation einer nur ausnahmsweise zulässigen eigenen Sachentscheidung im Bereich der Rechtsfolge[140]. Der in § 354 Abs. 1 Alt. 5 StPO zum Ausdruck gebrachte Wertungsspielraum ver-

---

[131] Vgl. *Hahn*, Motive (RStPO), Abt. 2, S. 1040.

[132] *Batereau*, Schuldspruchberichtigung, S. 75.

[133] *Steinmetz*, Sachentscheidungskompetenzen, S. 266.

[134] LR – *Hanack*, § 354, Rn. 12; *Bode*, Sachentscheidung, S. 8; AK – *Maiwald* § 354, Rn. 8.

[135] RGSt 47, 229.

[136] Gemeint ist wiederum die Staatsanwaltschaft beim Revisionsgericht; siehe nur *Schmidt*, Lehrkommentar II, §§ 353 – 355, Rn. 45.

[137] §§ 23 Abs. 3; 60; 83 a; 84 Abs. 4, 5; 85 Abs. 3; 86 Abs. 4; 86 a Abs. 3; 87 Abs. 3; 89 Abs. 3; 98 Abs. 2; 99 Abs. 3; 113 Abs. 4; 129 Abs. 5, 6; 129 a Abs. 4, 5; 139 Abs. 1; 157 Abs. 1, 2; 158 Abs. 1; 174 Abs. 4; 182 Abs. 4; 218 a Abs. 4; 233; 266 a Abs. 5; 311 c Abs. 2; 315 Abs. 6; 316 a Abs. 2; 323 Abs. 5; 330 b.

[138] Vgl. auch AK – *Maiwald*, § 354, Rn. 10.

[139] So auch *Steinmetz*, Sachentscheidungskompetenzen, S. 273; AK – *Maiwald*, § 354, Rn. 10.

[140] *Steinmetz*, Sachentscheidungskompetenzen, S. 273.

bietet selbst dann eine Entscheidung des Revisionsgerichts ohne einen entsprechenden Antrag der Staatsanwaltschaft, wenn die Voraussetzungen der materiellrechtlichen Norm „offensichtlich" vorliegen. Die gegenteilige Ansicht des BayObIG[141] ist aus diesem Grund abzulehnen. Es hatte in einem Fall, in dem nach Ansicht des Gerichts die Voraussetzungen des § 16 StGB a. F. (= § 60 StGB n. f.) – also auch die „Offensichtlichkeit" einer Bestrafung des Täters – vorlagen, eine eigene Entscheidung gem. § 354 Abs. 1 Alt. 5 StPO getroffen, ohne daß ein entsprechender Antrag der Staatsanwaltschaft vorgelegen hätte[142]. In dem entschiedenen Fall hatte der Angeklagte bei einem Verkehrsunfall seine Ehefrau und die Insassin eines entgegenkommenden PKW fahrlässig getötet. Im Hinblick auf die Voraussetzungen des § 16 StGB a. F. führt der BGH aus:

> „Bei verhältnismäßig geringem Verschulden sind dem Angeklagten überaus schwere Folgen aus dem Unfall erwachsen, er hat seine eigene Ehefrau, die Mutter seiner 17jährigen Tochter, durch den Tod verloren. Er hat in eigener Person ungewöhnlich schwere Körperverletzungen erlitten. Die Verhängung einer Strafe würde den Angeklagten innerlich nicht mehr erreichen, weil sie in keinem Verhältnis zu dem bereits erlittenen Schicksalsschlag und deren Auswirkungen auf den Angeklagten stünde. Einer weiteren Einwirkung auf den Angeklagten zu einer Warnung oder Änderung einer etwa vorwerfbaren Einstellung oder Verhaltensweise für die Zukunft bedarf es nicht. Die Rechtstreue der Bevölkerung oder ein wohlverstandenes Sühnebedürfnis der Allgemeinheit erfordern ebenfalls keine Bestrafung. Dies alles ist im vorliegenden Fall offensichtlich."

Ist die Entscheidung auch inhaltlich zweifellos nachvollziehbar, so darf doch nicht ohne weiteres die Voraussetzung des staatsanwaltlichen Antragserfordernisses negiert werden. Rechtsunsicherheit wäre die Folge. Wann soll das Antragserfordernis beachtet werden müssen, wann ausnahmsweise nicht? Die Möglichkeit, durch die Norm von einer Bestrafung abzusehen, ergibt – wie gesagt – für sich allein noch keine Grundlage für eine Entscheidung seitens des Revisionsgerichts; die „Frage" des § 354 Abs. 1 Alt. 5 StPO im Hinblick auf die *Angemessenheit* des Absehens von einer Bestrafung ist stets zu prüfen. Diese Ermessensentscheidung soll aber eben aufgrund des dogmatischen Bruchs mit den übrigen Alternativen des § 354 Abs. 1 StPO (ausgenommen Alt. 4), nur dann gerechtfertigt sein, falls *auch* ein entsprechender Antrag der Staatsanwaltschaft bzgl. des Absehens von Strafe vorliegt[143]. Anderenfalls funktioniert man eine solche Entscheidung – inhaltlich betrachtet – in einen Freispruch um[144].

Abschließend sei noch bemerkt, daß bloße Urteils*berichtigungen* (oder anders ausgedrückt Urteils*klarstellungen)* – also die Berichtigung offensichtlicher Versehen des Tatgerichts – jedenfalls kein Fall einer, weder unmittelbaren noch mittelbaren, Anwendung des § 354 Abs. 1 StPO sind[145]. Die StPO enthält keine ausdrückliche Regelung für eine solche Urteilsberichtigung. Im Gegensatz dazu findet sich in der ZPO

---

[141] BayObIG, NJW 1972, 696.

[142] Das OLG Karlsruhe, JZ 1974, 773 erklärt dagegen: „Die Gesamtabwägung zu § 16 StGB ist ebenso wie die Strafzumessung überhaupt ausschließlich Sache des Tatrichters".

[143] Siehe auch *Scheffler*, NStZ 1992, 297.

[144] So wohl auch AK – *Maiwald* § 354, Rn. 10.

[145] LR – *Hanack;* § 354, Rn. 47*; Steinmetz,* Sachentscheidungskompetenzen, S. 120; *Batereau,* Schuldspruchberichtigung, S. 4; *Bode,* Sachentscheidung, S. 2.

mit § 319 Abs. 1 insoweit eine explizite Vorschrift. Eine bloße Berichtigung ist dem Revisionsgericht z. B. bei Schreibfehlern u. ä. möglich[146]. Jedoch kann das Taturteil auch dann berichtigt werden, wenn der Wille des Tatrichters bzgl. der Art der Verurteilung in den Urteilsgründen eindeutig zum Ausdruck kommt, der Tenor jedoch eine davon abweichende Verurteilung ausweist[147]. Als Beispiel sei der Fall angeführt, daß der Tenor auf Verurteilung wegen tateinheitlicher Begehung lautet, die Urteilsgründe aber klar von Tatmehrheit sprechen[148]. Auch kann das Revisionsgericht einen Teilfreispruch, den der Tatrichter für notwendig hielt, nachholen, um so die Anklage auszuschöpfen[149]. In all diesen Fällen handelt es sich nur um leicht erkennbare Versehen, die deshalb vom Revisionsgericht korrigiert werden können, ohne direkt oder aufgrund erweiterter Auslegung auf § 354 Abs. 1 StPO zurückgreifen zu müssen[150]. Eine ausdrückliche Kompetenzzuweisung ist insoweit deshalb auch nicht erforderlich, da es sich ja nicht um eine *eigene* Entscheidung des Revisionsgerichts handelt, sondern vielmehr nur dem – bereits feststehenden – Willen des Tatrichters Ausdruck verliehen wird[151]. Das Revisionsgericht berichtigt das Urteil lediglich *für* das Tatgericht[152]. *Batereau*[153] nennt dies denn auch treffend einen „Dienst an dem vom Vorderrichter bereits entschiedenen Fall".

Ob die offensichtliche Unrichtigkeit des Tenors auf einem bloßen Versehen des Tatrichters oder aber auf einem Rechtsirrtum beruht, spielt keine Rolle[154]. Wenn aber eine Berichtigung nur bei *offensichtlichen* Versehen möglich ist, so ist zu fragen, welche Kriterien angelegt werden müssen, um eine solche Offensichtlichkeit bejahen zu können. Die Notwendigkeit objektiver Kriterien gilt umso mehr, als ansonsten die Grenze zur eigenen Sachentscheidung gem. § 354 Abs. 1 StPO verschwimmen würde[155]. Besonders „kritisch" sind insoweit die Fälle, in denen keine schon äußerlich erkennbaren Versehen (Schreibfehler!) vorliegen, sondern der Fehler sich aufgrund falscher rechtlicher Würdigung des Tatrichters ergibt. Hier besteht die Gefahr, vorschnell dem Tatrichter zu unterstellen, er habe „die richtige rechtliche Würdigung" gemeint; eine bequeme Umgehung der Voraussetzungen für eine eigene Sachentscheidung (§ 354 Abs. 1 StPO) wäre die Folge. Fest steht jedenfalls, daß sich für die bloße Urteilsberichtigung im tatrichterlichen Urteil konkrete Anhaltspunkte für das tatsächlich Gemeinte finden lassen müssen[156]. Gibt es dagegen im tatrichterlichen Urteil keinerlei Hinweise auf das tatsächlich Gemeinte, so ist eine Änderung des

---

[146] KK – *Kuckein*, § 354, Rn. 20.

[147] LR – *Hanack*, § 354, Rn. 47; KK – *Kuckein*, § 354, Rn. 20; RGSt 54, 205.

[148] OLG Hamm, VRS 44, 426; weitere Beispielsfälle finden sich bei LR – *Hanack*, § 354, Rn. 48.

[149] LR – *Hanack*, § 354, Rn. 48; *Kleinknecht/Meyer–Goßner*, § 354, Rn. 33.

[150] LR – *Hanack*, § 354, Rn. 47; *Batereau*, Schuldspruchberichtigung, S. 4; *Bode*, Sachentscheidung, S. 2.

[151] *Steinmetz*, Sachentscheidungskompetenzen, S. 120; *Bode*, Sachentscheidung, S. 2.

[152] *Geerds*, JZ 1968, 392.

[153] *Batereau*, Schuldspruchberichtigung, S. 4.

[154] *Wimmer*, MDR 1948, 70; LR – *Hanack*, § 354, Rn. 47; *Meyer–Goßner*, § 354, Rn. 33.

[155] LR – *Hanack*, § 354, Rn. 47; *Steinmetz, Sachentscheidungskompetenzen*, S. 121.

[156] LR – *Hanack*, § 354, Rn. 47, *Perels*, NStZ 1985, 538.

Taturteils nur zulässig, wenn die Voraussetzungen des § 354 Abs. 1 StPO beachtet werden. Die Problematik der Unterscheidung zwischen bloßer Urteilsberichtigung und eigener Sachentscheidung durch das Revisionsgericht mag denn auch der Grund dafür sein, daß auch für reine Urteilsberichtigungen gelegentlich die Norm des § 354 Abs. 1 StPO herangezogen wird[157], obwohl dies – wie dargelegt – nicht erforderlich ist[158].

C. Begründung(sversuche) für eine normative Ausdehnung des Anwendungsbereiches von § 354 Abs. 1 StPO

Untersucht man die revisionsgerichtliche Judikatur im Hinblick auf eigene Sachentscheidungen, so finden sich neben der direkten Anwendung von § 354 Abs. 1 StPO häufig[159] auch Entscheidungen, die als prozessuale Grundlage eine analoge Anwendung der Norm anführen oder aber auch nur – ohne dogmatische Einordnung – lediglich auf § 354 Abs. 1 StPO verweisen. Dies ist vor dem Hintergrund zu sehen, den normativ vorgegebenen engen Rahmen eigener Sachentscheidungsmöglichkeiten möglichst auszuweiten.

Diese mittelbare Normanwendung ist von der tatsächlichen Erweiterung der einzelnen ausdrücklich genannten Normalternativen abzugrenzen. Bei letzterer nimmt das Revisionsgericht eine Alternative des § 354 Abs. 1 StPO unmittelbar als Kompetenzzuweisung bzgl. einer eigenen Entscheidung in der Sache an. Bei der mittelbaren Normanwendung fehlt es dagegen an dieser Unmittelbarkeit; vielmehr wird der Grundgedanke der Norm *als solcher* als Grundlage für eine eigene Sachentscheidung herangezogen. Bevor nun aber auf die einzelnen Fallgestaltungen dieser normativen Ausweitung detailliert eingegangen wird, soll hinterfragt werden, ob denn eine solche überhaupt zulässig ist.

Unabhängig von der Zulässigkeit einer normativen Ausdehnung, ist vorab auf die grundsätzliche Gefahr einer solchen Kompetenzausweitung hinzuweisen. Diese Gefahr besteht – und darauf weist *Batereau*[160] zu recht hin – in erster Linie für den Revision einlegenden Angeklagten. Bei einem Selbstentscheid durch das Revisionsgericht tritt insoweit Rechtskraft ein. Wird beispielsweise der Schuldspruch geändert, so steht dieser unabänderlich fest[161]. Selbst wenn der Tatrichter nach einer Zurückverweisung bzgl. der neu zu treffenden Strafzumessung diesen Schuldspruch für falsch hält, so ist er doch an die Ansicht des Revisionsgerichts gebunden, da dessen Auffassung gem. § 358 Abs. 1 StPO für ihn bindend ist. Die Revisionsgerichte haben

---

[157] Z. B. RG JW 1927, 1316; BGH NJW 1953, 76.

[158] *Steinmetz*, Sachentscheidungskompetenzen, S. 121; KMR – *Paulus*, § 354, Rn. 13.

[159] Siehe zum tatsächlichen Verhältnis zwischen direkter und analoger Normanwendung unten Grafik 1.

[160] *Batereau*, Schuldspruchberichtigung, S. 2 f.

[161] Die Ausnahme der Verfahrenswiederaufnahme (§§ 359 ff. StPO) soll hier aufgrund ihrer Sonderstellung außer Betracht bleiben.

also schon allein aus diesem Grund bei der Inanspruchnahme erweiterter Sachentscheidungskompetenzen besondere Vorsicht walten zu lassen.

Um eine im Vergleich zur gesetzlichen Regelung erweiterte Sachentscheidungskompetenz des Revisionsgerichts zu begründen, sind verschiedene Wege begangen worden.

I. Der Grundsatz der Verfahrensbeschleunigung als Begründung für eine erweiterte Anwendung des § 354 Abs. 1 StPO

Die wesentliche Zielsetzung des § 354 Abs. 1 StPO ist es, eine Beschleunigung des Verfahrens zu erreichen. Gerade dieser Gedanke der Prozeßökonomie wurde schon früh als Argument für die Zulässigkeit einer Erweiterung der revisionsgerichtlichen Sachentscheidungskompetenzen angeführt[162]. Wenn das Revisionsgericht einen Rechtsfehler feststellen kann, und zwar auf der Grundlage der vom Tatrichter abschließend festgestellten Sachverhaltstatsachen, so wäre das Tatgericht bei einer Zurückverweisung der Sache – wie bereits erwähnt – aufgrund § 358 Abs. 1 StPO an die Rechtsauffassung des Revisionsgerichts gebunden[163]. Da die tatsächlichen Feststellungen durch die vom Tatgericht abweichende Rechtsansicht des Revisionsgerichts nicht berührt werden – und dementsprechend nach § 353 Abs. 2 StPO aufrechterhalten bleiben – bliebe dem Tatrichter nichts anderes zu tun, als die Rechtsansicht des Revisionsgerichts seiner Entscheidung im Hinblick auf den Schuldspruch zugrundezulegen[164]. Mit anderen Worten: Das Ergebnis der erneuten Hauptverhandlung stünde insoweit bereits mit Erlaß des Revisionsurteils von vornherein fest[165]. Eine Zurückverweisung wäre somit bloßer Formalismus[166]. Damit einher ginge eine unnötige Verschwendung von Zeit, Geld und Arbeitskraft[167].

Allerdings ist sogleich darauf hinzuweisen, daß die eigene Sachentscheidung durch das Revisionsgericht nicht einfach als probates Mittel angesehen werden kann, um der *allgemeinen* Forderung nach einer Verkürzung der immer länger werdenden Strafverfahren Rechnung zu tragen. Die Begründung ist denkbar einfach: Eine solche angeblich stetige zeitliche Ausdehnung der Strafverfahren ist tatsächlich nicht feststellbar[168]. Es geht also „nur" darum, das Verfahren als solches nicht länger als

---

[162] Gegen eine Ausweitung des Anwendungsbereiches aber *Geerds*, JZ 1968, 393; *Otto*, JR 1990, 128; *Merkel*, JW 1923, 400.

[163] Vgl. *Wimmer*, MDR 1948, 69; *Sarstedt/Hamm*, Revision in Strafsachen, Rn. 1289.

[164] Vgl. *Batereau*, Schuldspruchberichtigung, S. 15; *Bode*, Sachentscheidung, S. 11; *Wimmer*, MDR 1948, 69; KMR – *Paulus*, § 354, Rn. 11.

[165] *Müller–Christmann*, JuS 1987, 23.

[166] *Batereau*, Schuldspruchberichtigung, S. 15; *Roxin*, Strafverfahrensrecht, § 53 Rn. 67; AK – *Maiwald* § 354, Rn. 11; *Bode*, Sachentscheidung, S. 9; *Lüttger*, DRZ 1950, 348; *Sarstedt*, JR 1957, 272; OLG Celle, VRS 28 (1965), 32.

[167] *Batereau*, Schuldspruchberichtigung, S. 15, *Roxin*, § 53 Rn. 67; LR – *Hanack*, § 354, Rn. 15; *Neumann*, JuS 1990, 539; KMR – *Paulus*, § 354 Rn. 11; *Müller–Christmann*, JuS 1987, 23; *Bode*, Sachentscheidung, S. 9.

[168] Dies wird durch die Untersuchungen von *Barton* belegt: Siehe *Barton*, StV 1996, 690 und *Barton*, Revisionsrechtsprechung, S. 75 ff. (Verfahrensdauer in der Tatsacheninstanz) und S. 160 ff.

nötig auszudehnen. Anders formuliert: Das Strafverfahren soll in zeitlicher Hinsicht so schnell abgewickelt werden, wie es der prozeßrechtliche Rahmen zuläßt. Aus prozeßökonomischer Sicht ist deshalb ein Schuldspruch durch das Revisionsgericht einer Zurückverweisung an das Tatgericht naturgemäß vorzuziehen. Betrachtet man diese Aussage isoliert, so bedarf es dazu eigentlich keiner weiteren Ausführungen. Es ist aber wiederum auf die Gefahren einer eigenen Sachentscheidung für den Angeklagten einzugehen. Die mit dem Eintritt der Rechtskraft verbundene Unmöglichkeit, die ergangene Entscheidung insoweit noch abzuändern, muß dazu führen, daß der Grundsatz der Verfahrensbeschleunigung restriktiv angewandt wird. Anders gewendet: Eine Beschleunigung des Verfahrens darf nicht um jeden Preis herbeigeführt werden[169]. Auch – und das wird durchaus nicht immer hinreichend beachtet – ist klarzustellen, daß mit Hilfe der Anwendung des Grundsatzes der Verfahrensbeschleunigung die gesetzlichen Vorgaben des Strafprozesses (natürlich) nicht unterlaufen werden können.

Die Verfasser der Strafprozeßordnung gingen davon aus, daß die Fälle, welche nicht dem Katalog des § 354 Abs. 1 StPO unterfielen, an das Tatgericht zurückzuverweisen waren. Das Verständnis der eigenen Sachentscheidung war dabei sehr weit gefaßt. Auch die Rückverweisungen wurden nämlich als Entscheidung des Revisionsgerichts in der Sache selbst angesehen, denn aufgrund der Bindungswirkung des heutigen § 358 Abs. 1 StPO gibt das Revisionsgericht die rechtliche Vorgabe an das Tatgericht[170]. Der „Wille des Revisionsgerichts" im Hinblick auf die rechtliche Beurteilung sollte also gerade nicht durch das Revisionsgericht selbst zum Ausdruck kommen, sondern „auf dem Umweg über die Zurückverweisung" durch das Tatgericht. Eine verfahrensrechtliche Konstruktion für die von § 354 Abs. 1 StPO nicht erfaßten Fallgestaltungen war (und ist) also durchaus vorgegeben. Deshalb kann es nur darum gehen, *innerhalb* der gesetzlichen Vorgaben, die Ziele des Strafprozesses möglichst unter Anwendung des Grundsatzes der Verfahrensökonomie zu verwirklichen[171]. Als eigenständiger dogmatischer Gesichtspunkt kann der Grundsatz der Prozeßökonomie deshalb keine hinreichende Begründung für eine Erweiterung der revisionsgerichtlichen Sachentscheidungskompetenzen darstellen[172]. Es kann dabei nur wiederholt werden, daß die normativen Voraussetzungen des Strafverfahrens nicht einfach ohne weiteres übergangen werden dürfen.

Peters[173] formuliert es prägnant:

(Bearbeitungsdauer von Revisionen beim GBA bzw. BGH). Die Wechselwirkug zwischen der *angeblichen* und der *tatsächlichen* Verfahrensdauer beschreibt *Barton* ausführlich in: Selbsterfüllende Prophezeiung, S. 524 ff.

[169] *Batereau*, Schuldspruchberichtigung, S. 3 führt insoweit aus: „Die durch die eigene Sachentscheidung des Revisionsgerichts bewirkte Verfahrensbeschleunigung kann deshalb nur insoweit gebilligt werden, als sie die Grundlagen des geltenden Revisionsrechts beachtet und die Rechte des Angeklagten, insbesondere seinen Anspruch auf einen sachgerechten Schuldspruch, wahrt".

[170] Vgl. *Küper*, Richteridee, S. 287; *Steinmetz*, Sachentscheidungskompetenzen, S. 42, 372 f.

[171] Vgl. *Kemper*, Teilrechtskraft, S. 154 ff.

[172] So auch *Steinmetz*, Sachentscheidungskompetenzen, S. 375: „Insoweit bestätigt sich auch hier die Einschätzung, daß die Betonung der Prozeßökonomie ein ambivalentes Argumentationsmuster ist, welches höchstens als Bestätigung eines anderweit gefundenen und begründeten Ergebnisses taugt".

[173] *Peters*, Schuldspruch durch das Revisionsgericht, S. 211.

„Praktikabilitätserwägungen können nicht gegenüber dem offensichtlichen Willen des Gesetzes durchschlagen."

Ganz abgesehen davon stellt sich die Frage, ob denn tatsächlich durch eine Ausweitung der revisionsgerichtlichen Sachentscheidungsbefugnisse eine wirklich relevante Verfahrensbeschleunigung erreicht wird. Dieser Frage soll im quantitativ-statistischen Teil dieser Arbeit[174] nachgegangen werden.

II. Argumentum a maiore ad minus als Begründung für eine erweiterte Anwendung des § 354 Abs. 1 StPO

Was die eigenständige Abänderung des Schuldspruchs angeht, so wird des öfteren das sog. argumentum a maiore (Größenschluß) als Begründung für die Zulässigkeit einer solchen angeführt[175]. Bei diesem Grundsatz wird – abstrakt gesprochen – vom Größeren auf das Kleinere geschlossen. Konkret: Wenn das Revisionsgericht in § 354 Abs. 1 StPO ausdrücklich berechtigt ist, unter Abänderung des Urteils im Schuld– und Rechtsfolgenausspruch auf Freisprechung bzw. auf eine absolut bestimmte Strafe zu erkennen, so muß ihm auch das *geringere* Recht zustehen, das angefochtene Urteil nur im Schuldspruch abzuändern, wobei u. U. die Sache bzgl. des Strafausspruchs an das Tatgericht zurückzuverweisen ist[176]. Allerdings ist zu beachten, daß mit Hilfe des Größenschlusses „nur" eine Vergleichbarkeit von kodifizierten Fallgestaltungen (hier eben „Freisprechung" und „Absolut bestimmte Strafe") mit nicht geregelten Tatbeständen bestimmt werden soll. Genau dies ist aber der Grundgedanke des Analogieschlusses[177]. So ist denn auch der Größenschluß lediglich als bloße Abart des Analogieschlusses anzusehen[178]. Demnach kann eine eigenständige Auseinandersetzung mit dem angeführten Argument unterbleiben. Die hier anzustellenden Überlegungen sind systematisch in den im Anschluß vorgestellten Komplex „Analogie als Begründung für eine erweiterte Anwendung des § 354 Abs. 1 StPO" einzuordnen.

III. Analogie als Begründung für eine erweiterte Anwendung des § 354 Abs. 1 StPO

Üblicherweise wird die Erweiterung des Anwendungsbereiches von § 354 Abs. 1 StPO mit einer Analogie begründet[179]. Allerdings erfolgt oft lediglich eine pauschale

---

[174] Siehe E. VI. 2.

[175] AK – *Maiwald*, § 354, Rn. 11; *Batereau*, Schuldspruchberichtigung, S. 14; *Sarstedt*, JR 1957, 272; *Wimmer*, MDR 1948, 71; LR – *Hanack*, § 354, Rn. 15.

[176] LR – *Hanack*, § 354, Rn. 15.

[177] Dazu sogleich unter III.

[178] So ausdrücklich *Bydlinski*, Methodenlehre, S. 479; *Zippelius*, Methodenlehre, § 11 II, S. 69.

[179] *Bode*, Sachentscheidung, S. 11 (der allerdings ohne weiteres von einer analogen Anwendung ausgeht, ohne diese näher zu untersuchen; vielmehr werden verfahrensökonomische Gesichtspunkte ohne weiteres als Rechtfertigung herangezogen); KK – *Kuckein*, § 354 Abs. 1 StPO, Rn. 12 („entsprechende Anwendung"); *Fezer*, Strafprozeßrecht, Fall 20 Rn. 50 (Begründung ebenfalls durch verfahrensökonomische Gesichtspunkte); *Peters*, Strafprozeß, § 75 V (S. 664); *Roxin*, Strafverfahrensrecht, § 53, Rn. 66; *Ranft*, Strafprozeßrecht, Rn. 2243 („entsprechende Anwendung"); AK – *Maiwald*, § 354 Abs. 1 StPO, Rn. 11.

Feststellung der Zulässigkeit einer analogen Anwendung oder aber das Schlagwort Analogie wird gebraucht, um verschiedene Gesichtspunkte auf diese Weise dogmatisch abzusichern[180]; insbesondere erfolgt des öfteren der Verweis auf den Grundsatz der Prozeßwirtschaftlichkeit[181]. Nicht selten erfolgt auch eine kombinierte Anwendung dieses Grundsatzes mit dem Argument des Größenschlusses[182].

1. Unzulässigkeit der analogen Anwendung des § 354 Abs. 1 StPO?

Freilich sind durchaus Stimmen erhoben worden, die zu begründen versuchen, daß eine analoge Anwendung des § 354 Abs. 1 StPO von vornherein unzulässig sei. Diese seien im folgenden dargestellt. Eine Analogie könnte daran scheitern, daß eine solche im Strafverfahrensrecht unzulässig ist. Diese Meinung ist jedoch abzulehnen. Aus Art. 103 Abs. 2 GG bzw. § 1 StGB ergibt sich klar das Gegenteil, denn im Hinblick auf das Bestimmtheitserfordernis ist dort eindeutig nur die *Strafbarkeit* – und damit die materiell–rechtliche Komponente – erfaßt[183]. Dementsprechend spielt es für eine analoge Normanwendung im Strafverfahrensrecht auch keine Rolle, ob es sich um eine Analogiebildung zugunsten oder zuungunsten des Angeklagten handelt[184].

Des weiteren könnte argumentiert werden, § 354 Abs. 1 StPO sei schon deshalb nicht analogiefähig, weil es sich hier um eine Ausnahmevorschrift im Hinblick auf den in § 354 Abs. 2 und 3 StPO geregelten „Normalfall" der Zurückverweisung handelt, so daß die Norm eng auszulegen ist[185]. Diese Argumentation trägt jedoch nicht, da eine unzulässige Prämisse aufgestellt wird; nämlich die Annahme, daß es sich bei der analogen Anwendung einer Norm per se um eine Methodik handelt, welche die Grenzen einer engen Auslegung zwangsläufig überschreiten muß. Es ist aber gerade zu klären, wie weit die Auslegung gehen darf. Darüber hinaus stellt sich auch die Frage, *warum* eine Ausnahmevorschrift nur eng ausgelegt werden darf; eine Argumentation mit Regel und Ausnahme und der *daraus folgenden* engen Auslegung kann jedenfalls nicht einfach als „gegebener" Auslegungsgrundsatz angenommen werden[186]. Der alte formale Grundsatz „singularia non sunt extanda"[187] kann dementsprechend naturgemäß über die Regel als solche hinaus keine Antwort auf die Frage nach den Grenzen einer (engen) Auslegung geben. Eine Ausdehnung

---

[180] Anders dagegen *Steinmetz*, Sachentscheidungskompetenzen, S. 327 ff., der eine vertiefte rechtsmethodische Begründung vorstellt.

[181] Dieser Grundsatz stellt aber - wie gezeigt - gerade keine tragfähige Begründung für eine erweiterte Anwendung des § 354 Abs. 1 StPO dar.

[182] Z. B. AK – *Maiwald*, § 354 Rn. 11; LR – *Hanack*, § 354 Rn. 15.

[183] So auch *Steinmetz*, Sachentscheidungskompetenzen, S. 331; *Kleinknecht/Meyer–Goßner*, Einl., Rn. 198; Sachs – *Degenhart*, Art. 103, Rn. 59; ohne Begründung ebenso *Bode*, Sachentscheidung, S. 9.

[184] Siehe AK – *Loos*, Einl. III, Rn. 22; *Henkel*, Strafverfahrensrecht, S. 69.

[185] Vgl. *Steinmetz*, Sachentscheidungskompetenzen, S. 332 ff.; siehe auch MünchKomm – *Säcker*, Einl., Rn. 102.

[186] Vgl. *Müller*, Methodik, Rn. 370, 372.

[187] Siehe dazu nur MünchKomm – *Säcker*, Einl., Rn. 102.

des Anwendungsbereiches ist also durchaus auch im Rahmen von Ausnahmevorschriften möglich[188].

Zusammenfassend läßt sich feststellen, daß eine analoge Anwendung von § 354 Abs. 1 StPO zumindest nicht von vornherein ausgeschlossen ist.

2. Voraussetzungen für eine analoge Anwendung von § 354 Abs. 1 StPO

Abstrakt gesprochen versteht man unter einer Analogie folgendes: Die vom Gesetz in einer Norm aufgestellte Regel wird auf einen vom Gesetz nicht geregelten Fall übertragen, falls dieser im Vergleich mit der ausdrücklich geregelten Fallgestaltung eine solche Ähnlichkeit aufweist, daß eine Gleichbehandlung gerechtfertigt erscheint[189]. Vereinfacht ausgedrückt sollen Fälle, die unter normativen Gesichtspunkten keine Unterschiede aufweisen, einheitlich behandelt werden[190]. Der Anwendungsbereich einer Norm soll also in der Weise erweitert werden, daß auch solche Fälle erfaßt werden, auf die sich die Norm billigerweise erstrecken müßte[191]. Der Analogieschluß ist demnach ein Anwendungsfall des Gleichheitsgrundsatzes[192]. Maßgeblicher Anhaltspunkt für die (normative) Beantwortung der Frage, ob eine gesetzlich nicht geregelte Fallgestaltung mit der kodifizierten vergleichbar ist, ist dabei der jeweils vom Gesetz verfolgte Zweck bzw. sind die dem Gesetz zugrundeliegenden Wertungen[193]. Insoweit ist also eine *subjektive* Betrachtung vorzunehmen. *Äußerliche* Ähnlichkeiten der Sachverhalte sind dagegen irrelevant[194].

Das Instrument der Analogie dient also der Schließung bestehender Gesetzeslücken. Eine tatsächlich vorliegende Lücke als solche reicht jedoch für eine analoge Normanwendung nicht aus. Vielmehr muß es sich um eine planwidrige Unvollständigkeit des Gesetzes handeln[195]. Mit anderen Worten: Es ist zu fragen, ob der Gesetzgeber, hätte er die Fallgestaltung, welche billigerweise der geregelten gleichzustellen ist, bedacht, diese ebenfalls kodifiziert hätte. Deshalb ist die Bejahung einer Gesetzeslücke ausgeschlossen, falls eine vom Gesetzgeber als abschließende Regelung konzipierte Norm gegeben ist. Die – tatsächlich bestehende – Unvollständigkeit des Gesetzes ist dann nicht planwidrig, sondern im Gegenteil planmäßig[196]. Selbst die neutrale Wertung des nicht geregelten Tatbestandes als vergleichbar mit

---

[188] *Pawlowski*, Methodenlehre, Rn. 489a; AK – *Loos*, Einl. III, Rn. 23; MünchKomm – *Säcker*, Einl., Rn. 102. Siehe auch BGHSt 39, 117: „Es gibt schon keinen Rechtssatz, der es ausnahmslos verbieten würde, Ausnahmevorschriften ausdehnend auszulegen oder entsprechend anzuwenden". Für die Zivilrechtsprechung vgl. BGHZ 26, 83: „... so daß der Charakter des § 29 Abs. 2 1. BMG als Ausnahmevorschrift die entsprechende Anwendung auf den hier zur Entscheidung stehenden Tatbestand nicht verbietet".

[189] Vgl. AK – *Loos*, Einl. III, Rn. 21; SK – *Rudolphi*, § 1, Rn. 22; Sch/Sch – *Eser*, § 1, Rn. 24.

[190] AK – *Loos*, Einl. III, Rn. 21; *Pawlowski*, Methodenlehre, Rn. 453.

[191] *Zippelius*, Methodenlehre, § 11 II, S. 68.

[192] *Zippelius*, Methodenlehre, § 11 II, S. 69.

[193] AK – *Loos*, Einl. III, Rn. 21; *Bydlinski*, Methodenlehre, S. 473, 475.

[194] *Bydlinski*, Methodenlehre, S. 475.

[195] AK – *Loos*, Einl. III, Rn. 21; *Bydlinski*, Methodenlehre, S. 473; *Krey*, JZ 1978, 361, 364; SK – *Rudolphi*, § 1, Rn. 22; Sch/Sch – *Eser*, § 1, Rn. 24.

[196] *Steinmetz*, Sachentscheidungskompetenzen, S. 362.

dem kodifizierten Tatbestand ändert daran nichts; ja selbst ein Verstoß gegen den Gleichheitssatz (Art. 3 GG) bleibt unbeachtlich[197]. Der vom Gesetzgeber bewußt vorgenommene Ausschluß der vergleichbaren Fälle ist also als „verbindlich" anzusehen. Anderenfalls würde es sich um eine verbotene richterrechtliche Rechtsfortbildung – weg vom Regelungswillen – über den Gesetzeswortlaut hinaus handeln[198].

3. Regelungslücke bei § 354 Abs. 1 StPO?

Fraglich ist nun, ob § 354 Abs. 1 StPO als unbewußt unvollständige Regelung angesehen werden – und somit eine Regelungslücke bejaht werden kann – oder ob es sich nicht vielmehr um eine bewußt abschließende Regelung handelt.

a) § 354 Abs. 1 StPO als abschließende Regelung im Bereich des Schuldspruchs

Die Feststellung, ob tatsächlich eine Regelungslücke vorliegt ist bei der sog. „echten Lücke"[199] relativ einfach: Eine solche Lücke liegt vor, wenn die ausdrücklichen gesetzlichen Bestimmungen ohne Ergänzung sinnlos erscheinen, sie demnach überhaupt nicht anwendbar sind[200]. Von einer solchen echten Lücke kann im Fall des § 354 Abs. 1 StPO nicht gesprochen werden. Der historische Gesetzgeber wollte alle Fallgestaltungen, die eine Abänderung des Schuldspruchs zum Inhalt haben, durch die Anwendung der (heutigen) §§ 353, 358 Abs. 1 StPO erfaßt wissen, wenn denn die Voraussetzungen des § 354 Abs. 1 StPO nicht erfüllt sind[201]. Was die selbständige, aufgrund einer Ermessensentscheidung ergehende, Festsetzung des Rechtsfolgenausspruchs anbelangt, sollte dieser nach den gesetzgeberischen Vorstellungen dem Revisionsgericht *nur* in den ausdrücklich geregelten Fällen des § 354 Abs. 1 StPO („Gesetzlich niedrigste Strafe" bzw. „Absehen von Strafe") zustehen[202]. Die Anwendbarkeit der Norm als solcher steht also außer Frage. Strikt davon zu trennen ist die Frage der *prozeßökonomischen Anwendung* der Regelung. Selbst wenn bei Befolgung der gesetzlichen Vorgaben – nämlich die Zurückverweisung in allen nicht ausdrücklich durch § 354 Abs. 1 StPO geregelten Fällen – nicht von einer umfassenden prozeßökonmischen Handhabung gesprochen werden kann, ändert dies nichts an der generellen Anwendbarkeit der Norm als solcher.

Der Gegensatz zur echten Lücke ist die unechte Lücke[203]. Die Ermittlung einer solchen erfolgt durch die Anwendung der zur (späteren) Lückenschließung erforderlichen Denkschritte[204]. Es ist also zu fragen, ob die ratio legis der gesetzlich geregelten Norm in Verbindung mit der Anwendung des Gleichheitsgrundsatzes eine Aus-

---

[197] *Krey*, JZ 1978, 365.

[198] *Hassemer*, Grundlagen, S. 270.

[199] Teilweise auch „logische Lücke" genannt; siehe *Bydlinski*, Methodenlehre, S. 473.

[200] *Bydlinski*, Methodenlehre, S. 473 f.

[201] Siehe oben B. I. 1. Vgl. auch *Steinmetz*, Sachentscheidungskompetenzen, S. 42.

[202] Siehe oben unter B. II. 4./5.

[203] Teilweise auch „teleologische Lücke" genannt; siehe *Bydlinski*, Methodenlehre, S. 474.

[204] *Bydlinski*, Methodenlehre, S. 474; *Zippelius*, Methodenlehre, § 11 I, S. 66.

dehnung der geregelten Fälle auf nicht erfaßte Konstellationen fordert. Trifft die Wertung bzw. die Zwecksetzung des Gesetzes den offenen Fall bzw. die offenen Fälle, so wäre eine Ungleichbehandlung eine sachlich nicht gerechtfertigte Ungleichbehandlung[205].

Der historische Gesetzgeber hat sich vom Kassationsverfahren gelöst. Im Kassationsverfahren scheidet eine eigene Sachentscheidung des Revisionsgerichts zwingend aus; liegt ein Rechtsfehler vor, ist die Zurückverweisung an das Tatgericht die zwangsläufige Folge. Dieser Automatismus sollte bei der Kodifizierung der eigenen Sachentscheidungen zumindest grundsätzlich vermieden werden. Das Revisionsgericht sollte die Möglichkeit haben, bei seiner Entscheidung über eine bloße Vernichtung des tatgerichtlichen Urteils hinauszugehen. Allerdings sollte eine eigene Sachentscheidung nur dann erfolgen dürfen, falls ein Übergriff in die dem Tatrichter obliegende Beweiswürdigung ausgeschlossen ist[206]. Die Sache sollte vom Revisionsgericht also „nur" in rechtlicher Hinsicht überprüft werden[207]. Aus diesem Grund konnte somit die an sich durch die Aufgabe des reinen Kassationsprinzips ermöglichte Ausweitung der eigenen Sachentscheidungsbefugnis tatsächlich nur in geringem Maße durch die Einführung des heutigen § 354 Abs. 1 StPO durchgeführt werden. Durch die trotz der Abkehr vom Kassationsverfahren tatsächlich eher (quantitativ) geringen Möglichkeiten eigener Sachentscheidung wurde denn auch von der zeitgenössischen Literatur ein wesentlicher Unterschied zwischen Kassation und Revision verneint[208].

Um es zu wiederholen und auf einen Nenner zu bringen: Der historische Gesetzgeber wollte mit den heutigen §§ 353, 358 Abs. 1 StPO alle „über § 354 Abs. 1 StPO hinausgehenden" Fälle erfassen, sei es auch – im Interesse der eindeutigen Funktionsteilung zwischen Tat– und Revisionsgericht aber geboten – unter Mißachtung prozeßökonomischer Gesichtspunkte aufgrund der einhergehenden Zurückverweisung. Eine unechte Lücke kann also ebenfalls nicht bejaht werden.

Im Ergebnis bedeutet dies, daß zumindest für die Fälle, welche gemeinhin unter der Bezeichnung Schuldspruchänderung geführt werden, eine gesetzliche Regelung besteht; nämlich eben die §§ 353, 358 Abs. 1 StPO. § 354 Abs. 1 StPO bedarf also insoweit keiner Ergänzung, sondern ist abschließender Natur.

b) § 354 Abs. 1 StPO als abschließende Regelung im Bereich des Rechtsfolgenausspruchs

Nun wird aber bzgl. einer selbständigen Änderung des Rechtsfolgenausspruchs durch das Revisionsgericht teilweise eingewandt, eine solche sei jedenfalls dann zulässig, wenn der Tatrichter alle Strafzumessungstatsachen mitgeteilt habe und

---

205 *Bydlinski*, Methodenlehre, S. 474.

206 *Hahn,* Motive (RStPO), Abt. 1, S. 250.

207 *Hahn,* Motive (RStPO), Abt. 1, S. 250.

208 Darauf weist *Batereau,* Schuldspruchberichtigung, S. 5 hin; Nachweise dort in Fn. 5. Instruktiv zum Unterschied zwischen Kassation und Revision: *Schwinge*, Grundlagen, § 4 (S. 39 ff.).

diese keiner Ergänzung mehr bedürfen[209]. Dabei wird dem Einwand, das Revisionsgericht sei auf eine reine Rechtsprüfung beschränkt und deshalb sei eine eigene Entscheidung im Bereich des Rechtsfolgenausspruchs von vornherein ausgeschlossen, dadurch begegnet, daß es sich bei der Strafzumessung eben nicht (mehr!) um etwas rein Tatsächliches handele, sondern in den rechtlichen Bereich einzuordnen sei, nämlich als eine besondere Form der Rechtsanwendung[210]. Im übrigen sei die Annahme des historischen Gesetzgebers, der Revisionsrichter verfüge auf dem Gebiet der Strafzumessung nicht über die gleiche Erfahrung wie der Tatrichter[211], nicht zutreffend[212]. Die Revisionsrichter hätten vielfach bei ihrer Tätigkeit als Richter der Untergerichte insoweit die nötige Übung erlangt. Im übrigen hätten gerade die Revisionsrichter die Maßstäbe bei der Strafzumessung erarbeitet. Auf einen Nenner gebracht sei die Vorstellung des historischen Gesetzgebers heutzutage überholt[213]. Dem ist entgegenzuhalten: Auch im Hinblick auf eine selbständige Änderung des Rechtsfolgenausspruchs ist von einer abschließenden Regelung auszugehen[214]. Die Strafzumessung durch das Revisionsgericht sollte nach dem Willen des Gesetzgebers grundsätzlich ausgeschlossen sein. Die tatrichterlichen und revisionsgerichtlichen Aufgabenbereiche sind klar verteilt. § 354 Abs. 1 StPO bringt zum Ausdruck, daß das Revisionsgericht zumindest dann keine eigene Sachentscheidung treffen soll, wenn dafür mehr als eine reine Rechtsprüfung notwendig ist. Grundsätzlich soll eine eigene Sachentscheidung ausscheiden, wenn das Revisionsgericht eine eigene Ermessenserwägung anstellen müßte. Die Befugnis zum Freispruch bzw. Festsetzung der absoluten Strafe sind keine Fälle der Strafzumessung im engeren Sinn, da es eben an einer Ermessensausübung fehlt; gleiches gilt auch für die Einstellung[215]. Vielmehr kann das Ergebnis – die Rechtsfolge – durch schlichte Subsumtion erreicht werden. Bei der Festsetzung der „gesetzlich niedrigsten Strafe" bzw. dem „Absehen von Strafe" ist allerdings eine Ausnahme vom Prinzip des Verbotes der revisionsrechtlichen Ermessensausübung – sprich Strafzumessung – gemacht worden. Dabei muß aber beachtet werden, daß hier eine bewußte gesetzgeberische Ausnahme von der ansonsten abgelehnten Strafzumessung durch das Revisionsgericht gemacht wurde[216]. Gerade diese ausdrücklich kodifizierten Ausnahmen vom Prinzip des Verbots der Strafzumessung durch das Revisionsgericht stellen denn auch (noch einmal) deutlich heraus, daß es sich im Bereich der Rechtsfolgenänderung bei § 354 Abs. 1 StPO ebenfalls um eine abschließende

---

209 *Batereau*, Schuldspruchberichtigung, S. 105, 115; *Frisch*, Probleme der Strafzumessung, S. 303 f.; *Bruns*, Strafzumessungsrecht, S. 660; siehe auch *Roxin*, Strafverfahrensrecht, § 53, Rn. 72; eingehend zum Ganzen: *Bode*, Sachentscheidung, S. 33 ff.

210 *Batereau*, Schuldspruchberichtigung, S. 115; *Bruns*, Strafzumessungsrecht, S. 660 f.

211 *Hahn*, Motive (RStPO), Abt. 1, S. 259.

212 *Batereau*, Schuldspruchberichtigung, S. 114. *Rieß* (Gegenwart und Zukunft der Revision, S. 402) stellt fest, daß fast alle Revisionsrichter auch einmal Tatrichter waren.

213 *Batereau*, Schuldspruchberichtigung, S. 115.

214 Siehe schon *Mannheim*, Lehre von der Revision, S. 173, 177.

215 Vgl. LR – *Hanack*, § 354, Rn.1.

216 *Steinmetz*, Sachentscheidungskompetenzen, S. 42.

Regelung handelt[217]. Will man dagegen den abschließenden Charakter der Norm mit der Begründung verneinen, das Begriffsverständnis der Strafzumessung als solcher – Stichwort: Weg vom Tatsächlichen, hin zum Rechtlichen – habe sich geändert, so daß das historische Verständnis im Hinblick auf die Aufgabenverteilung zwischen Tat- und Revisionsgericht nicht mehr zeitgemäß sei, so würde man allein dadurch eine ausfüllungsbedürftige Regelungslücke bejahen können. Auf diese Weise wäre eine Überschreitung der schon durch den Wortlaut gezogenen Grenzen jederzeit möglich. Mit anderen Worten: Ändert sich im Laufe der Zeit die Art und Weise der Auslegung von den Voraussetzungen einer Norm, so ist darauf zu achten, daß sich diese Auslegung noch innerhalb des vom Gesetzgeber gezogenen Wortlautes bewegt. Ansonsten handelt es sich nämlich nicht mehr um eine bloße Auslegung, sondern eben schon um eine darüber hinausgehende Gesetzesanwendung contra legem.

Mit einer Analogie kann keine Regelungslücke im nachhinein geschaffen werden, sondern es soll vielmehr eine Regelungslücke im nachhinein geschlossen werden. Die hier in Rede stehende Frage (Eigene Strafzumessung durch das Revisionsgericht) ist bereits legislatorisch beantwortet worden; es kann also nicht von einer *nachträglichen* Lücke gesprochen werden. Eine solche läge nur vor, wenn es sich um eine Frage handeln würde, die inhaltlich auf technischem oder wirtschaftlichem Gebiet angesiedelt ist oder durch die Änderung anderer Regelungen notwendig wird und vom Gesetzgeber (naturgemäß noch) nicht bedacht werden konnte[218].

Mit anderen Worten: Eine eigene abschließende Sachentscheidung durch das Revisionsgericht sollte *ausschließlich* in den durch § 354 Abs. 1 StPO kodifizierten Fällen möglich sein. Zwangsläufig ist deshalb § 354 Abs. 1 StPO auch im Bereich der Rechtsfolgenbestimmung als abschließende Regelung aufzufassen; für die Annahme einer Regelungslücke ist demgemäß kein Platz[219].

IV. Zusammenfassung

Es läßt sich festhalten, daß eine normative Ausweitung des Anwendungsbereiches von § 354 Abs. 1 StPO nicht allein durch den Grundsatz der Prozeßökonomie begründet werden kann. Die Gesetzesverfasser gingen im Hinblick auf die Kompetenz des Revisionsgerichts zur eigenen Sachentscheidung davon aus, daß in allen von § 354 Abs. 1 StPO nicht erfaßten Fällen eine Zurückverweisung zu erfolgen hat; eine eigene Sachentscheidung sollte mittelbar mit Hilfe der durch den heutigen § 358 Abs. 1 StPO normierten Bindungswirkung des Tatgerichts bzgl. der Rechtsauffassung des Revisionsgerichts erreicht werden. Die Voraussetzungen, welche an eine analoge Normanwendung geknüpft sind, sind deshalb nicht erfüllt. Es fehlt an einer planwidrigen Regelungslücke; vielmehr handelt es sich bei § 354 Abs. 1 StPO um eine abschließende Regelung; dies gilt sowohl für den Bereich der Schuldspruchänderung als auch für den Bereich der Änderung des Rechtsfolgenausspruchs. Der

---

[217] Vgl. *Steinmetz*, Sachentscheidungskompetenzen, S. 380.

[218] Vgl. *Pawlowski*, Methodenlehre, Rn. 470, 471.

[219] So auch *Merkel*, JW 1923, 400; *Otto*, JR 1990, 128.

Gesetzgeber hat sich bewußt für eine Begrenzung der im heutigen § 354 Abs. 1 StPO geregelten Fälle entschieden, mag dies auch unter dem Gesichtspunkt des Grundsatzes der Prozeßbeschleunigung als Schritt in die falsche Richtung angesehen werden.

D. Die Anwendung des § 354 Abs. 1 StPO in der tatsächlichen Praxis des BGH

Im folgenden soll nun untersucht werden, wie sich die Spruchpraxis des BGH im Hinblick auf eigene Sachentscheidungen – sei es nun durch unmittelbare oder aber durch eine analoge Anwendung des § 354 Abs. 1 StPO – in tatsächlicher Hinsicht darstellt. In diesem Abschnitt geht es vor allem darum, anhand beispielhafter Betrachtungen die Vielfältigkeit der in der Praxis zu beobachtenden Konstellationen darzustellen, um so ein vollständiges Bild der diesbezüglichen Rechtswirklichkeit zu zeichnen. Im nachfolgenden Abschnitt E. erfolgt dann abschließend eine zusammenhängende quantitativ-statistische Betrachtung der BGH-Rechtsprechung bzgl. eigener Sachentscheidungen, mit deren Hilfe das Ausmaß/der Umfang der diesbezüglichen Spruchpraxis beschrieben werden kann.

I. Die unmittelbare Normanwendung als unzulässige Verschiebung der von § 354 Abs. 1 StPO vorgegebenen Grenzen

Betrachtet man die Spruchpraxis des BGH unter dem generellen Blickwinkel der Erweiterung des gesetzlich vorgegebenen Anwendungsbereiches, so lassen sich Judikate beobachten, die sich zumindest nicht ohne weiteres in den Katalog des § 354 Abs. 1 StPO einordnen lassen, wobei vom BGH gleichwohl § 354 Abs. 1 StPO in *direkter* Anwendung als Entscheidungsgrundlage herangezogen wird, obwohl inhaltlich betrachtet aber eben gerade keine der Normalternativen einschlägig ist. Wohlgemerkt handelt es sich in diesen Fällen also – nach Ansicht des BGH – nicht um Konstellationen einer analogen Normanwendung. Vielmehr zeichnen sich diese Fälle dadurch aus, daß lediglich im Ergebnis unmittelbar auf eine der Alternativen des § 354 Abs. 1 StPO zurückgegriffen wird, wobei aber die Entscheidungsfindung als solche nicht mit den normativ vorgegebenen Erfordernissen der Norm im Einklang steht. Plastisch formuliert könnte man sagen, daß hier der vorgegebene tatsächliche Anwendungsbereich der unmittelbaren Anwendung von § 354 Abs. 1 StPO in unzulässiger Weise ausgedehnt wird. Es ist also stets zu beachten, daß trotz einer Deklarierung als unmittelbarer Fall des § 354 Abs. 1 StPO, ein solcher bei inhaltlicher Betrachtung tatsächlich nicht unbedingt gegeben sein muß. Richtigerweise müssen diese Konstellationen als analoge Normanwendung oder aber zumindest als Entscheidungen eigener Art kategorisiert werden. Wie die Grenze des Anwendungsbereiches von § 354 Abs. 1 StPO im Rahmen direkter/unmittelbarer Normrekrutierung in der Praxis verschoben wird, sei im folgenden beispielhaft an den insoweit bedeutsamsten Alternativen „Freispruch" und „gesetzlich niedrigste Strafe"[220] verdeutlicht.

---

[220] Siehe im einzelnen zu den quantitativen Verhältnissen der einzelnen Alternativen des § 354 Abs. 1

1. Die erweiterte Anwendung von § 354 Abs. 1 Alt. 1 StPO

Wie dargelegt, kommt ein Freispruch durch das Revisionsgericht nach der gesetzlichen Konzeption von § 354 Abs. 1 StPO nur dann in Frage, wenn ein solcher sich durch bloße rechtliche Subsumtion auf der Grundlage der tatrichterlichen Feststellungen ergibt. Damit erscheint eine eigene revisionsgerichtliche Beweiswürdigung von vornherein ausgeschlossen[221].

a) Verbot eigener Beweiswürdigung

Ein Übergriff des Revisionsgerichts „ins Tatsächliche" wurde vom historischen Gesetzgeber als geradezu selbstverständlich ausgeschlossen. Alles was Einschätzung und Abwägung betrifft, eben z. B. die Beweiswürdigung oder aber auch die Strafzumessung fällt nach dem Verständnis des historischen Gesetzgebers aus dem Begriff der Gesetzesverletzung i. S. d. § 337 Abs. 1 StPO von vornherein heraus[222] und ist damit einer revisionsgerichtlichen Prüfung entzogen. Insoweit kann auf die obigen Ausführungen[223] verwiesen werden.

Auch der BGH geht von der alleinigen Zuständigkeit des Tatrichters für die Beweiswürdigung aus. In BGHSt 10, 209 heißt es:

> „Freie Beweiswürdigung bedeutet, daß es für die Beantwortung der Schuldfrage allein darauf ankommt, ob der **Tatrichter** die Überzeugung von einem bestimmten Sachverhalt erlangt hat oder nicht; diese persönliche Gewißheit ist für die Verurteilung notwendig, aber auch genügend."[224]

b) Überprüfung der tatrichterlichen Beweiswürdigung und eigene Beweiswürdigung

Revisionsrechtlich ist zwischen der *Überprüfung* der tatrichterlichen Beweiswürdigung und der *eigenen* Beweiswürdigung durch das Revisionsgericht zu trennen. Im Hinblick auf die Überprüfung der tatrichterlichen Beweiswürdigung bzw. – allgemeiner formuliert – der Kontrolle der tatrichterlichen Feststellungen, ist in der Vergangenheit eine deutliche Tendenz zur diesbezüglichen „selbstgegebenen" Kompetenzerweiterung der Revisionsgerichte zu beobachten[225]. Hintergrund ist das weite Verständnis von § 337 StPO im Gegensatz zum gesetzlich vorgesehenen restriktiven Verständnis[226]. Der revisionsgerichtlichen Kontrolle unterliegen nach dieser Vorschrift

---

StPO unter E. III. 1.

[221] Siehe dazu auch schon die Einleitung unter A. I. 1.

[222] Vgl. *Naucke*, Revisionsrichter in Strafsachen, S. 10 f.

[223] Siehe unter B. I. 1.

[224] Hervorhebung vom Verf.

[225] *Fezer*, Pragmatismus und Formalismus, S. 334, spricht im Hinblick auf die Prüfung der Richtigkeit und Vollständigkeit der tatsächlichen Urteilsgrundlagen plastisch von einer *eigenen Verantwortung*, die der BGH verspürt habe. Siehe auch *Bloy*, JuS 1986, 594.

[226] Vgl. zum weiten Verständnis des § 337 StPO nur: *Jähnke*, Befugnis des Revisionsgerichts zur Nachprüfung tatrichterlicher Feststellungen, S. 355 f. *Jähnke* geht davon aus, daß sich die Befugnis des Revisionsgerichts zur Nachprüfung der Beweiswürdigung nicht an einer Auslegung von § 337

alle *Gesetzesverletzungen.* Dem Wortlaut nach ist die Prüfung des angefochtenen Urteils also auf Rechtsfragen beschränkt[227]. Unter den Begriff der Gesetzesverletzung fallen nicht nur formelle Gesetze, sondern auch alle Vorschriften des gesetzten und ungeschriebenen Rechts, sofern diese allgemeinverbindlichen Charakter tragen[228]. Darüber hinaus wird aber mittlerweile auch die Rechtsanwendung als solche (genauer: die Grundregeln der Rechtsanwendung) unter § 337 StPO gefaßt[229]. Durch ein immer weiter gehendes Verständnis des § 337 StPO eröffnen sich dem Revisionsgericht neue Möglichkeiten der Urteilskontrolle, die dem „klassischen Revisionsrecht" – welches auf einer „reinen" Rechtskontrolle fußt – fremd sind. Der ursprünglich enge Bereich der reinen Subsumtionskontrolle hat sich mittlerweile in der Praxis zu einer umfassenden Überprüfung der Urteilsdarstellung ausgedehnt[230]. Dabei wird vom Revisionsgericht überprüft, ob die Feststellungen und Tatsachenwürdigungen des angefochtenen Urteils überhaupt eine zuverlässige Grundlage für die rechtliche Überprüfung bilden[231]. Die Rechtsprechung dehnt also den Begriff der „Gesetzesverletzung" i. S. d. § 337 StPO[232] dergestalt aus, daß ein sachlich-rechtlicher Mangel des Urteils auch dann angenommen wird, wenn Darstellung und Würdigung des festgestellten Sachverhalts unklar, widersprüchlich oder ersichtlich nicht vollständig ist, wenn sie Denkfehler („Verstoß gegen Denkgesetze") enthält oder

---

StPO festmachen läßt, sondern sich durch die tatrichterliche Begründungspflicht ergebe (Befugnis des Revisionsgerichts zur Nachprüfung tatrichterlicher Feststellungen, S. 360 ff.). Ob man – um auf § 337 StPO zurückzukommen – allerdings die Begründung für ein weites Verständnis dieser Norm in der Tatsache finden kann, daß eine Erwartungshaltung der Rechtsgemeinschaft bestehe, auf die tatrichterlichen Fehler im Urteil auch revisionsgerichtlich zu reagieren und so die Stellung der Revision als einziges Rechtsmittel gegen schwere Kriminalität „auszugleichen" (so *Rieß*, Gegenwart und Zukunft der Revision, S. 401 f.) darf aber angezweifelt werden. Bei der Auslegung eines Rechtsbegriffes kann es nicht darum gehen, auf äußere Faktoren zu reagieren und allein aufgrund des Vorhandenseins eines „Werkzeuges" – wie es das Revisionsrecht insoweit darstellt; Stichwort: Leistungstheorie – eine weite Auslegung anzunehmen; vielmehr muß die Auslegungsgrenze allein anhand rechtlicher Kriterien bestimmt werden. Anderenfalls würde die Revision Gefahr laufen, Aufgaben einer Berufung wahrzunehmen, die eben gerade nicht von der StPO als obligatorisch angesehen wird. Eine diesbezügliche „Lückenfüllung" muß Sache des Gesetzgebers sein und bleiben. *Rieß* (Gegenwart und Zukunft der Revision, S. 402) stellt denn auch nicht von ungefähr fest, daß die „erweiterte Revision" – wie sie sich eben auch in der extensiven Auslegung von § 337 StPO widerspiegelt – mehr oder weniger eine (eingeschränkte) Berufung zu ersetzen vermag.

[227] LR - *Hanack*, § 337, Rn. 1.

[228] KK – *Kuckein*, § 337, Rn. 8.

[229] *Bloy*, JuS 1986, 594; KK – *Kuckein*, § 337, Rn. 16.

[230] Vgl. *Fezer*, Pragmatismus und Formalismus, S. 331.

[231] LR - *Hanack*, § 337, Rn. 1.

[232] *Fezer*, Pragmatismus und Formalismus, S. 334 ff., verläßt im Hinblick auf die revisionsgerichtliche Kontrolle tatrichterlicher Feststellungen gar den Boden des § 337 StPO und sieht insoweit eine richterrechtliche Erweiterung der Revision eigener Art. Dies erscheint immerhin insoweit konsequent, als man so einer unkontrollierbaren Ausuferung bei der Auslegung des § 337 StPO von vornherein einen Riegel vorschiebt! Die Folgen dieser erweiterten Revision – auf welch normative Grundlage man sie auch stellen mag – sind offensichtlich: Das Revisionsgericht schafft sich selbst ein eigenständiges einzelfallbezogenes Kontrollinstrumentarium (*Fezer*, Pragmatismus und Formalismus, S. 340). Diese Entwicklung mit deren praktischer Notwendigkeit und Unumkehrbarkeit begründen zu wollen (*Fezer*, Pragmatismus und Formalismus, S. 340) erscheint aber sehr zweifelhaft. Siehe dazu unten F. II. 3.

Erfahrungssätze mißachtet[233]. Hierher gehört auch die „Nichtbeachtung naturwissenschaftlicher Erkenntnisse". Gemeinhin wird diese Erweiterung des revisionsgerichtlichen Kontrollbereichs wegen des Bezugs zur Darstellung des tatrichterlichen Urteils mit dem Schlagwort „Darstellungsrüge" oder auch „Darstellungsprüfung" umschrieben[234].

Die revisionsrechtliche Praxis hat diesbezüglich mittlerweile im Bereich der Sachrüge eine „Fallgruppentechnik"[235] entwickelt, mit deren Hilfe die tatrichterlichen Feststellungen im Hinblick darauf überprüft werden können, ob diese *fehlerfrei* sind. Wie gesagt: Es wird nachgeprüft, ob die tatrichterlichen Feststellungen überhaupt geeignet sind, eine vom Revisionsgericht zu vollziehende Rechtsprüfung zu tragen. Die Sachrüge[236] muß dementsprechend *Urteilsmängel* geltend machen, die einer rechtlichen Subsumtionsprüfung im Wege stehen. Dabei geht es nicht um die Fehlerhaftigkeit des Urteils in textlicher Hinsicht, da der Text als solcher nicht die Basis der richterlichen Entscheidung ist[237]. Vielmehr geht es „indirekt" – eben mit Hilfe der „textlichen Beurteilung" des Taturteils – darum, *Rechtsfehler* im Erkenntnisprozeß zu offenbaren; nur diese sind der Revision zugänglich[238]. Aus diesem Grund ist es zumindest mißverständlich, wenn von der „*Darstellungs*rüge" gesprochen wird, ist sie doch eine bloße Vorstufe zur rechtlichen Prüfung[239]. Recht anschaulich läßt sich diese Vorstufe mit dem Ausdruck „logischer Unterbau des richterlichen Meinungsbildungsprozesses"[240] beschreiben. Jedenfalls läßt sich aber festhalten, daß mit Hilfe des beschriebenen Mechanismus' zumindest tatsächlich die Möglichkeit gegeben ist, von revisionsgerichtlicher Seite aus betrachtet, Zugriff auf die tatrichterliche Ebene zu nehmen[241]. Anders formuliert hat sich der tatsächliche Anwendungsbereich der Revision aus dem gesetzlich vorgesehenen Rahmen gelöst[242].

Als weiteres Beispiel für die „neuen" Möglichkeiten der revisionsgerichtlichen Urteilskontrolle ist die selbständige Festsetzung der Strafe durch das Revisionsgericht anzuführen. Das Revisionsgericht beschränkt sich also nicht lediglich auf die Feststellung, daß die tatrichterliche Strafzumessung fehlerhaft sei, sondern diese fehlerhafte Strafzumessung wird zugleich selbständig korrigiert. Dies geht sogar soweit, daß

---

[233] LR - *Hanack*, § 337, Rn. 121; *Fezer*, Pragmatismus und Formalismus, S. 331.

[234] Siehe dazu nur LR - *Hanack*, § 337, Rn. 125. Zusammenfassend *Fezer*, Erweiterte Revision, S. 51.

[235] Ausführlich *Steinmetz*, Sachentscheidungskompetenzen, S. 76 ff; KK – *Kuckein*, § 337, Rn. 16 ff.

[236] Zutreffend weist *Rieß*, Zustand und Zukunft der Revision, S. 398, darauf hin, daß die „Einordnung" der Überprüfung der Tragfähigkeit tatrichterlicher Feststellungen als Sachrüge befremdlich erscheint, betrifft doch der Prüfungsgegenstand gerade den Weg zu den Feststellungen und damit eine verfahrensrechtliche Frage.

[237] *Dahs/Dahs*, Revision, Rn. 400.

[238] Vgl. *Dahs/Dahs*, Revision, Rn. 400.

[239] So auch *Dahs/Dahs*, Revision Rn. 400.

[240] *Fezer*, Erweiterte Revision, S. 3.

[241] Siehe zur sog. „erweiterten Revision" nur *Barton*, Revisionsrechtsprechung, S. 5 ff.

[242] LR – *Hanack*, § 337 Rn. 125, spricht treffend davon, daß es sich bei der beschriebenen erweiterten Revision um eine Prüfungsmethode handelt, die mindestens mit den Vorstellungen des historischen Gesetzgebers nicht im Einklang steht.

über die Frage der Strafaussetzung zur Bewährung selbst entschieden wird[243]. Bemerkenswert dabei ist neben der Erweiterung des gesetzlich vorgesehenen Instrumentariums, daß die zentrale Vorschrift, welche dem Revisionsgericht grundsätzlich lediglich die Kontrolle von Rechtsfehlern überläßt – nämlich § 337 StPO – bei der Ausweitung der Revisibilität des tatrichterlichen Urteils im Grunde nur eine Nebenrolle spielt. Jedenfalls stellt die Vorschrift für die tatsächliche Ausweitung der beschriebenen revisionsgerichtlichen Kompetenzen kein Hindernis dar[244]. Das Spannungsverhältnis zwischen dieser „modernen Revision" und den gesetzlich-normativen Vorgaben faßt *Barton*[245] prägnant wie folgt zusammen:

„– Die Revisionsrechtsprechung soll Klarheit schaffen, aber die Erfolgsaussichten von konkreten Revisionen sind für die Praktiker nicht berechenbar.
– Dem geschriebenen Revisionsrecht liegt eine klare Konzeption zugrunde, die Praxis des Revisionsrechts ist aber in weiten Bereichen richterrechtlich bestimmt und hat sich von den gesetzlichen Vorgaben gelöst."

Dies berücksichtigend muß für die hier untersuchte Alternative des Freispruchs folgendes festgehalten werden: Allein mit Hilfe der beschriebenen Erweiterung des revisionsgerichtlichen Instrumentariums kann bloß eine Aussage im Hinblick auf die Fehlerhaftigkeit der tatrichterlichen Feststellungen als solche gemacht werden. Es kann also die Tragfähigkeit der Feststellungen *für* eine Sachentscheidung – in diesem Fall eine Freisprechung – beurteilt werden. Dagegen vermag die Anwendung des erweiterten Instrumentariums die Freisprechung selbst nicht zu tragen, denn das Revisionsgericht kann bei Konstatierung einer fehlerhaften Beweiswürdigung durch das Tatgericht nur dann einen Freispruch aussprechen, wenn es *selbst* eine Beweiswürdigung vornimmt. Damit würde es aber den Boden der bloßen Überprüfung tatrichterlicher Feststellungen zugunsten einer eigenen Beweiswürdigung verlassen[246]. Das Revisionsgericht würde die Grenzen zwischen tatrichterlichen und revisionsgerichtlichen Aufgaben aufgeben; es erginge eine Entscheidung, die eben nicht – wie von § 354 Abs. 1 StPO verlangt – auf fehlerfrei zustande gekommenen Feststellungen des Tatgerichts beruht, sondern auf einer eigenen Überzeugungsbildung seitens des Revisionsgerichts. Nach allem muß also bei einer die Überzeugungsbildung des Tatrichters betreffenden (begründeten) Revision eine Zurückverweisung erfolgen[247].

---

[243] Z. B. BGH, Beschl. v. 18.07.1989 – 4 StR 338/89; BGH, Beschl. v. 20.06.1991 – 1 StR 320/91; BGH, Beschl. v. 01.10.1991 – 5 StR 443/91; BGH, Beschl. v. 14.01.1992 – 1StR 762/91.

[244] Vgl. im Hinblick auf die weitgehende Außerachtlassung von § 337 StPO nur *Foth*, NStZ 1992, 446, der bzgl. der Revisibilität der tatrichterlichen Überzeugungsbildung feststellt, daß § 337 StPO bei allen Erörterungen zu diesem Thema lediglich eine geringe Rolle spielt.

[245] *Barton*, Revisionsrechtsprechung, S. 9.

[246] Siehe aber *Peters*, Strafprozeß, § 75 V (S. 664), der – allerdings ohne Begründung – davon ausgeht, daß das Revisionsgericht auch dann zum Freispruch kommen kann, wenn es das Urteil wegen Fehlern bei der Beweisfindung und Beweiswürdigung aufhebt.

[247] Ebenso *Wagner*, ZStW 106, S. 281 i. v. m. Fn. 141; *Steinmetz*, Sachentscheidungskompetenzen, S. 132; *Rieß*, GA 1978, 274.

c) Freispruch aufgrund eigener Beweiswürdigung

So klar und nachvollziehbar die beschriebene Trennung zwischen den tatrichterlichen und den revisionsrichterlichen Aufgaben *theoretisch* ist, desto – vorsichtig formuliert – verschwommener sind dagegen die *tatsächlichen* Grenzziehungen. Als Beispiel sei insoweit noch einmal der sog. „Pistazieneisfall"[248] angeführt. Offensichtlich scheinen die oben dargelegten Grenzen im Hinblick auf eine eigene revisionsgerichtliche Beweiswürdigung aufgehoben, wenn der BGH eben eine solche vornimmt und damit „seinen eigenen" Grundsatz[249] von der alleinigen Zuständigkeit des Tatrichters für die Beweiswürdigung mißachtet.

Zusätzlich bleibt es bei einer derartigen Verfahrensweise nicht nur bei der Erweiterung revisionsgerichtlicher Befugnisse als solcher. Vielmehr wird die Option des Revisionsgerichts geschaffen, in bestimmten Fällen eine an sich revisionsfremde Aufgabe zu übernehmen, während auf der anderen Seite Angriffe des Beschwerdeführers gegen die tatrichterliche Beweiswürdigung als unzulässig, da revisionsfremd, zurückgewiesen werden können[250]. Treffend bezeichnet *Fezer*[251] diese wahlweisen Optionen als „doppeltes Spiel". Selbst wenn man im Pistazieneisfall den Freispruch mit dem „Argument" rechtfertigen will, das Revisionsgericht weise eine gegenüber dem Tatrichter „größere Distanz" auf[252]; es sei nicht an die „... Subjektivität der an die Hauptverhandlung gefesselten Tatrichter ..."[253] gebunden, so ändert dies nichts an den gesetzlich durch §§ 261, 354 Abs. 1 StPO vorgegebenen Grenzen. Mag die Entscheidung inhaltlich auch richtig sein, so ist sie doch *in der Form* verfehlt. Es geht nicht an, die vom Gesetzgeber durch § 261 StPO geregelte persönliche Überzeugungsbildung durch eine rein aktenmäßge Prüfung zu ersetzen. Die „kritische Distanz" des Revisionsgerichts geht nicht verloren, folgt man der gesetzlich vorgegebenen Lösung. Auch bei einer Zurückverweisung bleibt die Ansicht des Revisionsgerichts nämlich aufgrund der Bindungswirkung des § 358 Abs. 1 StPO erhalten. Auch wenn eine solche Zurückverweisung unökonomisch erscheint, müssen doch klar vorgegebene Grenzen beachtet werden. Die vorschnelle Anwendung des Grundsatzes der Prozeßökonomie darf nicht dazu führen, klar vorgegebene Unterscheidungen im Hinblick auf die tat– und revisionsgerichtliche Arbeitsteilung zu überspringen und so gesetzgeberische Funktionen quasi mittelbar zu übernehmen[254]. Aufgrund

---

[248] BGH, NJW 1999, 1562; siehe dazu oben unter A. I.

[249] Siehe dazu D. I. 1. a).

[250] Grundlegend dazu die Untersuchungen von *Fezer*: „Die erweiterte Revision – Legitimierung der Rechtswirklichkeit?" bzw. „Möglichkeiten der Reform in Strafsachen", 1975. Siehe jetzt auch *Barton*, Revisionsrechtsprechung, S. 212 (mit instruktiven Beispielsfällen), der darauf hinweist, daß der GBA bzw. der BGH bestimmte Formeln und Muster anwendet, um entweder einen Angriff gegen die Beweiswürdigung als unzulässig zurückzuweisen oder aber einen solchen (ausnahmsweise) zuzulassen. Führt der Beschwerdeführer einen nach Meinung des GBA/BGH unzulässigen Angriff gegen die Beweiswürdigung, so ist eine diesbezügliche Einordnung als revisionsfremd problemlos möglich; eben mit dem Hinweis, daß eine solche Überprüfung dem Revisionsgericht nicht gestattet sei.

[251] *Fezer*, Erweiterte Revision, S. 52.

[252] So wohl *Salditt*, NStZ 1999, 423.

[253] *Salditt*, NStZ 1999, 423.

[254] Siehe zur Heranziehung des Beschleunigungsgrundsatzes als Rechtfertigung für eine analoge Anwendung von § 354 Abs. 1 StPO unter C. I.

dieser offensichtlichen Grenzüberschreitung kann auch nicht mehr von einer „entsprechenden Anwendung" des § 354 Abs. 1 Alt. 1 StPO gesprochen werden. Der BGH selbst geht denn auch bezeichnenderweise von einer direkten Anwendung der Vorschrift aus.

2. Die erweiterte Anwendung von § 354 Abs. 1 Alt. 4 StPO

Der Wortlaut von § 354 Abs. 1 Alt. 4 StPO ermöglicht lediglich die Verhängung der „gesetzlich niedrigsten Strafe". Mit anderen Worten: Die Strafe ist abstrakt der jeweils in Betracht kommenden Norm zu entnehmen; Ermessenserwägungen hinsichtlich der Höhe des Strafmaßes sind also nicht erforderlich. In der Praxis wird § 354 Abs. 1 Alt. 4 StPO aber auch dann angewandt, wenn es um die für den Angeklagten *günstigste* Strafe geht. Dies ist dahingehend zu verstehen, daß die nach den Umständen des Falles niedrigste in Betracht kommende Strafe gewählt wird[255]. Hier ist das Strafmaß also nicht gesetzlich bereits *vor*bestimmt, sondern muß vielmehr erst durch eine richterlich wertende Betrachtung (Umstände des Einzelfalles) gefunden werden. Es handelt sich deshalb schon aus diesem Grund jedenfalls nicht um eine direkte Anwendung des § 354 Abs. 1 Alt. 4 StPO[256].

a) Verletzung des Grundsatzes des Beschleunigungsgebotes

Eine Gruppe des erweiterten Anwendungsbereiches von § 354 Abs. 1 Alt. 4 StPO (genauer müßte man von Fällen sprechen, in denen diese Norm als prozessuale Entscheidungsgrundlage herangezogen wird) stellen die Fälle dar, in denen aufgrund eines überlangen Verfahrens eine Zurückverweisung nicht mehr hinnehmbar erscheint (Stichwort: Verletzung des Beschleunigungsgebotes). Die Heranziehung der genannten Normalternative in diesen Fällen soll verhindern, daß ein Verfahren unangemessen lange dauert.

aa) Beispielsfall

So hat der BGH[257] in einer Entscheidung die Mindeststrafe selbst festgesetzt, da eine Zurückverweisung „unter der Berücksichtigung der Besonderheiten des Falles ungerechtfertigt erschien"[258]. Die beiden Angeklagten waren 1967 von der Anklage der Beihilfe zum tausendfachen Mord (zugrunde lag die sog. T 4 – Aktion[259] 1940/41)

---

[255] KK – *Kuckein,* § 354, Rn. 10.

[256] Zweifelnd insoweit offenbar KK – *Kuckein,* § 354, Rn. 10, der davon spricht, daß es sich in diesen Fällen „jedenfalls um eine entsprechende Anwendung des Abs. 1 handelt". Auch *Steinmetz,* Sachentscheidungskompetenzen, S. 267 ff., nimmt diesbezüglich keine ausdrückliche Differenzierung vor.

[257] BGH, NStZ 1989, 238 (siehe dazu auch *Steinmetz,* Sachentscheidungskompetenzen, S. 267 f.).

[258] BGH, NStZ 1989, 238 f.

[259] Es sollten auf Veranlassung Hitlers über 70.000 erwachsene Geisteskranke durch Gas getötet werden. Hintergrund waren „rassehygienische" Vorstellungen der damaligen Staatsführung, die eine geistige Behinderung als „lebensunwert" erachtete.

freigesprochen worden. Das Urteil wurde in der Revision aufgehoben. Da beide Angeklagte langandauernd verhandlungsunfähig waren, wurde das Verfahren erst im Jahre 1986 fortgesetzt. Das Landgericht verurteilte beide Angeklagte wegen Beihilfe zum Mord zu je vier Jahren Freiheitsstrafe. Auf die Revisionen der Angeklagten schränkte der BGH die Schuldsprüche im Hinblick auf die Zahl der den Angeklagten zuzurechnenden Fälle ein[260]. Eine Zurückverweisung erfolgte dagegen nicht. Der BGH[261] führt insoweit aus:

> „Die erhebliche Einschränkung der Schuldsprüche läßt es nicht zu, die verhängten Strafen aufrechtzuerhalten. Trotz der – auch nach der Korrektur – immer noch außerordentlich hohen Zahl von Mordfällen, in denen die Angeklagten Beihilfe geleistet haben, kann der Senat nicht ausschließen, daß die Schwurgerichtskammer bei Beachtung des verringerten Schuldumfangs noch mildere Strafen festgesetzt hätte. Für den Angekl. Dr. U hat sich jene Zahl um fast die Hälfte ermäßigt, bei dem Angeklagten Dr. B immerhin um über 16%. An sich wären deshalb die Strafaussprüche aufzuheben und die Sache in diesem Umfang an das LG zu neuer Verhandlung und Entscheidung zurückzuverweisen. Dem Senat erscheint eine dahingehende Entscheidung jedoch unter Berücksichtigung der Besonderheiten des Falles ungerechtfertigt. Die den Gegenstand des Verfahrens bildenden Taten sind vor fast einem halben Jahrhundert begangen worden. Das gegen die Angeklagten eingeleitete Strafverfahren dauert bereits länger als 28 Jahre. Würde die Sache nunmehr erneut an das Tatgericht zurückverwiesen, so wäre ungewiß, wann das Verfahren endlich seinen Abschluß finden würde. Aus diesen Gründen erachtet es der Senat für sachgemäß, von der nach § 354 Abs. 1 StPO bestehenden Möglichkeit des Erkennens auf die gesetzlich niedrigste Strafe Gebrauch zu machen. Der hierzu erforderliche Antrag der StA ist gestellt worden. Das RevGer. setzt daher die Strafe für jeden der beiden Angeklagten auf 3 Jahre fest."

Bezeichnenderweise geht der BGH hier offenbar sogar von einer direkten Anwendung des § 354 Abs. 1 Alt. 4 StPO aus; jedenfalls wird mit keinem Wort eine entsprechende Anwendung der Norm angedeutet.

bb) Verstoß gegen das Beschleunigungsgebot als eigenständige Sachentscheidungskompetenzzuweisung

Festzuhalten bleibt zunächst, daß es sich in den Fällen, in denen das Revisionsgericht wegen überlanger Verfahrensdauer nicht die abstrakt vom Gesetz vorgesehene Mindeststrafe verhängt, sondern aufgrund eigenständiger Ermessenserwägungen diese Mindeststrafe selbst festlegt, nicht um Fälle einer direkten Anwendung des § 354 Abs. 1 Alt. 4 StPO handelt. Eine solch selbständige konkrete Straffestsetzung ist mit § 354 Abs. 1 StPO nicht zu vereinbaren[262]. Deshalb erscheint es in den Fällen der „Verletzung des Beschleunigungsgebotes" sachgerecht, überhaupt nicht – also auch nicht in „entsprechender", „analoger", „erweiterter" usw. Anwendung – auf § 354 Abs. 1 StPO zurückzugreifen[263], sondern insoweit eine eigenständige – wenn auch an § 354 Abs. 1 StPO angelehnte – Entscheidungsform aufgrund höherrangiger Gesichtspunkte anzuerkennen. Auch der BGH selbst geht zuweilen von solch einer eigenständigen „übergeordneten" Sachentscheidungskompetenz aus:

---

[260] BGH, NStZ 1989, 238.

[261] BGH, NStZ 1989, 239.

[262] LR – *Hanack*, § 354, Rn. 14 a; *Foth*, NStZ 1992, 445.

[263] So aber z. B. LR – *Hanack*, § 354, Rn. 14 a.

Das Landgericht hatte die Angeklagten wegen Betruges in mehreren Fällen zu einer Gesamtfreiheitsstrafe von drei Jahren und sechs Monaten bzw. von einem Jahr und neun Monaten verurteilt. Im Hinblick auf die Verfahrensverzögerung führt der BGH[264] aus:

„Das Urteil wurde am 4. Dezember 1995 verkündet und gelangte am 1. April 1996 auf die Geschäftsstelle. Den Verteidigern wurde es erst am 28. beziehungsweise 29. Januar 1997 zugestellt, der Staatsanwaltschaft wurden die Akten nach Eingang der Revisionsbegründungen im Februar 1997 erst am 24. Juni 1997 gemäß § 347 StPO zugestellt; beim Generalbundesanwalt gingen die Akten am 19. August 1997 ein. Dem Senat liegen die Akten seit dem 20. Oktober 1997 vor."

Aufgrund der Verfahrensverzögerung reduzierte der BGH die Gesamtstrafen um sechs bzw. vier Monate:

„Diese – allein von den Justizbehörden – vornehmlich vom Landgericht – zu vertretende bei der Zuleitung der Akten an den Bundesgerichtshofs erfolgte Verletzung des Gebots, Strafverfahren zügig zu fördern, muß bei der Strafzumessung zugunsten der Angeklagten berücksichtigt werden (BGH aaO). Der Senat hat bei beiden Angeklagten die ausgesprochenen Einzelstrafen wegen der Verfahrensverzögerung um jeweils zwei Monate (teilweise unter Annahme besonderer Umstände im Sinne von § 47 Abs. 1 StGB) und die ausgesprochenen Gesamtstrafen um sechs beziehungsweise vier Monate reduziert. Diese abschließende Sachentscheidung kann der Senat selbst treffen (BGH aaO; BGHR StPO § 354 Abs. 1 Strafausspruch 4; BGH StV 94, 242) . Der aus der Verletzung von Artikel 6 Abs. 1 Satz 1 MRK herzuleitende eigenständige Strafmilderungsgrund (vgl. Beschluß der 2. Kammer des Zweiten Senats des Bundesverfassungsgerichts vom 7. März 1997 – 2 BvR 2173/96 –) kann und muß hier vom Senat selbst angewandt werden, weil jede weitere Verfahrensverzögerung unvertretbar wäre; bei einer Zurückverweisung hätte der Tatrichter nicht andere Umstände heranzuziehen als die, die der Senat zu berücksichtigen hat."

Hier geht der erkennende Senat im Gegensatz zur oben vorgestellten Entscheidung von einem *eigenständigen* Strafmilderungsgrund[265] aus, und stützt seine Entscheidung nicht auf eine analoge Anwendung von § 354 Abs. 1 StPO.

b) Die restriktive Anwendung des Grundsatzes der Verletzung des Beschleunigungsgebotes

Sogleich ist aber vor einer vorschnellen Bejahung solch höherrangiger Gesichtspunkte wie eben der Verletzung des Beschleunigungsgebotes zu warnen. Diese Fallgruppe muß auf wirklich krasse Fälle beschränkt bleiben. Andernfalls werden die von § 354 Abs. 1 StPO im Hinblick auf die eigene Strafzumessung dem Revisionsgericht gezogenen Grenzen unterlaufen. Im übrigen kann nur bei solch einer restriktiven Handhabung der Schwierigkeit begegnet werden, festzustellen, wann eine überlange Verfahrensdauer – die eine Zurückverweisung nicht sinnvoll erscheinen läßt – vorliegt und wann nicht. Zwar kann die Verfahrensdauer als solche natürlich durchaus bestimmt werden[266]. Allerdings gibt es insoweit keine isolierte „objektive Grenze" für eine nicht mehr hinnehmbare Verfahrensdauer. Vielmehr sind die aufgrund der zeitlichen Komponente für den Angeklagten eintretenden Belastungen

---

[264] BGH, wistra 1998, 101.

[265] Weitere Entscheidungen in denen der BGH ausdrücklich von einem eigenständigen Strafmilderungsgrund ausgeht: BGH, StV 1996, 265; StV 1994, 652; StV 1992, 452; NStZ 1996, 328; NStE Nr. 84 zu § 46 StGB.

[266] Siehe BGH, NStZ 1995, 335 f.

ebenfalls zu berücksichtigen. Solche Belastungen können aber naturgemäß sehr unterschiedlich sein, so daß bloßer Zeitablauf für sich allein kein Maßstab für die Bejahung eines überlangen Verfahrens sein kann[267]. Bei Zweifeln über die tatsächlich eingetretenen Belastungen kann u. U. die Anwendung des Grundsatzes in dubio pro reo helfen, und zwar dergestalt, daß bei Zweifeln über die für den Angeklagten eingetretenen Belastungen, davon ausgegangen wird, solche lägen in ausreichendem Maße vor, so daß eine eigene Sachentscheidung sinnvoll erscheint[268]. Eine eigene Sachentscheidung, die ohne direktes gesetzliches Fundament ergeht, kann nur eine Notlösung für verfahrensrechtlich gesehen „verfahrene" Situationen darstellen[269].

Rein tatsächlich betrachtet wird auf diesem Wege zugleich vermieden, daß das Revisionsgericht die „rechtliche Schiene" verläßt bzw. verlassen kann und nunmehr die Möglichkeit erhält, eine „außerrechtliche Selektion" auszuüben, und in der Sache selbst zu entscheiden, wenn dies nach den Umständen sinnvoll erscheint[270]. Als solch außerrechtliches Entscheidungskriterium (genauer: Selektionskriterium) sei z. B. die Möglichkeit angeführt, eine umstrittene Rechtsfrage zu klären.

Insoweit besteht eine Parallele zum „Übergriff ins Tatsächliche"[271]. Eine eigene Sachentscheidung dient so „nur" als Mittel, eine Entscheidung herbeizuführen, die dem Revisionsgericht angemessen erscheint. Dieses schafft sich die Möglichkeit, das in Rede stehende Verfahren zu einem gewünschten Ergebnis zu bringen. Die Kritik richtet sich (natürlich) nicht gegen das Bestreben, eine solche angemessene Entscheidung herbeizuführen. Vielmehr ist zu beanstanden, daß das vorgesehene gesetzliche – und damit rechtliche – Verfahren verlassen wird. Wenn denn – angeblich – nur ein Ergebnis das richtige sein kann und aufgrund dessen ohne weiteres eine eigene Sachentscheidung seitens des Revisionsgerichts erfolgt, so verlieren strafprozessuale Vorgaben (nämlich die Voraussetzungen des § 354 Abs. 1 StPO) ihre Bindungswirkung; anders formuliert könnte man sagen, daß diese prozessualen Vorgaben zwangsläufig ihre Wirkung verlieren *müssen,* um eben ein bestimmtes Ergebnis zu erhalten. So läßt sich ein Eingriff des Revisionsgericht in den Bereich des Tatsächlichen jederzeit rechtfertigen[272]; so läßt sich aber auch eine Anwendung des § 354 Abs. 1 Alt. 4 StPO rechtfertigen. Anders gewendet bietet die „traditionelle Rollenverteilung" zwischen den Aufgaben des Tat- und Revisionsgerichts aber auch die Möglichkeit, einen revisionsgerichtlichen Entscheid von vornherein abzulehnen; eben mit der Begründung ein Übergriff ins Tatsächliche sei nicht gestattet oder eine eigene Strafzumessung sei dem Revisionsgericht verwehrt[273]. Hier zeigt sich wieder

---

[267] Vgl. *Scheffler*, Die überlange Dauer von Strafverfahren, S. 258 f.

[268] So *Scheffler*, Die überlange Dauer von Strafverfahren, S. 259.

[269] Vgl. *Scheffler*, NStZ 1992, 80.

[270] Vgl. im Hinblick auf die Erweiterung des revisionsgerichtlichen „außerrechtlichen" Aufgabenbereiches z. B. *Naucke*, Revisionsrichter in Strafsachen, S. 112.

[271] Vgl. oben A. I. (Pistazieneisfall).

[272] Siehe auch *Peters*, Wandel im Revisionsrecht, S. 145; wo ebenfalls die Frage aufgeworfen wird, ob der Zugriff ins Tatsächliche nur in den Fällen erfolgt, in denen das Revisionsgericht mit dem tatrichterlichen Urteil *im Ergebnis* nicht einverstanden war.

[273] Auch *Peters*, Wandel im Revisionsrecht, S. 145, weist darauf hin, daß im Hinblick auf den Übergriff

die Möglichkeit des „doppelten Spiels", je nachdem, ob die „klassischen" Grundsätze oder aber die „modernen"[274] Strömungen des Revisionsrechts herangezogen werden. Mit anderen Worten: Sieht das Revisionsgericht nicht die Notwendigkeit einer bestimmten Rechtsfolge – nämlich die Verhängung der „niedrigsten Strafe" –, so kann es sich auf die gesetzliche Konstruktion des Verbotes eigener Strafzumessung zurückziehen.

Die generelle „Verlockung einer vorschnellen Anwendung" des § 354 Abs. 1 Alt. 4 StPO sieht *Maiwald*[275]. Wegen der Verleitung zur Verfahrensverkürzung werde die Vorschrift auch dort angewandt, wo sie nicht als gerechte Reaktion angesehen werden kann. Da die Vorschrift im übrigen dem Grundsatz zuwiderlaufe, daß die Strafzumessung Sache des Tatrichters ist, fordert er eine Beseitigung der Norm de lege ferenda[276].

3. Zusammenfassung

In der revisionsgerichtlichen Praxis werden Entscheidungen in der Sache selbst getroffen, wobei als prozessuale Grundlage unmittelbar die Alternative des Freispruchs oder aber der gesetzlich niedrigsten Strafe herangezogen wird. Wird jedoch eine Entscheidung getroffen, die zwar „im Ergebnis" mit den ausdrücklich genannten Alternativen übereinstimmt, ohne daß aber die weiteren normierten Vorgaben eingehalten wurden (z. B. Verbot der eigenen Beweiswürdigung durch das Revisionsgericht), der gesetzliche Rahmen mithin verlassen wird, so handelt es sich (zwangsläufig) nicht mehr um eine Entscheidung aufgrund § 354 Abs. 1 StPO in direkter Anwendung. Diese Fälle, bei denen – allgemein formuliert – nicht die konkrete Rechtsprüfung im Vordergrund steht, sondern vielmehr eine „übergreifende revisionsrechtliche Kontrolle" im Hinblick auf die Wahrung von Einzelfallgerechtigkeit, der Korrektur von Ausnahmefallgestaltungen u. dgl., sind demnach als Entscheidungen eigener Art zu betrachten[277].

Nunmehr soll der Bereich der *analogen* Anwendung des § 354 Abs. 1 StPO durch den BGH in tatsächlicher Hinsicht untersucht werden. Dabei seien zunächst die Ursprünge und die historische Entwicklung dieser „Rechtsfigur" dargestellt.

---

ins Tatsächliche, sich sowohl Entscheidungen finden lassen, in denen ein solcher Übergriff seitens des Revisionsgericht erfolgte, als auch Entscheidungen ergehen, in denen ein solcher Übergriff abgelehnt wird.

274 Siehe zu diesem Gegensatz auch *Barton*, Revisionsrechtsprechung, S. 279 ff.

275 AK – *Maiwald* § 354, Rn. 9.

276 AK – *Maiwald* § 354, Rn. 9.

277 Die konkrete rechtliche Grundlage kann hier natürlich nicht gegeben werden (falls dies überhaupt möglich ist). *Basdorf*, NStZ 1997, 423 fordert denn auch für korrekturbedürftige Fehler, die aufgrund von „technischen Pannen" entstanden sind, eine eigene gesetzliche Grundlage, mit deren Hilfe den Revisionsgerichten ein flexibleres (im Vergleich zu den bestehenden Regelungen der §§ 337, 354 StPO) Handwerkszeug zur Verfügung stünde.

II. Die historische Entwicklung der analogen Anwendung von § 354 Abs. 1 StPO

War das Reichsgericht der Auffassung, daß der vom Tatgericht angenommene Schuldspruch fehlerhaft war, also bei korrekter rechtlicher Beurteilung eigentlich ein anderer Schuldspruch hätte tenoriert werden müssen, so sprach es dies in seinem Urteil aus und verwies die Sache zurück, damit das Tatgericht nunmehr diese rechtliche Bewertung seiner neuerlichen Entscheidung zugrundelegt. Das Reichsgericht wandte also die §§ 353 Abs. 2, 358 Abs. 1 StPO an, wenn es den Schuldspruch geändert wissen wollte, und beschritt damit den gesetzlich vorgegebenen Weg der Zurückverweisung[278]. Eine selbständige Änderung des Schuldspruchs in entsprechender Anwendung des § 354 Abs. 1 StPO *ohne* eine damit einhergehende Zurückverweisung – also eine *selbständige* Schuldspruchänderung im Wege der Analogie zu § 354 Abs. 1 StPO – findet sich dagegen erst etwa drei Jahrzehnte nach dem Inkrafttreten der RStPO[279]. Diese verhältnismäßig späte analoge Anwendung der Norm kann dadurch erklärt werden, daß sich die Rechtsprechung auf einem verwandten Gebiet, nämlich der Beschränkbarkeit von Rechtsmitteln bzw. der damit einhergehenden Teilbarkeit von Entscheidungen, erst langsam entwickelte[280]. Das RG war lange Zeit von der „Einheit des Urteils" ausgegangen, obwohl sich aus den §§ 344 Abs. 1[281] und 352 Abs. 1[282] die Möglichkeit einer Beschränkung von Rechtsmitteln auf bestimmte Urteilsteile – und damit auch die Möglichkeit der „Teilbarkeit eines Urteils" – ablesen läßt. Auch ergibt sich schon aus dem heutigen § 353 Abs. 1 StPO die Möglichkeit einer teilweisen Urteilsaufhebung[283]. So ist es dem Revisionsgericht bei dieser eingeschränkten Sichtweise naturgemäß nicht möglich, einerseits im Schuldspruch eine eigene Entscheidung zu treffen und andererseits im Hinblick auf die Neufestsetzung der Strafe die Sache zurückzuverweisen. Mit anderen Worten: Eine Zurückverweisung war buchstäblich die zwangsläufige Folge, wenn das Revisionsgericht nicht insgesamt eine eigene Entscheidung fällen konnte. Somit war der Anwendungsbereich einer eigenen revisionsgerichtlichen Sachentscheidung nicht nur durch die enge Fassung des heutigen § 354 Abs. 1 StPO stark begrenzt[284], sondern eben auch durch den Ausgangspunkt der Untrennbarkeit des Urteils". Eine das Urteil vollständig erfassende eigene Entscheidung konnte auch nicht durch eine mit einer Schuldspruchänderung verbundene Entscheidung im Bereich der Straffestsetzung erfolgen, da ein solches Vorgehen – wie gezeigt[285] – damals aufgrund der strikten Aufteilung zwischen den Aufgaben des Tat– und des Revisionsgerichts

---

[278] Selbstverständlich sind hier die Fälle ausgeklammert, welche sich unmittelbar in den Katalog des § 354 Abs. 1 StPO einordnen lassen.

[279] Siehe *Batereau,* Schuldspruchberichtigung, S. 8; *Steinmetz,* Sachentscheidungskompetenzen, S. 143.

[280] *Batereau,* Schuldspruchberichtigung, S. 8;; *Steinmetz,* Sachentscheidungskompetenzen, S. 143.

[281] § 384 Abs. 1 StPO a. F.

[282] § 392 Abs. 1 StPO a. F.

[283] Siehe *Bode*, Sachentscheidung, S. 12.

[284] Vgl. *Batereau,* Schuldspruchberichtigung, S. 9.

[285] Siehe oben unter B. I. 1.

undenkbar war[286]. Erst im Jahr 1899 gab das Reichsgericht[287] seine Rechtsprechung zur Unteilbarkeit eines Urteils auf[288]. Das Reichsgericht[289] führt im Hinblick auf die vom Oberreichsanwalt beantragte gesamte Aufhebung des angefochtenen Urteils aus:

„Dagegen konnte dem weiteren Antrage des Oberreichsanwaltes, das erstinstanzliche Urteil in seinem ganzen Umfange aufzuheben, also auch hinsichtlich der Freisprechung der drei Angeklagten von dem Vergehen gegen § 184 St.G.B.'s, nicht gefolgt werden. Nach § 392 St.P.O. unterliegt das Urteil nur insoweit der Prüfung des Revisionsrichters, als die Revisionsanträge gehen."

Das Reichsgericht knüpft also die Möglichkeit einer (nur) teilweisen Urteilsaufhebung an die Beschränkung bzw. Beschränkbarkeit des Revisionsantrages. Dies erscheint nur logisch; wenn von einer Möglichkeit der Beschränkbarkeit des Revisionsantrages durch den Beschwerdeführer ausgegangen wird, so geht damit zwangsläufig auch die Möglichkeit einer Beschränkung des Urteils durch das Revisionsgericht selbst einher[290]. Im übrigen geht das Reichsgericht davon aus, daß eine solche Teilung nur bzgl. solcher Urteilsbestandteile erfolgen kann, die rechtlich selbständig beurteilt werden können[291]. Es führt aus:

„Hieraus geht hervor, daß eine beschränkte materiellrechtliche Anfechtung zwar gestattet ist, daß dieselbe aber eine beschränkte Wirkung nur soweit ausübt, als der innere Zusammenhang der Urteilsbestandteile eine Teilung des Urteils erlaubt, als der angegriffene Teil des Urteils rechtlich losgelöst werden kann und unabhängig von dem nicht angegriffenen Entscheidungsteile eine selbständige Prüfung gestattet."

Damit war der Weg frei für eine isolierte selbständige Überprüfung einzelner Urteilsbestandteile durch das Revisionsgericht und damit für eine Anwendung von § 354 Abs. 1 StPO über den Wortlaut hinaus. So hat das Reichsgericht[292] denn auch 1911 erstmals die Trennbarkeit von Schuld– und Strafausspruch bejaht. Dadurch konnte nun der fehlerhafte Schuldspruch eigenständig berichtigt und die Sache im Hinblick auf die Neufestsetzung des Strafausspruchs zurückverwiesen werden:

Der Angeklagte war zu einer Gefängnisstrafe von sechs Monaten verurteilt worden. Die von ihm eingelegte Revision beschränkte er dahingehend[293]

„... das Urteil aufzuheben, die tatsächlichen Feststellungen, den Wahrspruch der Geschworenen, aber aufrecht zu erhalten."

Im Hinblick auf die Auslegung dieses Revisionsantrages und die Zulässigkeit der Beschränkung desselben führt das Reichsgericht[294] aus:

---

[286] Darauf weist auch *Batereau*, Schuldspruchberichtigung, S. 9 (Fn. 34) hin.

[287] RGSt 33, 17 (20, 22).

[288] Vgl. *Batereau*, Schuldspruchberichtigung, S. 10 f.; *Bode*, Sachentscheidung, S. 13; *Steinmetz*, Sachentscheidungskompetenzen, S. 144.

[289] RGSt 33, 17 (20 f.).

[290] Siehe *Bode*, Sachentscheidung, S. 13.

[291] RGSt 33, 17 (21).

[292] RGSt 45, 149 (150).

[293] Vgl. RGSt 45, 149.

„Hieraus ergibt sich, daß nach dem Willen und der Erklärung des Beschwerdeführers die Revision beschränkt bleiben sollte auf einen Angriff gegen die erstrichterliche Straffestsetzung, also, da nur eine Hauptstrafe festgelegt ist, gegen die Verhängung dieser Hauptstrafe. Die Beschränkung des Rechtsmittels ist für zulässig und demgemäß für wirksam zu erachten. Es gelten mit anderen Worten dieselben Grundsätze, die das Reichsgericht in einer Reihe von Urteilen, in diesen allerdings, soweit es sich um die Strafzumessung handelt, bisher nur für die Beschränkung des Angriffs gegen eine Nebenstrafe, gegen eine hilfsweise unterstellte Hauptstrafe oder gegen eine zweite Hauptstrafe ... näher dargelegt hat ...."

Was die isolierte Überprüfung der Strafzumessung angeht, führt das Reichsgericht[295] aus:

„Die rechtliche Möglichkeit, unter Voraussetzung bejahter Schuldfrage die Straffrage auch in ihrem ganzen Umfange, nicht lediglich in einzelnen mehr oder minder untergeordneten Beziehungen, einer selbständigen Beurteilung zu unterziehen, die Beurteilung der Straffrage also eintreten zu lassen, ohne daß die Schuldfrage erneuter sachlicher Prüfung unterworfen wird, in diesem Sinne mithin von einer Prüfung der Schuldfrage zu trennen, zeigt sich namentlich darin, daß, wenn im Falle unbeschränkter Anfechtung das angegriffene Urteil nur hinsichtlich der Straffestsetzung zu Rechtsbedenken Anlaß gibt, nicht aber mit Bezug auf die Erledigung der Schuldfrage, nach der von jeher feststehenden Rechtsprechung des Reichsgerichts gemäß § 393 St.P.O. die angefochtene Entscheidung lediglich in Ansehung der Straffestsetzung aufgehoben wird, die in ihr getroffenen Feststellungen zur Schuldfrage aber aufrecht erhalten werden. Alsdann ist im Falle der Zurückverweisung der Sache an den ersten Richter für eine erneute Erörterung der Schuldfrage kein Raum mehr; vielmehr hat sich der Tatrichter auf die Beurteilung der Straffrage zu beschränken ... Demnach unterliegt im gegebenen Falle nur die Straffestsetzung der Nachprüfung des Revisionsgerichts."

Das Reichsgericht geht also von einer revisionsgerichtlichen Kompetenz zur alleinigen Nachprüfung des tatgerichtlich festgesetzten Rechtsfolgenausspruchs aus. Allerdings liegt hier die Betonung auf Nachprüfung. Mittlerweile wird die analoge Anwendung des § 354 Abs. 1 StPO vom BGH aber insoweit aber nicht nur auf die Nachprüfung des Rechtsfolgenausspruchs beschränkt, sondern dieser wird vom BGH eigenständig selbst neu festgelegt bzw. im Wege eigener Ermessenserwägungen aufrecht erhalten[296].

III. Die Variationen der analogen Anwendung von § 354 Abs. 1 StPO

Im folgenden sollen nun die einzelnen Fallgestaltungen der analogen Anwendung von § 354 Abs. 1 StPO, welche sich in der Praxis ungeachtet dogmatischer Bedenken finden lassen, vorgestellt werden. Wenn hier von „analoger Anwendung" die Rede ist, so ist dies umfassend zu verstehen. Unter dieser Begrifflichkeit sind alle Entscheidungen zusammengefaßt, die eine eigene Sachentscheidung zum Inhalt haben, wobei nicht auf die Norm des § 354 Abs. 1 StPO direkt Bezug genommen, sondern vielmehr – untechnisch gesprochen – eine eigene Sachentscheidungskompetenz aufgrund des Normgedankens angenommen wird. Die normative Erweiterung des Anwendungsbereiches von § 354 Abs. 1 StPO wird denn auch üblicherweise in

---

[294] RGSt 45, 149 f.

[295] RGSt 45, 150.

[296] Siehe dazu im einzelnen unter D. III. 2.

Rechtsprechung und Literatur ohne weiteres als analoge Normanwendung klassifiziert, ohne diesbezüglich die konkrete dogmatische Herleitung zu hinterfragen.

1. Die inhaltliche Bandbreite der analogen Anwendung von § 354 Abs. 1 StPO im Bereich der Schuldspruchänderung

Heutzutage ist die inhaltliche Bandbreite der analogen Anwendung von § 354 Abs. 1 StPO durch die Revisionsgerichte, was den Schuldspruch betrifft, sehr weit gefaßt. Von einer diesbezüglichen Zurückhaltung kann keine Rede (mehr) sein[297]. Im folgenden soll nun dargestellt werden, wie die analoge Anwendung des § 354 Abs. 1 StPO diesbezüglich in der Praxis – durch den BGH – konkret gehandhabt wird.

a) Konstellationen der Schuldspruchänderung

Die konkreten inhaltlichen Konstellationen, welche bei einer analogen Anwendung des § 354 Abs. 1 StPO durch den BGH auftreten können, werden zusammenfassend durch nachfolgende Aufstellung verdeutlicht. In dieser sind alle Fallgestaltungen enthalten, welche der Verfasser in der Praxis des BGH beobachten konnte. Hierbei handelt es sich nur um eigene Sachentscheidungen, die eine selbständige Änderung des Schuldspruchs umfassen, die Auswirkung auf den Rechtsfolgenausspruch bleibt vorerst ausgeklammert[298]. Es wurden quasi alle vom BGH vorgenommenen „generellen Schuldspruchänderungen" in die jeweils „kleinstmöglichen Einheiten" unterteilt. Demnach ist es möglich, die Schuldspruchänderungen in ihren jeweils konkreten Variationen zu beleuchten. Die angesprochenen kleinstmöglichen Einheiten bei einer Schuldspruchänderung sind folgende:

- Wegfall eines Tatmehrheitsdelikts
- Wegfall mehrerer Tatmehrheitsdelikte
- Wegfall eines Tateinheitsdelikts
- Wegfall mehrerer Tateinheitsdelikte
- Zusätzliche Verurteilung tateinheitliches Delikt
- Änderung des Konkurrenzverhältnisses von Tatmehrheit in Tateinheit
- Änderung des Konkurrenzverhältnisses von Tateinheit in Tatmehrheit
- Auswechselung eines Deliktes
- Auswechselung mehrerer Delikte

---

[297] *Rieß* (Zustand und Zukunft der Revision, S. 398 f.) stellt denn auch im Hinblick auf die heutige Revisionspraxis als ganzes kurz und knapp fest, daß diese nicht mehr mit dem Zustand vergleichbar sei, der in der Anfangszeit der revisionsgerichtlichen Rechtsprechung durch das Reichsgericht bestand und auch den Intentionen des Gesetzgebers von 1877 zuwiderlaufe.

[298] Siehe dazu unter D. III. 2. b) und c) (aa).

Zur Erläuterung:

Unter „Wegfall eines/mehrerer Tatmehrheitsdelikts/–delikte" ist zu verstehen, daß der BGH den Schuldspruch dergestalt ändert, daß die entsprechenden Delikte ersatzlos aus dem Tenor „entfernt" werden.

„Zusätzliche Verurteilung tateinheitliches Delikt" meint, daß der BGH der Ansicht ist, daß neben den vom Tatgericht angenommenen Delikten, ein weiteres – in Tateinheit stehendes – Delikt vom Angeklagten verwirklicht worden ist.
Bei der „Änderung des Konkurrenzverhältnisses" korrigierte der BGH dieses entweder von Tatmehrheit in Tateinheit oder aber von Tateinheit in Tatmehrheit.

Handelt es sich um eine „Auswechselung eines/mehrerer Delikts/Delikte", so verurteilte der BGH nicht wegen des vom Tatgericht angenommen Tatbestandes bzw. der angenommenen Tatbestände, sondern wegen eines Deliktes bzw. mehrerer Delikte, welche(s) nach Ansicht des Senats statt dessen gegeben ist bzw. gegeben sind.

aa) Wegfall eines bzw. mehrerer Tatmehrheitsdelikte

Als Beispiel für die Gruppe der Entscheidungen, in denen der BGH den Schuldspruch insoweit änderte, als er ein bzw. mehrere in Tatmehrheit stehende Delikte, welche vom Tatgericht angenommen wurden, wegfallen ließ, sei folgender Fall[299] angeführt:

Das Landgericht hatte den Angeklagten wegen sexuellen Mißbrauchs von Kindern in zehn Fällen, in einem Fall in Tateinheit mit sexueller Nötigung, zu einer Gesamtfreiheitsstrafe von vier Jahren und sechs Monaten verurteilt. Der BGH sah lediglich neun Fälle sexuellen Mißbrauchs als gegeben an und verurteilte den Angeklagten dementsprechend wegen sexuellen Mißbrauchs von Kindern in neun Fällen, in einem Fall in Tateinheit mit sexueller Nötigung. Der Strafausspruch wurde beibehalten mit der Begründung, daß es ausgeschlossen erscheint, daß der Tatrichter bei zutreffender rechtlicher Würdigung eine niedrigere Strafe verhängt hätte[300].

Werden ein bzw. mehrere realkonkurrierende Delikte gestrichen, so ist insoweit das Verfahren einzustellen bzw. – falls die Voraussetzungen vorliegen – freizusprechen[301].

bb) Wegfall eines bzw. mehrerer Tateinheitsdelikte

Entsprechend dem Wegfall von Tatmehrheitsdelikten lassen sich auch Judikate finden, in denen ein oder mehrere in Tateinheit stehende Delikte vom BGH ersatzlos aus dem Schuldspruch entfernt wurden. Dabei werden zum einen idealkonkurrierende Delikte wegen mangelnder Tatbestandsverwirklichung gestrichen. So hat der BGH[302] z. B. in einem Fall die vom Tatgericht angenommene tateinheitliche Verur-

---

299 BGH, Beschl. v. 10.07.1996 - 2 StR 231/96.

300 Siehe zur Beibehaltung des Rechtsfolgenausspruchs nach erfolgter Schuldspruchänderung im einzelnen unter D. III. 2. b).

301 Vgl. *Bode*, Sachentscheidung, S. 25.

302 BGH, NStZ 1996, 435.

teilung wegen räuberischen Angriffs auf Kraftfahrer (§ 316 a StGB) wegfallen lassen, da der Angeklagte nicht „unter Ausnutzung der besonderen Verhältnisse des Straßenverkehrs" gehandelt hatte. Der Strafausspruch wurde aufgehoben und zu neuer Entscheidung an das Landgericht zurückverwiesen.

Zum anderen finden sich aber auch (seltener) Judikate, in denen ein (tatgerichtlich angenommenes) idealkonkurrierendes Delikt im Wege der Gesetzeskonkurrenz zurücktritt. Als Beispiel sei ein Fall erwähnt, in dem das Landgericht den Angeklagten wegen Vergewaltigung in Tateinheit mit sexueller Nötigung zu einer Freiheitsstrafe von sechs Jahren verurteilt hatte. Der BGH[303] sah in dem Tatgeschehen bzgl. der sexuellen Nötigung keinen eigenständigen Unrechtsgehalt im Verhältnis zur Vergewaltigung und nahm deshalb Gesetzeskonkurrenz an. Im Strafausspruch wurde das Urteil aufgehoben und an eine andere Strafkammer des Landgerichts zurückverwiesen.

cc) Hinzufügung eines in Tateinheit stehenden Deliktes

Ist ein in Tateinheit stehendes Delikt vom Tatgericht übersehen worden, so finden sich Judikate, in denen der BGH dieses Versäumnis selbst nachholt. Dabei werden sowohl schwerere, gleich schwerere als auch leichtere Delikte dem tatrichterlichen Schuldspruch hinzugefügt. Als Beispiel für einen Fall, in dem vom BGH ein im Vergleich zum bereits vom Tatgericht angenommenen Straftatbestand ein leichteres Delikt hinzugefügt wurde sei folgende Entscheidung genannt:

Das Landgericht hatte die Angeklagte wegen fahrlässiger Tötung (§ 222 StGB) zu einer Freiheitsstrafe von zwei Jahren und sechs Monaten verurteilt. Auf die zu Ungunsten der Angeklagten von der Staatsanwaltschaft eingelegten Revision wurde diese nunmehr wegen vorsätzlicher Körperverletzung (§ 223 StGB) in Tateinheit mit fahrlässiger Tötung schuldig gesprochen. Der Rechtsfolgenausspruch wurde vom BGH[304] aufrechterhalten. Als Begründung wurde angeführt, daß der Senat ausschließen könne, daß die Strafe höher ausgefallen wäre, wenn das Landgericht die Angeklagte auch noch wegen tateinheitlich begangener Körperverletzung verurteilt hätte[305].

Für die „Gruppe" der Hinzufügung eines schwereren Deliktes wird folgender Fall angeführt:

Das Landgericht hatte den Angeklagten u. a. wegen Bestechung (§ 334 StGB) in Tateinheit mit Beihilfe zur Untreue (§§ 266, 27 StGB) schuldig gesprochen und ihn zu einer Gesamtfreiheitsstrafe von zwei Jahren verurteilt, deren Vollstreckung zur Bewährung ausgesetzt wurde. Auf die Revision der Staatsanwaltschaft wurde der Angeklagte zusätzlich noch wegen tateinheitlich begangenem Betrug verurteilt[306].

---

[303] BGH, Beschl. v. 19.12.1997 - 2 StR 435/97.

[304] BGH, NJW 1995, 3194.

[305] Zu den Begründungen, welche der BGH für seine Kompetenz zur eigenen Strafzumessung anführt, im einzelnen unter E. VII.

[306] BGH, NStZ 1997, 542.

Hinsichtlich des Rechtsfolgenausspruch verwies der BGH die Sache an das Landgericht zurück.

Schließlich sei noch eine Entscheidung vorgestellt, in der ein gleich schweres Delikt vom BGH[307] dem tatrichterlichen Tenor hinzugefügt wurde:

Das Landgericht hatte die Angeklagten wegen räuberischer Erpressung mit Todesfolge (§§ 253, 255, 251 StGB) zu Jugendstrafen zwischen zwei Jahren und fünf Jahren sechs Monaten verurteilt. Auf die Revisionen der Staatsanwaltschaft wurde das Urteil des Landgerichts im Schuldspruch dahin geändert, daß die Angeklagten jeweils des erpresserischen Menschenraubes mit Todesfolge in Tateinheit mit räuberischer Erpressung mit Todesfolge schuldig sind (§§ 239 a Abs. 3 / 253, 255, 251 / 52 StGB). Im Strafausspruch wurde die Sache zurückverwiesen.

dd) Änderung des Konkurrenzverhältnisses

Besonders häufig finden sich Entscheidungen, in denen das Konkurrenzverhältnis zwischen den vom Landgericht angenommenen Straftatbeständen vom BGH berichtigt wurde. Dominierend sind dabei die Judikate, in denen Tatmehrheit in Tateinheit umgewandelt wurde[308].

Ein Beispielsfall:
Das Landgericht hatte den Angeklagten u. a. wegen versuchter räuberischer Erpressung in Tateinheit mit gefährlicher Körperverletzung sowie wegen Vergewaltigung zu einer Gesamtfreiheitsstrafe von fünf Jahren verurteilt. Der BGH[309] beurteilte das Konkurrenzverhältnis zwischen der räuberischen Erpressung und der Vergewaltigung aber als Tateinheit und änderte den Schuldspruch dementsprechend. Er führt insoweit aus:

> „Nach diesen Feststellungen stehen die versuchte räuberische Erpressung und die Vergewaltigung zueinander nicht in Tatmehrheit, sondern in Tateinheit. Tateinheit zwischen räuberischer Erpressung und Vergewaltigung besteht, wenn die verschiedenen strafbaren Betätigungen unter Ausnutzung einer einheitlichen, während des gesamten Geschehens fortwirkenden Gewaltanwendung vorgenommen werden."

Hinsichtlich des Rechtsfolgenausspruchs wurde das landgerichtliche Urteil aufgehoben und zur Neufestsetzung zurückverwiesen.

Als Beispiel für die umgekehrte Konstellation, nämlich die Änderung von Tateinheit in Tatmehrheit sei folgender Fall angeführt:

Das Landgericht hatte die Angeklagte wegen Totschlags in zwei tateinheitlich zusammentreffenden Fällen zu einer Freiheitsstrafe von fünf Jahren verurteilt. Auf die Revision der Staatsanwaltschaft änderte der BGH[310] das Konkurrenzverhältnis von Tateinheit in Tatmehrheit. Zum Sachverhalt führt der BGH aus:

---

[307] BGH, Urt. v. 23.10.1997 - 5 StR 486/97.

[308] Dazu im einzelnen unter E. IV. 1. d.

[309] BGH, Beschl. v. 02.03.95 - 4 StR 49/95.

[310] BGH, StV 1996, 148 (= Urt. v. 13.09.95 - 3 StR 221/95).

„Die Angeklagte hatte den Entschluß gefaßt, sich und ihre beiden Kinder, ihre viereinhalbjährige Tochter Janina und ihren zweieinhalbjährigen Sohn Jonas umzubringen. In einem Hotelzimmer vermischte sie in zwei Gläsern eine aus Schlaf–, Migräne– und Kopfschmerztabletten in Wasser aufgelöste breiige Tablettenmasse mit Coca Cola und gab dieses Getränk ihren Kindern, die alsbald einschliefen. Als sich kurze Zeit später Janina erbrach, kam der Angeklagten die Vorstellung, daß das verabreichte Tablettengemisch möglicherweise nicht ausreichen würde, um ihre Kinder zu töten. Daraufhin erdrosselte sie zunächst ihren aus dem Bett gehobenen Sohn mit einem Wollschal. Nachdem sie ihn wieder ins Bett gelegt hatte, nahm sie Janina aus dem Bett, hielt sie eine Weile auf dem Arm und streichelte sie. Als das Mädchen in tiefen Schlaf gesunken schien, legte sie es auf den Boden und erdrosselte es in gleicher Weise wie zuvor ihren Sohn."

Zur Änderung der rechtlichen Beurteilung des Konkurrenzverhältnisses stellt der BGH fest:

„Die Annahme des Landgerichts, die Tötung der beiden Kinder stelle sich als natürliche Handlungseinheit dar, hält rechtlicher Nachprüfung nicht stand. Nach der Rechtsprechung liegt natürliche Handlungseinheit vor, wenn mehrere, im wesentlichen gleichartige Handlungen von einem einheitlichen Willen getragen werden und aufgrund ihres engen räumlichen und zeitlichen Zusammenhangs so miteinander verbunden sind, daß sich das gesamte Tätigwerden auch für einen Dritten als einheitliches Geschehen darstellt (BGHSt 4, 219, 220; 10, 230, 231; BGH NStZ 1993, 234). ... Greift daher der Täter einzelne Menschen nacheinander an, um jeden von ihnen in seiner Individualität zu vernichten, so besteht sowohl bei natürlicher als auch bei rechtsethisch wertender Betrachtungsweise selbst bei einheitlichem Tatentschluß und engem räumlichen und zeitlichen Zusammenhang regelmäßig kein Anlaß, diese Vorgänge rechtlich als eine Tat zusammenzufassen (BGHSt 2, 246; 16, 397; BGH NStZ 1384, 311; BGH bei Holtz MDR 1995, 880; BGH StV 1981, 396 m.w.N.; Jähnke LK StGB 10. Aufl. § 212 Rdn. 38). So liegt es hier. Nach der Tötung ihres Sohnes befaßte sich die Angeklagte zunächst geraume Zeit mit ihrer Tochter, bevor sie diese dann ebenfalls erdrosselte. Der Senat kann offenlassen, ob eine Handlungseinheit vorgelegen hätte, wenn die Verwirklichung des zunächst beabsichtigten Planes, beide Kinder mit einer Cola–Tabletten–Mischung zu töten, gelungen wäre. Jedenfalls dann, wenn nach dem für möglich gehaltenen Scheitern des ursprünglichen Tatplans der Täter aufgrund eines neuen Entschlusses das Tatmittel wechselt und mit ihm nacheinander – mit einer deutlichen zeitlichen Zäsur – zwei Opfer tötet, ist der Zusammenhang zwischen den Tatausführungen nicht mehr so eng, als daß die Annahme einer natürlichen Handlungseinheit geboten wäre."

Im Rechtsfolgenausspruch wurde das Urteil aufgehoben und die Sache an das Landgericht zurückverwiesen.

ee) Auswechselung eines bzw. mehrerer Delikte

Schließlich läßt sich noch eine Gruppe von Schuldspruchänderungen feststellen, in der ein oder mehrere vom Tatgericht angenommene Delikte vom BGH ausgetauscht werden. Inhaltlich werden zum einen Delikte als solche ausgewechselt, also z. B. eine Verurteilung wegen Betruges anstatt wegen Diebstahls vorgenommen. Zum anderen erfolgt aber auch eine bloße „Variation" des vom Tatgericht angenommenen Deliktes. Z. B. wird eine Täterschaft in Beihilfe, eine Vollendung in einen Versuch oder aber auch eine Qualifikation in den Grundtatbestand umgewandelt. Ein Beispiel für die Änderung einer vom Tatgericht angenommenen Täterschaft in Beihilfe:

Das Landgericht hatte den Angeklagten u. a. wegen Diebstahls verurteilt. Im Hinblick auf die vom Tatgericht angenommene Täterschaft des Angeklagten führt der BGH[311] aus:

[311] BGH, Beschl. v. 29.08.1996 - 4 StR 380/96. Weitere Beispiele: BGH, NStZ-RR 1997, 86; BGH, Beschl. v. 30.07.1997 - 2 StR 340/97; Beschl. v. 11.06.1997 - 2 StR 263/97.

„Die Überprüfung des Urteils aufgrund der Rüge der Verletzung materiellen Rechts hat nur im Fall IV 3 einen Rechtsfehler zum Nachteil des Angeklagten erkennen lassen. Der Auffassung der Kammer, der Revisionsführer habe sich in dem genannten Fall wegen Diebstahls (§ 242 StGB) schuldig gemacht, kann nicht gefolgt werden. Täter oder Mittäter eines Diebstahls kann nur sein, wer in Zueignungsabsicht handelt (BGHR StGB § 242 Abs. 1/Zueignungsabsicht 6/zugunsten des Mittäters). Diese fehlte bei dem Angeklagten. Die entwendeten vier Alu–Felgen mit Reifen waren für den Mitangeklagten W. bestimmt gewesen (UA S. 11, 38). Daß der Angeklagte sonst einen Vorteil im weitesten Sinne erstrebt hat, ist den Urteilsgründen nicht zu entnehmen. Mangels eigener Zueignungsabsicht hat sich der Angeklagte deshalb nur wegen Beihilfe zum Diebstahl schuldig gemacht."

Nun handelt es sich bei der Gruppe der Ersetzung von Vorschriften – seien sie nun allgemeiner oder aber besonderer Art –, nicht nur um Fälle, in denen eine „Abstufung" der in Rede stehenden Norm vorgenommen wurde, sondern auch um Judikate bei denen der BGH den Schuldspruch insoweit änderte, als nunmehr eine sozusagen „schwerere Vorschrift" angenommen wurde.

Zunächst ein Beispiel für die Änderung einer versuchten in eine vollendete Tat:

Das Landgericht hatte den Angeklagten u. a. wegen versuchter schwerer räuberischer Erpressung (§§ 253, 255, 250 Abs. 1 Nr. 1, 22, 23 StGB) zu einer Gesamtfreiheitsstrafe von sieben Jahren und neun Monaten verurteilt. Auf die Revision der Staatsanwaltschaft änderte der BGH[312] den Schuldspruch insoweit in eine (vollendete) schwere räuberische Erpressung (§§ 253, 255, 250 Abs. 1 Nr. 1 StGB). Hierzu führt der Senat aus:

„Der Tatkomplex 5 stellt eine vollendete nicht nur versuchte, wie das Landgericht meint schwere räuberische Erpressung (§ 250 Abs. 1 Nr. 1 StGB) dar. Der Angeklagte hat aufgrund seiner Nötigungshandlungen 4.000 DM erlangt. Die Kausalität ist nicht dadurch in Frage gestellt, daß mit der Übergabe von Geld auch die Absicht verbunden war, den Täter dadurch zu überführen. Auf das Motiv des Übergebenden kommt es nicht an, vielmehr nur darauf, daß dem Täter aufgrund seiner Erpressung das gewährt wurde, was er erlangen wollte. Hier entsprach der Betrag zwar nicht den Vorstellungen des Angeklagten, er ist vom Angeklagten gleichwohl verbraucht worden. Den Feststellungen ist nicht zu entnehmen, daß der Angeklagte entschlossen gewesen wäre, einen solchen Betrag zurückzuweisen (Herdegen in LK 11. Aufl. § 253 Rdn. 28). Selbst wenn, wofür angesichts der festgestellten Zahlungsbereitschaft der Karstadt AG (vgl. UA S. 11) wenig spricht, das Geld nicht aus dem Vermögen der Karstadt AG gekommen wäre, war die Tat vollendet. Allerdings muß grundsätzlich der Genötigte auch der Verfügende sein. Indes genügt ein im einzelnen noch nicht abschließend geklärtes „Näheverhältnis" des Genötigten zu dem geschädigten Vermögen (Herdegen a.a.O. Rdn. 16). Entsprechendes gilt, wenn die Polizei in Erfüllung ihrer Aufgaben anstelle des Geschädigten handelt (vgl. auch RGSt 63, 164)."

Aber auch innerhalb des Komplexes „Grunddelikt / Qualifikation" läßt sich die angesprochene „umgekehrte Konstellation" finden. Ein Beispiel für die Änderung des Schuldspruchs vom Grunddelikt in die entsprechende Qualifikation für den Bereich der Tötungsdelikte:

Das Landgericht hatte die Angeklagten jeweils wegen „gemeinschaftlichen versuchten Totschlags in Tateinheit mit vorsätzlichem gemeinschaftlichem gefährlichem Eingriff in den Straßenverkehr" zur Jugendstrafe von zwei Jahren verurteilt. Auf die Revision der Staatsanwaltschaft wurde das Urteil des Landgerichts in den

[312] BGH, NJW 1996, 936.

Schuldsprüchen vom BGH[313] dahin geändert, daß die Angeklagten jeweils des versuchten Mordes in Tateinheit mit vorsätzlichem gefährlichen Eingriff in den Straßenverkehr schuldig sind. Der Senat führt aus:

„Das Landgericht ist ohne Rechtsfehler davon ausgegangen, daß die Angeklagten mit bedingtem Tötungsvorsatz handelten. An einer Verurteilung wegen versuchten Mordes hat es sich jedoch gehindert gesehen. Das Vorliegen 'niedriger Beweggründe' könne nicht festgestellt werden. Für das Mordmerkmal der Heimtücke fehle es an einem bewußten Ausnutzen der Arg– und Wehrlosigkeit der Opfer durch die Angeklagten. Beide Angeklagten hätten sich zum Tatzeitpunkt weder Gedanken darüber gemacht, in welcher Lage sich die ahnungs– und schutzlosen Fahrzeuginsassen befanden, noch sich vergegenwärtigt, daß die gegebene Arg– und Wehrlosigkeit der Opfer für ihre Tat eine Erleichterung darstellte. Die Situation der Geschädigten sei ihnen gleichgültig gewesen; sie hätten auch vorrangig die Fahrzeuge treffen wollen.... Entgegen der Auffassung des Landgerichts ist nach den getroffenen Feststellungen aber das Mordmerkmal der Heimtücke gegeben. ... Der Erörterung bedarf daher nur, ob die Angeklagten die sich ihnen darbietende Arg– und Wehrlosigkeit der Opfer ausnutzten. Hierfür genügt es, daß der Täter die Arg– und Wehrlosigkeit des Opfers in ihrer Bedeutung für die hilflose Lage des Angegriffenen und die Ausführung der Tat in dem Sinne erfaßt, daß er sich dessen bewußt ist, einen durch seine Ahnungslosigkeit gegenüber einem Angriff schutzlosen Menschen zu überraschen (BGHR StGB § 211 Abs. 2 Heimtücke 1; Jähnke in LK/StGB, 11. Aufl. § 211 Rdn. 47). Daß dieses Bewußtsein bei beiden – nach den Feststellungen durchschnittlich intelligenten – Angeklagten zum Tatzeitpunkt gegeben war, kann – wie die Revision zu Recht ausführt – bei einer derart wie hier offen zutage liegenden Arg– und Wehrlosigkeit der Opfer nicht zweifelhaft sein (vgl. BGHSt 39, 353, 369/370). Der Senat hat daher auch bei früheren Entscheidungen in Fällen der vorliegenden Art das Mordmerkmal der Heimtücke bejaht (vgl. z. B. BGH VRS 63, 119)."

b) Anwendbarkeit des § 358 Abs. 2 StPO im Bereich des Schuldspruchs?

Die dargelegten Konstellationen umfassen also auch die Fälle, in denen der ursprünglich vom Tatgericht angenommene Schuldspruch durch einen „schwereren" ersetzt wird. Mit anderen Worten: Obwohl es keine unmittelbar gesetzliche Grundlage gibt, muß der Angeklagte damit rechnen, daß der Schuldspruch zu seinem Nachteil vom BGH dergestalt verändert wird, als er nunmehr z. B. nicht wegen bloßer Beihilfe, sondern wegen täterschaftlichen Handelns bestraft wird. Dies gilt jedenfalls für staatsanwaltliche Revisionen, da der BGH bzw. das Revisionsgericht grundsätzlich davon absieht, Subsumtionsfehler, welche den Angeklagten begünstigen, zu berichtigen, da dieser durch den Fehler nicht beschwert sei[314]. Daß es sich hier zumindest rein tatsächlich um einen Nachteil für den Angeklagten handelt, steht außer Frage. Eine Verurteilung z. B. wegen eines vollendeten Deliktes „wiegt" nun einmal schwerer, als eine solche wegen bloßen Versuchs. Davon zu trennen ist die Frage, ob eine solche „Schuldspruchverschlechterung" gemessen an § 358 Abs. 2 StPO – auch wenn sich diese Vorschrift ausdrücklich nur auf die Rechtsfolge bezieht – zulässig ist. Im Bereich des Schuldspruchs stellt sich bei einer analogen Anwendung von § 354 Abs. 1 StPO also die Problematik, inwieweit das in § 358 Abs. 2

---

[313] BGH, NStZ-RR 1997, 294. Siehe auch: BGH, Urt. v. 31.03.1998 - 5 StR 685/97.

[314] Vgl. *Batereau,* Schuldspruchberichtigung, S. 23 f. und S. 59. Mag man über die fehlende Beschwer beim Vorliegen eines den Angeklagten benachteiligenden Subsumtionsfehlers durchaus streiten (Stichwort: Anspruch auf den *richtigen* Schuldspruch; vgl. *Wimmer*, MDR 1948, 70), so erscheint eine dennoch vorgenommene Schuldspruchänderung jedenfalls aus praktischer Sicht sinnlos, da eine Auswirkung auf den Rechtsfolgenausspruch aufgrund der Sperrwirkung des § 358 Abs. auf jeden Fall ausscheidet. Siehe zum Ganzen auch LR – *Hanack*, § 354, Rn. 22.

StPO verankerte Verschlechterungsverbot Beachtung finden muß. Diese Vorschrift verbietet eine Benachteiligung des Angeklagten dem Wortlaut nach allerdings nur im Hinblick auf die Rechtsfolgen der Tat und eben nicht bzgl. des Schuldspruches[315]. So verbietet das Verbot der reformatio in peius nach herrschender Auffassung demnach auch nicht die nachteilige Änderung des Urteils außerhalb der Rechtsfolge[316], also auch nicht im Bereich des Schuldspruchs. Immerhin ist aber zu bedenken, daß bei einer Schuldspruchänderung sehr wohl ein Nachteil als solcher für den Angeklagten – wenn auch zugegebenermaßen nicht im Bereich der Rechtsfolge – entstehen kann. So kann z. B. eine Tatbestandsverschiebung zu einer erhöhten sozialen Belastung des Angeklagten führen, wenn dieser z. B. wegen versuchten Totschlags statt gefährlicher Körperverletzung oder aber wegen Raubes statt wegen Diebstahls verurteilt wird[317]. Auch kann eine nachteilige Schuldspruchänderung beamtenrechtliche Konsequenzen nach sich ziehen[318]. Somit kann die Gefahr, daß ein Angeklagter wegen der Befürchtung einer Schlechterstellung im Schuldspruch von der Einlegung einer Revision abgehalten wird, genauso bestehen, wie bei einer drohenden Verschärfung des Strafausspruchs[319]. Gerade das wollte der Gesetzgeber aber mit der Vorschrift des § 358 Abs. 2 StPO vermeiden.

Jedoch besteht trotz der angeführten Bedenken aber kein Grund, die Grenzen des Wortlautes von § 358 Abs. 2 StPO zu verlassen. Wenn „über den Angeklagten Recht gesprochen wird", so muß dieses Recht auch „das richtige Recht" sein, denn Gegenstand der Verurteilung muß die konkret begangene Tat sein und damit muß dann auch gewissermaßen spiegelbildlich die entsprechende Normanwendung einhergehen[320]. Zu recht weißt *Batereau*[321] darauf hin, daß dem Richter, der gehalten ist, Recht zu sprechen, nicht zugemutet werden kann, die Tat rechtlich als etwas anderes zu beurteilen, als sie wirklich ist. Im übrigen kann bei einer Angeklagtenrevision dieser die Revision auf den Rechtsfolgenausspruch beschränken. Wer dies unterläßt, muß auch die daraus entstehenden Nachteile in Kauf nehmen[322]. Somit findet § 358 Abs. 2 StPO für den Bereich des Schuldspruchs bei einer Änderung desselben keine Anwendung.

c) § 265 StPO als Grenze der Schuldspruchänderung

Schließlich muß noch die Problematik beleuchtet werden, daß der Angeklagte im Falle der Schuldspruchänderung buchstäblich wegen eines anderen Deliktes verur-

---

[315] Daß § 358 Abs. 2 StPO auch dann beachtet werden muß, wenn das Revisionsgericht eine eigene Sachentscheidung vornimmt, ist heute unbestritten. Siehe nur LR – *Hanack*, § 358, Rn. 18; BGHSt 5, 53; RGSt 45, 65. Vgl. dazu auch *Batereau*, Schuldspruchberichtigung, S. 21 (Fn. 27).

[316] Siehe nur BGHSt 2, 256; *Schlüchter*, Strafverfahren, Rn. 627; *Kleinknecht/Meyer-Goßner*, § 331, Rn. 8.

[317] *Peters*, Strafprozeß, § 72 II (S. 618).

[318] *Batereau*, Schuldspruchberichtigung, S. 22.

[319] Siehe *Hanack*, JZ 1966, 108; JZ 1968, 235; *Batereau*, Schuldspruchberichtigung, S. 22.

[320] Ähnlich auch *Wimmer*, MDR 1948, 70.

[321] *Batereau*, Schuldspruchberichtigung, S. 23.

[322] *Kleinknecht/Meyer–Goßner*, § 331, Rn. 8.

teilt wird, als ihm ursprünglich zur Last gelegt wurde. Konkret: Inwieweit ist eine Schuldspruchänderung mit der in § 265 StPO normierten Hinweispflicht zu vereinbaren?

Der Angeklagte darf gem. § 265 Abs. 1 StPO nicht auf Grund eines Straftatbestandes verurteilt werden, welcher nicht in der Anklage aufgeführt wurde, es sei denn, er wurde vorher vom Gericht auf den veränderten rechtlichen Gesichtspunkt hingewiesen. Die Möglichkeit, eine im Hinblick auf die rechtliche Beurteilung der gerichtlich zugelassenen Anklage abweichende Entscheidung zu treffen, ergibt sich aus den §§ 155 Abs. 2, 264 Abs. 2 StPO. Der Sinn und Zweck des § 265 StPO, nämlich dem Angeklagten eine „der Verurteilung entsprechende" Verteidigung zu ermöglichen, ist damit eng an den Grundsatz des rechtlichen Gehörs (Art. 103 Abs. 1 GG) angelehnt[323]. Der Angeklagte soll kein bloßes Prozeßobjekt sein, über dessen Schicksal einseitig entschieden wird; vielmehr soll ihm im Verfahren die Stellung eines Prozeßsubjektes mit eigenen Gestaltungsmöglichkeiten im Hinblick auf den Verfahrensausgang zukommen[324]. Die Vorschrift des § 265 StPO ist damit auch als Ausdruck der gerichtlichen Fürsorgepflicht gegenüber dem Angeklagten anzusehen[325]; diese Fürsorgepflicht gebietet es, auf eine von der Anklageschrift abweichende rechtliche Beurteilung hinzuweisen. Ändert der BGH den Schuldspruch selbständig, so stellt sich deshalb zwangsläufig die Frage, ob darin nicht eine Verletzung des § 265 StPO liegt[326]. Nun ist die Norm aber im Rahmen der Vorschriften über die Hauptverhandlung des ersten Rechtszuges eingeordnet. Eine der Berufung entsprechende Verweisungsvorschrift (§ 332 StPO) fehlt für die Revisionsinstanz. Erklären läßt sich dies wohl damit, daß dem Gesetzgeber aufgrund des – zumindest intendierten – begrenzten Anwendungsbereiches der revisionsgerichtlichen eigenen Sachentscheidung eine solche Verweisung überflüssig erschien oder aber eine solche Verweisung schlicht vergessen wurde[327]. Jedoch besteht für den Angeklagten gerade im Hinblick auf die tatsächliche Ausweitung der revisionsgerichtlichen Sachentscheidungen zunehmend die Gefahr, daß er durch eine solche Entscheidung des Revisionsgerichts überrascht wird, ohne daß er seine Verteidigung dementsprechend einstellen konnte[328]. Der telos des § 265 StPO gebietet deshalb im Zuge der Ausdehnung der revisionsgerichtlichen Sachentscheidungsmöglichkeiten zumindest eine entsprechende Anwendung der Norm[329]. Die Rechtsprechung geht denn auch seit jeher – bereits zu Zeiten des Reichsgerichts – von der Notwendigkeit der Beachtung zumindest des Grundgedankens von § 265 StPO aus[330].

---

[323] *Batereau,* Schuldspruchberichtigung, S. 39; KK – *Engelhardt,* § 265, Rn. 1; *Roxin,* Strafverfahrensrecht, § 18, Rn. 4 und § 42, Rn. 24.

[324] Siehe zum Ganzen ausführlich *Schlothauer,* StV 1986, 213 ff.

[325] BGHSt 11, 91; *Sarstedt/Hamm,* Revision in Strafsachen, Rn. 1290; *Schlothauer,* StV 1986, 214.

[326] *Sarstedt/Hamm,* Revision in Strafsachen, Rn. 1290.

[327] *Batereau,* Schuldspruchberichtigung, S. 40.

[328] Vgl. *Bode,* Sachentscheidung, S. 18; *Batereau,* Schuldspruchberichtigung, S. 40.

[329] *Bode,* Sachentscheidung, S. 20; *Batereau,* Schuldspruchberichtigung, S. 40.

[330] *Richter,* Gedanken in der Rechtsprechung des Reichsgerichts, S. 100; *Bode,* Sachentscheidung, S. 18 ff.

Legt man das soeben Ausgeführte zugrunde, so darf das Revisionsgericht den Angeklagten jedenfalls nicht ohne weiteres aufgrund eines anderen als in der zugelassenen Anklage aufgeführten Deliktes verurteilen[331]. § 265 Abs. 1 StPO soll den Angeklagten auch in die Lage versetzen, sich auf die neue Lage dergestalt einzustellen, daß er Gelegenheit erhält, sich in tatsächlicher Hinsicht anders als bisher zu verteidigen[332]. Deshalb kommt auch ein entsprechender Hinweis des Revisionsgerichts selbst grundsätzlich nicht in Betracht; eine möglicherweise aufgrund der geänderten rechtlichen Würdigung erforderliche weitere Sachaufklärung ist dem Revisionsgericht unmöglich[333]. Der Angeklagte kann sich vor dem Revisionsgericht[334] zu der veränderten Rechtslage deshalb *tatsächlich* nicht äußern und es ist ihm verwehrt, neue Beweise anzutreten[335]. Demnach ist die Sache bei der beschriebenen Konstellation, also bei Fehlen des rechtlichen Hinweises, grundsätzlich an den Tatrichter zurückzuverweisen[336]. Gelangt das Revisionsgericht allerdings zu der Überzeugung, dem Angeklagten sei nach einer Zurückverweisung in tatsächlicher Hinsicht ohnehin keine andere Verteidigung möglich, so wird vom BGH in vielen Fällen – wie noch zu zeigen sein wird[337] – eine Schuldspruchänderung vorgenommen, ohne daß ein rechtlicher Hinweis nach § 265 Abs. 1 StPO erteilt worden wäre. Sogleich ist dann aber auch die Problematik anzusprechen, inwieweit für das Revisionsgericht eine völlige Sicherheit bestehen kann, neue bzw. andere Verteidigungsmöglichkeiten seien nicht zu erwarten. Gerade diese Wendung wird vom BGH – vielleicht gerade wegen der Schwierigkeit, bzgl. der fehlenden anderen Verteidigungsmöglichkeit, eine absolute Sicherheit zu erlangen – des öfteren etwas formelhaft und phantasielos verwendet[338]. Anders ausgedrückt: Außer dem bloßen Hinweis, daß eine andere Verteidigung nach einer Zurückverweisung nicht möglich sei, finden sich in manchen Fällen keine Hinweise, warum diese Auffassung des BGH zwingend sein soll. Festzuhalten bleibt, daß ein rechtlicher Hinweis nach § 265 StPO als Voraussetzung für eine eigene Sachentscheidung im Rahmen des Schuldspruchs angesehen werden muß. Die tatsächliche Handhabung mit der Voraussetzung des § 265 StPO durch den BGH wird – wie bereits erwähnt – näher im quantitativ-statistischen Teil dieser Arbeit beleuchtet[339].

---

[331] LR – *Hanack*, § 354, Rn. 19.

[332] LR – *Hanack*, § 354, Rn. 19.

[333] *Batereau*, Schuldspruchberichtigung, S. 41; *Bode*, Sachentscheidung, S. 18.

[334] Wenn überhaupt eine Revisionshauptverhandlung stattfindet, wird der Angeklagte oft weder anwesend noch vertreten sein. Siehe dazu *Wimmer*, MDR 1948, 71.

[335] *Bode*, Sachentscheidung, S. 18; LR – *Hanack*, § 354, Rn. 19.

[336] *Batereau*, Schuldspruchberichtigung, S. 41.

[337] Siehe unten E. VII. 2.

[338] *Sarstedt/Hamm*, Revision in Strafsachen, Rn. 1290.

[339] Siehe unten E. VII. 2.

d) Zusammenfassung und kritische Bewertung

Es läßt sich festhalten, daß die analoge Anwendung des § 354 Abs. 1 StPO im Bereich des Schuldspruchs mittlerweile jede nur denkbare Konstellation abdeckt. Stellt man die angesprochene „Vielfalt" der Variationen einer Schuldspruchänderung in den Vordergrund und vergleicht diese mit der gesetzlichen Regelung, so muß man feststellen, daß sich die richterrechtlich begründete normative Erweiterung des § 354 Abs. 1 StPO mit der restriktiven Gesetzeskonzeption nicht in Einklang bringen läßt. Legt man die durch § 354 Abs. 1 StPO ausdrücklich erfaßten Alternativen einer Schuldspruchänderung zugrunde, so zeigt sich, daß der tatgerichtlich festgesetzte Schuldspruch lediglich in den Fällen des „Freispruchs" und der Festsetzung einer „absolut bestimmten Strafe" (letztere als Reaktion auf die vorgenommene Änderung des Schuldspruchs) einer Abänderung zugänglich sein sollte. Nun wird allgemein aber nicht die quantitative Vielfalt der Variationsmöglichkeiten bei einer Schuldspruchänderung in den Vordergrund gestellt; vielmehr wird gerade umgekehrt argumentiert, daß eine solche Schuldspruchänderung zulässig sein müsse, da es sich hier lediglich um eine ausschnittsweise Änderung des tatgerichtlichen Urteils handele, während in den gesetzlich normierten Fällen des Freispruchs und des Absehens von Strafe sogar das gesamte Taturteil – sowohl im Hinblick auf den Schuldspruch, als auch bzgl. des Rechtsfolgenausspruchs – betroffen sei[340]. Abgesehen von den grundsätzlichen Bedenken, was die normativen Voraussetzungen einer Ausdehnung des Anwendungsbereiches angeht[341], fehlt es bei dieser Betrachtungsweise an einer Auseinandersetzung mit der vorgegebenen Gesetzeskonzeption, welche die Schuldspruchveränderung *gerade* (nur) in den Fällen einer *vollständigen* Neufassung des tatgerichtlichen Urteils zuläßt. Genauer formuliert müßte man sagen, daß der Gesetzgeber die eigene Sachentscheidung dann zuläßt, wenn zumindest die Möglichkeit des Eintritts vollständiger Rechtskraft besteht. Eine bloß teilweise Rechtskraft kann z. B. bei einem teilweisen Freispruch oder einer teilweisen Einstellung eintreten. Im Gegensatz dazu, kann bei einer Schuldspruchänderung von vornherein keine vollständige Rechtskraft entstehen, da ja der Rechtsfolgenausspruch stets dem veränderten Schuldspruch angepaßt werden muß. Daß die Revisionsgerichte tatsächlich mittlerweile auch diese Funktion übernehmen[342], kann an dieser Argumentation natürlich nichts ändern.

2. Die inhaltliche Bandbreite der analogen Anwendung von § 354 Abs. 1 StPO im Bereich der Rechtsfolgenänderung

Hat das Revisionsgericht eine Schuldspruchänderung in analoger Anwendung des § 354 Abs. 1 StPO vorgenommen, so muß natürlich die Rechtsfolge dem veränderten Schuldspruch angepaßt werden. Gemessen an „klassischen Revisionsprinzipien" ist die Strafzumessung Sache des Tatgerichts. Eine Rückverweisung der Sache an das Tatgericht zwecks Neufestsetzung des Rechtsfolgenausspruchs entspricht demnach

[340] Siehe statt aller LR – *Hanack*, § 354, Rn. 15.

[341] Siehe oben C. IV.

[342] Siehe dazu sogleich unter 2. b) und c).

der gesetzlich vorgesehenen Aufgabenverteilung zwischen Tat- und Revisionsgericht. In den folgenden Beispielsfällen wird diese Zurückverweisung nach erfolgter Schuldspruchänderung näher betrachtet. Dabei soll das Hauptaugenmerk auf die Ausführungen des BGH gelegt werden, mit der eine solche Zurückverweisung begründet wird. Dies geschieht nicht zuletzt deshalb, um eine Abgrenzung in den Fällen vornehmen zu können, in denen eine solche Rückverweisung nicht erfolgt, sondern vielmehr der Rechtsfolgenausspruch zusätzlich zur bereits vorgenommenen Schuldspruchänderung ebenfalls vom BGH unmittelbar selbst festgesetzt wird.

a) Zurückverweisung an das Tatgericht als der gesetzlich vorgesehene Regelfall

Fall 1:
Das Landgericht hatte den Angeklagten wegen sexueller Nötigung in Tateinheit mit vorsätzlicher Körperverletzung, wegen Raubes und wegen Diebstahls unter Einbeziehung von Vorverurteilungen zu einer Gesamtfreiheitsstrafe von acht Jahren und sechs Monaten verurteilt.

Zum tatsächlichen Geschehen: Der Angeklagte hatte dem Opfer in einer kurzen Pause einer mehraktigen sexuellen Nötigung Geld aus der Geldbörse entwendet und der Genötigten schließlich gewaltsam ein Silberkreuz vom Hals gerissen. Der BGH[343] änderte den Schuldspruch bzgl. der Konkurrenzen von Tatmehrheit in Tateinheit dahin, daß der Angeklagte nunmehr der tateinheitlich begangenen sexuellen Nötigung, der vorsätzlicher Körperverletzung, des Raubes und des Diebstahls schuldig ist. Er führt dazu aus:

> „Es kann dahin gestellt bleiben, ob die Taten schon deshalb tateinheitlich verwirklicht worden sind, weil der Angeklagte insgesamt unter Ausnützung einheitlicher, während des gesamten Tatgeschehens fortwirkender Gewaltanwendung und entsprechender Drohung handelte. Jedenfalls ist bei dem Tatgeschehen natürliche Handlungseinheit gegeben. Eine solche und damit nur eine Tat im Rechtssinne liegt vor, wenn zwischen einer Mehrheit strafrechtlich erheblicher Betätigungen ein derart unmittelbarer Zusammenhang besteht, daß sich das gesamte Handeln des Täters objektiv auch für einen Dritten als ein einheitliches zusammengehöriges Tun darstellt, und wenn die einzelnen Handlungen durch ein gemeinsames subjektives Element miteinander verbunden sind (st. Rspr.; BGHR StGB § 1 natürliche Handlungseinheit Entschluß, einheitlicher 3, 4, 6, 7, 8 jeweils m.w.N.). So liegt es hier. Das mehraktige Tatgeschehen ist von einem einheitlichen Willen getragen. Der enge räumliche und zeitliche Zusammenhang zwischen den Taten läßt die Annahme dreier selbständiger Straftaten als künstliche Aufspaltung eines einheitlichen Tatgeschehens erscheinen."

Im Hinblick auf die hier relevante Zurückverweisung bzgl. des Rechtsfolgenausspruchs bemerkt der Senat lediglich:

> „Die Änderung des Schuldspruchs führt zum Wegfall der vom Landgericht verhängten Einzelstrafen und zur Aufhebung der Gesamtstrafe."

Es werden also *keine* Ausführungen gemacht, *warum* eine Rückverweisung zu erfolgen hat. Solche sind aber auch nicht unbedingt zu erwarten, wenn man sich vor Augen führt, daß die Veränderung des Konkurrenzverhältnisses (Tatmehrheit in Tateinheit) bei wertender Betrachtung allein der §§ 52, 53 StGB nunmehr eine andere

---

[343] BGH, Beschl. v. 17.01.1997 - 2 StR 646/96.

Gewichtung des Rechtsfolgenausspruchs als logisch erscheinen läßt. Wenn § 52 Abs. 1 StGB von *einer* Strafe, § 53 Abs. 1 StGB dagegen von einer *Gesamtstrafe* spricht, so wäre eine Gleichbehandlung der Normen praktisch als eine Art „Vereinheitlichung der Konkurrenzen" zu betrachten. Die gesetzgeberische Wertung der „Privilegierung" *einer* Straftat im Gegensatz zur Verwirklichung *mehrerer* Straftaten wäre aufgehoben; dies kann auch ohne tiefgreifende dogmatische Betrachtungen festgestellt werden[344]. Der obige Fall entspricht also im Hinblick auf die revisionsgerichtliche Behandlung des Rechtsfolgenausspruchs bei einer Schuldspruchänderung durchaus den normativ vorgegebenen Erwartungen; insbesondere auch dann, wenn man die Zurückverweisung als den gesetzlichen Normalfall betrachtet. Im Gegenteil wäre eine bloße Übernahme des vom Landgericht festgesetzten Rechtsfolgenausspruchs seitens des BGH – legt man die generelle Wertung des § 354 Abs. 1 StPO zugrunde – systemfremd, denn eine eigene Sachentscheidung soll doch grundsätzlich nur dann durch das Revisionsgericht erfolgen, wenn dem Tatgericht bei einer Zurückverweisung keinerlei eigene Entscheidungsmöglichkeiten verbleiben. Davon kann aber bei einer Änderung des Konkurrenzverhältnisses von Tatmehrheit in Tateinheit schwerlich die Rede sein[345]. So ist es auch nicht verwunderlich, daß das Reichsgericht bei der beschriebenen Konstellation der Konkurrenzänderung stets die Sache bzgl. des Rechtsfolgenausspruchs aufhob und zur Neufestsetzung des Strafausspruches an das Landgericht zurückverwies[346]. Besonders beachtenswert ist dabei eine Entscheidung des Reichsgerichts[347], in der es unter ausdrücklichem Hinweis auf die Unterschiede von Tatmehrheit und Tateinheit ein Urteil aufhob und die Sache zurückverwies, obwohl der Tatrichter dargelegt hatte, daß er dieselbe Strafe auch bei einem anderen Konkurrenzverhältnis ausgesprochen hätte. Das Reichsgericht führt insoweit aus:

> „Zu beanstanden und zu Unrecht auf das RGUrt. v. 19. März 1935 ... gestützt ist die Erklärung des LG., es würde auch dann zur Strafe von dreizehn Jahren Zuchthaus und zu dem Gesamtbetrage der Geldstrafen gekommen sein, wenn ein anderes rechtliches Verhältnis zwischen den einzelnen Straftaten vorläge, etwa das Vergehen gegen den § 14 Abs. 1 als straflose Nachtat gegenüber dem gegen den § 36 Abs. 1 Nr. 7 aufzufassen wäre. Die Strafe muß dem Gesamtverhalten des Angeklagten entsprechen, wie es tatsächlich festgestellt und rechtlich beurteilt worden ist. Sie ist

---

[344] Eine Zurückverweisung an das Tatgericht bei einer Änderung des Konkurrenzverhältnisses von Tatmehrheit in Tateinheit hält auch *Schmitt* (ZStW 75, 204) für zwingend, „weil de lege lata für Ideal- und Realkonkurrenz verschiedene Strafbildungsmethoden und vor allem verschiedene Strafrahmen vorgesehen sind". Siehe aber im Gegensatz dazu *Kalf*, NStZ 1997, 67, der davon ausgeht, daß beim Wechsel von Tatmehrheit zur Tateinheit das angefochtene Urteil häufig wird bestehen bleiben können. Ihm im Ergebnis zustimmend *Basdorf*, NStZ 1997, 423, der davon ausgeht, das auch ohne die Institution einer Einheitsstrafe der rechtstechnischen Bestimmung, in welchem Verhältnis die mehrfache Erfüllung von Straftatbeständen durch ein und denselben Täter zueinander steht, unter Schuldgesichtspunkten keine maßgebliche Bedeutung zukommen dürfe.

[345] Auch *Bode*, Sachentscheidung, S. 43, geht wie selbstverständlich davon aus, daß die Sache, wenn das Revisionsgericht den Schuldspruch von Real- in Idealkonkurrenz ändert, im Strafausspruch aufgehoben und zurückverwiesen werden muß, damit der Vorderrichter an Stelle der verhängten Gesamtstrafe auf eine Strafe erkennen kann. Ebenso *Lüttger*, DRZ 1950, 350, der zu recht hervorhebt, daß dem Revisionsgericht selbst dann die Festsetzung einer Einheitsstrafe verwehrt ist, wenn es die bisherige Strafhöhe für angemessen hält.

[346] *Steinmetz,* Sachentscheidungskompetenzen, S. 282 (mit entsprechenden Nachweisen in Fn. 911); Scheffler, NStZ 1992, 297.

[347] RGSt 70, 400 (403).

bei Tatmehrheit nach anderen Grundsätzen festzusetzen als bei Gesetzeseinheit, Tateinheit, natürlicher Handlungseinheit oder Fortsetzungszusammenhang; sie wird daher bei der einen Art des Zusammentreffens nicht ohne weiteres in derselben Höhe als angemessen angesehen werden können wie bei der anderen. Es wird auch regelmäßig nicht mit der erforderlichen Sicherheit beurteilt werden können, ob die Strafe für eine Tat, die nicht festgestellt ist, oder für den Fall angemessen ist, daß die rechtlich anders als geschehen zu beurteilen wäre. Aus solchen Erwägungen hat das RG. schon wiederholt grundsätzliche Bedenken gegen ähnliche Aussprüche bei der Straffestsetzung erhoben (...)."

Fall 2:
Das Landgericht hatte die Angeklagten jeweils des Raubes für schuldig befunden und sie (bei einem Angeklagten unter Einbeziehung rechtskräftig verhängter Geldstrafen) zu einer Gesamtfreiheitsstrafe bzw. zu einer Freiheitsstrafe verurteilt. Der BGH[348] geht zunächst auf die vom Tatgericht getroffenen Feststellungen ein:

„Nach den rechtsfehlerfrei getroffenen Feststellungen ist der Geschädigte auf dem Dortmunder Bahnhofsvorplatz von einer aus den Angeklagten und drei unbekannt gebliebenen Personen bestehenden Gruppe zur Herausgabe von Geld aufgefordert worden, ohne daß ein Anspruch darauf bestand. Da er hierzu nicht bereit war, wurde er von einigen der Täter festgehalten, während ihm die übrigen gewaltsam seine Lederjacke sowie seine darin befindliche Geldbörse mit etwa 350 DM und seine Armbanduhr wegnahmen."

Der BGH bemängelt die tatgerichtlichen Feststellungen zur subjektiven Tatseite:

„Die Strafkammer hat nicht festgestellt, daß sich die Angeklagten deswegen an der Tatausführung beteiligt haben, weil sie einen Beuteanteil erstrebten".

Aufgrund dessen geht der Senat von einer bloßen Beihilfe aus:

„Daher hat die Verurteilung der Angeklagten wegen mittäterschaftlich begangenen Raubes keinen Bestand. Mittäter eines Raubes kann nur sein, wer selbst Zueignungsabsicht hat; es genügt nicht, daß die anderen Tatgenossen von dieser Absicht geleitet werden (BGH NStZ 1994, 29, 30; vgl. auch Dreher/Tröndle StGB 47. Aufl. § 249 Rdn. 8 m.w.N.). Der Senat schließt aus, daß in einer neuen Verhandlung weitere Feststellungen zur subjektiven Tatseite getroffen werden können, zumal die Angeklagten jede Tatbeteiligung bestreiten. Da somit nicht festgestellt werden kann, ob die Angeklagten mit Täter- oder nur mit Gehilfenvorsatz gehandelt haben, kommt in entsprechender Anwendung des Grundsatzes 'im Zweifel für den Angeklagten' lediglich eine Verurteilung wegen Beihilfe zum Raub in Betracht (vgl. BGHSt 23, 203, 207)."

Die Auswirkung der vorgenommenen Schuldspruchänderungen auf die Strafaussprüche werden vom Senat kurz und knapp in einem Satz festgestellt:

„Die Änderung der Schuldsprüche hat die Aufhebung der Strafaussprüche zur Folge."

Ebenso wie bei der Änderung des Konkurrenzverhältnisses von Tatmehrheit in Tateinheit[349] stellt die Zurückverweisung an das Tatgericht bzgl. der Neufestsetzung des Rechtsfolgenausspruchs bei der Änderung des Schuldspruches von Täterschaft in Beihilfe keine Überraschung dar, ist doch allein schon die fakultative Strafmilderung des § 27 Abs. 2 StGB i. V. m. § 49 Abs. 1 StGB Grund genug, eine Beibehaltung des tatrichterlichen Strafausspruchs zumindest als außergewöhnlich, da nicht mit

---

[348] BGH, StV 1996, 482 (= Beschl. v. 04.01.1996 - 4 StR 707/95).

[349] Siehe oben Fall 1.

den gesetzlichen Wertungen der Täterschaft/Beihilfe–Regelungen übereinstimmend, anzusehen. Diese Konstellation entspricht also durchaus der bei der Änderung des Konkurrenzverhältnisses von Tatmehrheit in Tateinheit.
Die beschriebene Zurückverweisung der Sache bzgl. des Rechtsfolgenausspruchs an das Tatgericht bei erfolgter Schuldspruchänderung ist nun aber längst nicht mehr als obligatorisch anzusehen. Eigene Sachentscheidungen findet man heute nämlich nicht nur im Bereich des Schuldspruchs, sondern auch im Bereich der Rechtsfolge. Das Revisionsgericht führt also insoweit eigenständig Rechtskraft herbei. Ebenso wie bei einer Schuldspruchänderung lassen sich auch bei der eigenen revisionsgerichtlichen Straffestsetzung alle überhaupt in Betracht kommenden Konstellationen beobachten. Zum einen wird der vom Tatgericht angenommene Rechtsfolgenausspruch auch nach erfolgter Schuldspruchänderung inhaltlich nicht modifiziert, sondern aufrechterhalten; es fehlt also insoweit an einer Zurückverweisung. Zum anderen wird der vom Tatgericht festgesetzte Rechtsfolgenausspruch vom BGH selbst neu festgelegt. Hier lassen sich noch weitere Unterscheidungen treffen, je nachdem, ob es sich um eine Reaktion auf eine vorgenommene Schuldspruchänderung handelt, oder aber die Strafzumessung *allein* neu bestimmt wird.

b) Übernahme des vom Tatgericht festgesetzten Rechtsfolgenausspruchs nach erfolgter Schuldspruchänderung

Eine mögliche Variante der eigenen revisionsgerichtlichen Sachentscheidung im Bereich der Straffestsetzung ist die, daß das Revisionsgericht den tatrichterlichen Strafzumessungsausspruch aufrechterhält, obwohl es eine Schuldspruchänderung vorgenommen hat. Im folgenden werden nun Judikate vorgestellt, in denen – ebenso wie bei den zuvor unter dem Oberpunkt „Zurückverweisung" angeführten Entscheidungen – aufgrund dieser Schuldspruchänderungen eine Änderung des Konkurrenzverhältnisses von Tatmehrheit in Tateinheit vorgenommen und eine Deliktsauswechselung vorgenommen wurde.

aa) Fallbeispiele

Fall 1:
Das Landgericht hatte den Angeklagten wegen Totschlags und wegen Diebstahls zu einer Gesamtfreiheitsstrafe von 13 Jahren und sechs Monaten verurteilt. Hinsichtlich des tatsächlichen Geschehens war das Tatgericht zugunsten des Angeklagten davon ausgegangen, daß die Gewaltanwendung gegen das getötete Opfer nicht auch der Wegnahme der Geldbörse diente (also lediglich Diebstahl anstatt Raub gegeben war). Der BGH[350] führt hinsichtlich der Schuldspruchänderung aus:

> „Bei der Beantwortung der Frage, in welchem Verhältnis die Tötung des Opfers und der Diebstahl der Geldbörse zueinander stehen, durfte es nicht von Tatmehrheit, sondern mußte – wiederum unter Anwendung des Zweifelssatzes – zu Gunsten des Angeklagten von dem diesem günstigeren Konkurrenzverhältnis der Tateinheit ausgehen (vgl. BGH NStZ 1983, 364 f.; BGHR StGB § 52 I in dubio pro reo 1, 2 und 4)."

---

[350] BGH, Beschl. v. 19.04.95 - 3 StR 89/95.

Hinzuweisen ist darauf, daß der BGH hier bzgl. des Konkurrenzverhältnisses den Zweifelssatz in den Vordergrund rückt und ausdrücklich hervorhebt, daß die nunmehrige Beurteilung der Konkurrenzen für den Angeklagten im Vergleich zur tatrichterlichen Wertung günstiger sei. Um so erstaunlicher ist vor diesem Hintergrund die Tatsache, daß der Rechtsfolgenausspruch des Landgerichts vom BGH dennoch ohne weiteres übernommen wurde. Der BGH führt aus:

> „Die Änderung des Schuldspruchs führt nicht zur Aufhebung des Strafausspruchs ..., da die Annahme von Tateinheit statt Tatmehrheit den Unrechts– und Schuldgehalt der Tat nicht berührt. Die vom Landgericht festgesetzte Gesamtstrafe kann als Einzelstrafe bestehen bleiben; der Senat kann ausschließen, daß das Landgericht bei Zugrundelegung des rechtlich zutreffenden Konkurrenzverhältnisses auf eine niedrigere Strafe als die verhängte Gesamtfreiheitsstrafe erkannt hätte."

Im Ergebnis brachte hier also die Anwendung des Rechtssatzes „in dubio pro reo" dem Angeklagten tatsächlich keinen Vorteil. Die vom BGH herausgestellte Vergünstigung durch die Anwendung des § 52 StGB statt § 53 StGB läuft dementsprechend leer. Im Grunde genommen werden dadurch die oben beschriebenen Unterschiede zwischen Tatmehrheit und Tateinheit verwässert, wenn nicht gar aufgehoben. Es erscheint zumindest bedenklich, wenn in den dargelegten Fällen eine Gesamtstrafe ohne weiteres in eine „einfache Strafe" umgewandelt wird[351]. Naturgemäß muß deshalb die – daran anschließende – Frage erlaubt sein, welchen Sinn die „Unterteilung der Konkurrenzen" in zwei Kategorien haben soll, wenn sich diese Unterscheidung im Ergebnis, nämlich in der Rechtsfolge, nicht auswirkt? Im Ergebnis ist die Sache auf dem Boden einer vom Gesetz nicht vorgesehenen Einheitsstrafe entschieden worden.

Fall 2:
Das Tatgericht hatte den Angeklagten wegen bandenmäßigen Handeltreibens mit Betäubungsmitteln in nicht geringer Menge in Tateinheit mit unerlaubtem Besitz von Betäubungsmitteln in nicht geringer Menge zu einer Jugendstrafe von einem Jahr und zehn Monaten verurteilt und die Strafvollstreckung zur Bewährung ausgesetzt. Der erkennende Senat[352] geht in seiner rechtlichen Beurteilung davon aus, daß lediglich eine Verurteilung wegen Beihilfe zum bandenmäßigen Handeltreiben mit Betäubungsmitteln in nicht geringer Menge (in Tateinheit mit unerlaubtem Besitz von Betäubungsmitteln in nicht geringer Menge) gegeben sei:

> „Täter oder Mittäter des Handeltreibens mit Betäubungsmitteln kann nur sein, wer selbst eigennützig handelt. Dies hat das Landgericht nicht festgestellt. Die Feststellungen tragen lediglich eine Verurteilung wegen Beihilfe zum bandenmäßigen Handeltreiben mit Betäubungsmitteln in nicht geringer Menge in Tateinheit mit unerlaubtem Besitz von Betäubungsmitteln in nicht geringer Menge."

Interessant ist nun die Beurteilung des Senats, was die Auswirkung der vorgenommenen Schuldspruchänderung auf den Strafausspruch anbelangt. Eine Auswirkung

---

[351] Ähnlich *Steinmetz,* Sachentscheidungskompetenzen, S. 320.

[352] BGH, Beschl. v. 26.11.1997 - 2 StR 577/97.

auf den Rechtsfolgenausspruch läßt sich nämlich nach Ansicht des BGH nicht feststellen. Er führt dazu aus:

> „Der Senat hat den Schuldspruch entsprechend geändert. Der Strafausspruch wird davon nicht berührt. Es kann ausgeschlossen werden, daß die Jugendkammer bei richtiger Bewertung der Tat eine noch niedrigere Jugendstrafe als die von einem Jahr und zehn Monaten mit Bewährung verhängt hätte."

Obwohl hier also der Schuldspruch von Täterschaft in Beihilfe geändert wurde, hatte dieses wiederum keinerlei Auswirkung auf die Rechtsfolge. Wenn der BGH meint, eine „noch niedrigere Strafe" sei bei einer Zurückverweisung an das Tatgericht ausgeschlossen, so heißt das nichts anderes, als das Täterschaft und Beihilfe hier pauschal gleich behandelt werden; die „Stufen der Teilnahmeformen" verschwimmen und werden gleich einem Einheitstäterbild (wie im Ordnungswidrigkeitenrecht) vereinheitlicht.

bb) Vergleichende Betrachtung

Vergleicht man die oben dargelegten Fälle bzgl. des Rechtsfolgenausspruchs, bleiben Fragen offen, die sich im Hinblick auf die insoweit jeweils unterschiedliche Behandlung durch den BGH stellen. Wieso führt die Änderung der Konkurrenzen einmal ohne weiteres zu einer Rückverweisung, ein anderes Mal aber zur Übernahme des bereits tatrichterlich festgesetzten Strafausspruchs?

Eine Begründung (genauer: den Versuch einer Begründung) für eine solche Ungleichbehandlung liefert der BGH, wenn er davon ausgeht, daß es ausgeschlossen erscheint, daß bei einer Zurückverweisung auf eine niedrigere Strafe erkannt wird als die jetzt bestehende. Der Schuld- und Unrechtsgehalt der Tat sei ja durch die vom Landgericht abweichende rechtliche Beurteilung der Konkurrenzen nicht berührt. Handelt es sich dabei aber tatsächlich um eine tragfähige Begründung? Es ist nicht einsichtig, wieso im ersten Fall der Unrechts- und Schuldgehalt der Tat – im Gegensatz zur zweiten Entscheidung – durch die Konkurrenzänderung beeinflußt worden sein soll. Als Ansatzpunkt für eine Neubewertung des Unrechts- und Schuldgehalts kommt doch vielmehr *nur* die vorgenommene Schuldspruchänderung, also die Veränderung der Konkurrenzen, in Frage. Folgerichtig geht der BGH denn auch in der zweiten angeführten Entscheidung davon aus, daß der Unrechts- und Schuldgehalt der Tat *durch* die Annahme von Tateinheit statt Tatmehrheit nicht berührt sei. Die gleiche Grundlage für eine mögliche Neubewertung der Tat führt also zu unterschiedlichen Ergebnissen. Es drängt sich daher die Vermutung auf, daß die Behauptung des „gleichbleibenden Schuld- und Unrechtsgehalts" und dem damit einhergehenden Ausschluß einer anderen als der bereits vorgenommenen tatrichterlichen Straffestsetzung gleichsam formelhaft eingesetzt wird, um eine Zurückverweisung zu vermeiden[353].

Stellt man die Beispielsfälle bzgl. der vorgenommenen Deliktsauswechselung gegenüber, so sind die Unterschiede im Hinblick auf die Behandlung der Straffestsetzung ebenfalls nicht unbedingt auf Anhieb nachvollziehbar. Einmal führte die Änderung der Teilnahmeform ohne weiteres zur Zurückverweisung der Sache an das

---

[353] Siehe auch *Sarstedt/Hamm*, Revision in Strafsachen, Rn. 1291.

Landgericht, damit dieses eine neue Rechtsfolgenbestimmung vornehmen kann. In einem inhaltlich vergleichbaren Fall hatte die vorgenommene Änderung der Teilnahmeform dagegen keinen Einfluß auf das Strafmaß, wobei sogar keinerlei konkrete Begründung erfolgte, warum ein solcher Einfluß zu verneinen sei. Woher nimmt der erkennende Senat in einem Fall die Gewißheit, daß der Tatrichter eine von der „alten Strafe" abweichende Rechtsfolgenbestimmung, in einem anderen Fall jedoch keinesfalls eine andere als die bereits bestehende Straffestsetzung vornehmen wird? Hier kann nur die Vermutung angestellt werden, daß eben bestimmte Verfahren im Gegensatz zu anderen zum Abschluß gebracht werden sollen. Jedenfalls kann aber schon jetzt der Schluß gezogen werden, daß es zumindest keine inhaltlichen Unterscheidungskriterien gibt, die eine unterschiedliche Behandlung (zum einen eine Zurückverweisung, zum anderen Eintritt der Rechtskraft) nachvollziehbar erscheinen lassen[354].

c) Selbständige Neufestsetzung des Rechtsfolgenausspruchs durch das Revisionsgericht

Wie gezeigt, wird die Vorschrift des § 354 Abs. 1 StPO vom BGH herangezogen, um den tatrichterlichen Rechtsfolgenausspruch zu halten. Nun finden sich darüber hinaus aber auch Judikate, in denen der tatrichterlich festgesetzte Rechtsfolgenausspruch vom BGH nach einer Schuldspruchänderung selbst *verändert* wurde.

aa) Änderung des Rechtsfolgenausspruchs nach einer Schuldspruchänderung

Nimmt das Revisionsgericht eine Änderung des Schuldspruchs vor, so finden sich sowohl eigenständige Rechtsfolgenfestsetzungen, die als Reaktion auf eine direkte Anwendung von § 354 Abs. 1 StPO anzusehen, als auch Judikate, die aufgrund einer analogen Anwendung der Norm ergangen sind.

(1) Änderung des Rechtsfolgenausspruchs nach einer Schuldspruchänderung aufgrund § 354 Abs. 1 StPO direkt

Ändert das Revisionsgericht den tatrichterlichen Schuldspruch in einen vollständigen Freispruch um, so ist diese Neufestsetzung des Rechtsfolgenausspruchs – wenn man denn hier überhaupt davon sprechen will – bereits durch die Norm des § 354 Abs. 1 StPO gedeckt und deshalb als unproblematisch einzustufen. Dasselbe gilt entsprechend für die Festlegung der „absolut bestimmten Strafe" in den Fällen von § 211 StGB und § 220 a Abs. 1 Nr. 1 StGB. In einer Entscheidung[355] hat der BGH aber alle in Tatmehrheit stehenden Delikte – bis auf eines – im Wege des Teilfreispruchs nach § 354 Abs. 1 Alt. 1 StPO bzw. der Einstellung nach § 154 Abs. 2 StPO gestrichen und die vom Tatgericht für das übriggebliebene Delikt festgesetzte Einzelstrafe übernommen und als nunmehrige alleinige Strafe aufrechterhalten. Dieses Vorgehen erscheint auf den ersten Blick unbedenklich, da die Situation, bei der bereits ein tatrichterlicher Strafausspruch für eine konkrete Tat vorliegt, vergleichbar ist

---

[354] *Fezer*, Pragmatismus und Formalismus, S. 340, führt im Hinblick auf den einzelfallbezogenen Prüfungsmechanismus aus: „Die Revisionsgerichte haben ... ein Instrumentarium geschaffen, das ihnen eine rügeunabhängige, an keine formalen Schranken gebundene, völlig einzelfallbezogene Beurteilung der tatsächlichen Urteilsgrundlagen ermöglicht."

[355] BGH, Beschl. v. 05.08.1998 - 5 StR 503/96.

mit der „absolut bestimmten Strafe" gem. § 354 Abs. 1 Alt. 3 StPO[356]. Die bereits vorliegende tatrichterliche Straffestsetzung wird dabei eben als solch eine absolut bestimmte Strafe angesehen, so daß für das Revisionsgericht kein Entscheidungsspielraum mehr besteht. Ausnahmsweise scheint hier also ein sicherer Schluß auf den Willen des Vorderrichters hinsichtlich der Strafzumessung möglich. Diese Argumentation greift jedoch zu kurz. Es ist nämlich zu beachten, daß der Tatrichter die maßgebliche Einzelstrafe unter dem Einfluß auch der – nunmehr weggefallenen – realkonkurrierenden Delikte festgesetzt haben könnte. Es besteht also immerhin – und das ist entscheidend – die Möglichkeit, daß die Festsetzung der Einzelstrafe durch die realkonkurrierenden Delikte nachteilig (für den Angeklagten) beeinflußt war[357].

(2) Änderung des Rechtsfolgenausspruchs nach einer Schuldspruchänderung aufgrund § 354 Abs. 1 StPO analog

Es lassen sich auch Judikate des BGH finden, in denen der erkennende Senat aufgrund einer vorangegangenen Schuldspruchänderung, welche auf die analoge Anwendung von § 354 Abs. 1 StPO gestützt war, selbst den Rechtsfolgenausspruch neu festsetzt; also eine eigenständige Anpassung an den neuen Schuldspruch vornimmt. Dies erscheint natürlich problematisch, greift der BGH doch in den Aufgabenbereich des Tatrichters ein. Daß dies nicht der gesetzlichen Konzeption entspricht, wurde schon dargelegt[358]. Nun ist aber zu konstatieren, daß der Rechtsfolgenausspruch bereits in hohem Maße – zumindest in tatsächlicher Hinsicht – dem revisionsgerichtlichen Zugriff unterliegt[359]. Erinnert sei z. B. nur an die sog. Darstellungsrüge[360]. Hierbei ist aber zu berücksichtigen, daß getrennt werden muß zwischen der bloßen Überprüfung des tatrichterlich festgesetzten Rechtsfolgenausspruchs und der eigenen Strafzumessung durch das Revisionsgericht. Eine eigene Strafzumessung bringt zwangsläufig eine Ermessensausübung mit sich, welche von § 354 Abs. 1 StPO eben grundsätzlich nicht gedeckt ist. Stellt man den Einwand zurück, es handele sich in den dargestellten Fällen gar nicht um eine eigene revisionsgerichtliche Entscheidung, sondern vielmehr um eine Art nachträglicher tatrichterlicher Strafzumessung, welche lediglich vom Revisionsgericht nachvollzogen werde[361], so bleibt doch im tatsächlichen Bereich unklar, wieso das Revisionsgericht in manchen Fällen bzgl. der Neufestsetzung des Rechtsfolgenausspruchs eine Rückverweisung vornimmt, während in anderen Fällen insoweit eine eigene Entscheidung getroffen wird mit dem Hinweis, eine andere Entscheidung sei auch vom Tatgericht nicht zu erwarten bzw. zu erwarten gewesen.

In einem Fall hatte das Landgericht den Angeklagten wegen versuchten schweren Raubes und versuchter schwerer räuberischer Erpressung in Tateinheit mit Geisel-

---

[356] *Bode*, Sachentscheidung, S. 35; *Lüttger*, DRZ 1950, 350.

[357] Ebenso *Batereau*, Schuldspruchberichtigung, S. 87; *Sarstedt*, JR 1959, 199.

[358] Siehe dazu unter B. I.

[359] *Steinmetz*, Sachentscheidungskompetenzen, S. 326.

[360] Dazu oben unter D. I. 1.b).

[361] Dazu unter D. III. 3.

nahme zu einer Gesamtfreiheitsstrafe von fünf Jahren und sechs Monaten verurteilt. Auf die Revision des Angeklagten änderte der BGH[362] den Schuldspruch dahin, daß der Angeklagte des erpresserischen Menschenraubs in Tateinheit mit schwerer räuberischer Erpressung schuldig ist. Den Strafausspruch änderte der Senat unter Wegfall der Einzelstrafen und der Gesamtstrafe in eine Freiheitsstrafe von fünf Jahren und sechs Monaten. Er führt dazu aus:

> „Die Änderung des Schuldspruchs führt zum Wegfall der Einzelstrafen (von drei Jahren und vier Jahren und sechs Monaten) und der Gesamtfreiheitsstrafe. In entsprechender Anwendung des § 354 Abs. 1 StPO kann der Senat die Strafe für die einheitliche Tat selbst festsetzen. In Übereinstimmung mit der Auffassung des Generalbundesanwalts ist davon auszugehen, daß der Tatrichter bei zutreffender rechtlicher Bewertung keine andere als die nunmehr festgesetzte Freiheitsstrafe verhängt hätte."

Die vom Senat bestimmte Strafe wird also ohne weiteres als einzig richtige klassifiziert. Jedes Untergericht hätte bei fehlerfreier Rechtsanwendung eben diese und keine andere Strafzumessung vornehmen dürfen. Allerdings bleibt einmal mehr unklar, warum dies der Fall sein soll. Mit anderen Worten: Woher nimmt der Senat die erforderliche Sicherheit, um ausschließen zu können, daß gerade diese Strafe als einzig richtige hier in Betracht kommt?

In einem anderen Fall hatte das Landgericht den Angeklagten u. a. wegen Verstoßes gegen das Waffengesetz zu einer Gesamtfreiheitsstrafe von zwei Jahren und zwei Monaten verurteilt. Auf die Revision des Angeklagten änderte der BGH[363] den Schuldspruch bzgl. zweier abgeurteilter Taten von Tatmehrheit in Tateinheit. Der erkennende Senat setzte eine vom Landgericht angenommene Einzelstrafe von zwei Jahren als neue Strafe fest. Er führt dazu aus:

> „Die Änderung des Schuldspruchs führt zum Wegfall der Gesamtstrafe sowie der im Fall II 1 der Urteilsgründe verhängten Geldstrafe von 120 Tagessätzen zu je 10 DM. Auf den hilfsweise gestellten Antrag des Generalbundesanwalts setzt der Senat in entsprechender Anwendung des § 354 Abs. 1 StPO die im Fall II 2 der Urteilsgründe verhängte Einzelstrafe von zwei Jahren Freiheitsstrafe als Strafe für die einheitliche Tat fest. Was diese Strafe angeht, hat bereits das Landgericht (UA S. 12) rechtsfehlerfrei ausgeführt, daß Strafaussetzung zur Bewährung auch bei Absehen von der Bildung einer Gesamtfreiheitsstrafe ausscheidet, weil die in § 56 Abs. 1 und 2 StGB genannten Voraussetzungen nicht vorliegen."

Auch hier wird nicht deutlich, warum nur diese Straffestsetzung als einzig richtige in Frage kommen soll. Zusammenfassend läßt sich feststellen, daß nicht immer ohne weiteres ersichtlich wird, warum gerade der jeweils vom erkennenden Senat festgesetzte Rechtsfolgenausspruch als einziger im konkreten Fall in Betracht kommt. Zumindest kann allein mit Hilfe der jeweils vom erkennenden Senat gegebenen Ausführungen insoweit keine hinreichend zufriedenstellende Antwort gegeben werden. Vielmehr entsteht – einmal mehr – der Eindruck, daß in bestimmten Fällen Rechtskraft herbeigeführt werden soll, während dies in anderen Entscheidungen (die eine Zurückverweisung bzgl. der Rechtsfolge zum Inhalt haben) offensichtlich nicht als ebenso dringlich empfunden wird. Insoweit besteht also kein Unterschied zu den Entscheidungen, in denen der Rechtsfolgenausspruch nach einer Schuldspruchän-

---

[362] BGH, Beschl. v. 04.07.1997 - 2 StR 278/97.

[363] BGH, Beschl. v. 23.09.1997 - 1 StR 516/96.

derung lediglich beibehalten wurde. Beide Fallgruppen zeichnen sich im Ergebnis dadurch aus, daß bestimmte Urteile trotz Vorliegens von Rechtsfehlern rechtskräftig werden, indem das Revisionsgericht eine eigene Sachentscheidung bzgl. des Rechtsfolgenausspruchs vornimmt, andere Urteile dagegen insoweit ohne weiteres zurückverwiesen werden. „Paßt" die vom Tatgericht festgelegte Rechtsfolge nach Ansicht des BGH nicht mehr zum veränderten Schuldspruch, bleibt es nicht bei der Beibehaltung derselben, sondern es erfolgt sozusagen eine „Neuanpassung". Interessant erscheint es natürlich in tatsächlicher Hinsicht, nicht nur herauszufinden, wie sich das Verhältnis zwischen Schuldspruchänderung und Rechtskraft darstellt; vielmehr ist auch von Bedeutung, Entscheidungskriterien zu finden, die eine Zurückverweisung nahelegen bzw. eher unwahrscheinlich machen. Konkret: Worauf kommt es bei einer vom Revisionsgericht forcierten Verfahrensbeschleunigung an? Darauf wird im quantitativ-statistischen Teil zurückzukommen sein[364].

bb) Änderungen des Rechtsfolgenausspruchs ohne vorherige Schuldspruchänderung

Nicht selten wird der Rechtsfolgenausspruch vom Revisionsgericht selbständig geändert, ohne daß zuvor eine Änderung des Schuldspruches vorgenommen wurde[365]. Inhaltlich lassen sich verschiedene Variationen einer solchen Rechtsfolgenänderung beobachten. Will man eine Unterteilung in zwei Hauptkategorien vornehmen, so stehen auf der einen Seite Entscheidungen, in denen vom Tatgericht angeordnete Maßregeln der Besserung und Sicherung (§§ 61 ff. StGB) bzw. sonstige Maßnahmen (Verfall und Einziehung gem. §§ 73 ff. StGB) aufgehoben bzw. modifiziert wurden. Auf der anderen Seite stehen Judikate, in denen der Strafausspruch als solcher neu bestimmt, also z. B. eine Freiheitsstrafe ermäßigt wurde. Abschließend sei noch auf Fälle hingewiesen, wo die Vollstreckung der vom Tatgericht verhängten Freiheitsstrafe vom BGH zur Bewährung ausgesetzt wurde. Die konkreten Varianten einer schuldspruchunabhängigen Rechtsfolgenänderung sollen im folgenden näher vorgestellt werden.

(1) Aussetzung der Strafvollstreckung zur Bewährung

Nimmt das Tatgericht zu Unrecht an, die Voraussetzungen einer Strafaussetzung zur Bewährung (§ 56 StGB) seien nicht gegeben, so setzt der BGH des öfteren die Strafvollstreckung selbst zur Bewährung aus. Hinsichtlich der für eine revisionsgerichtliche Entscheidung grundsätzlich problematischen Ermessensausübung ist zu beachten, daß ein Ermessen bzgl. einer Strafaussetzung bei einem Fall des § 56 Abs. 1 StGB (Freiheitsstrafe von nicht mehr als einem Jahr) nicht gegeben ist. Ist die Sozialprognose für den Angeklagten günstig, so *ist* die Strafe zur Bewährung auszusetzen. § 56 Abs. 2 StGB ist allerdings im Gegensatz dazu als sog. „Kann-Vorschrift" ausgestaltet. Es ist eine Gesamtwürdigung von Tat und Persönlichkeit des Verurteilten vorzunehmen (§ 56 Abs. 2 S. 1 StGB), und zu fragen, ob aufgrund dessen besondere Umstände vorliegen, die eine Strafaussetzung rechtfertigen. Die Prüfung dieser Voraussetzungen ist Aufgabe des Tatrichters und damit grundsätzlich

---

364 Siehe unter E. VI. 2. c).

365 Siehe dazu unter E. IV. 2. c).

einer revisionsgerichtlichen Prüfung nur begrenzt zugänglich[366]. So stellt der BGH[367] denn auch selber fest, „daß die Entscheidung über die Strafaussetzung zur Bewährung grundsätzlich Sache des Tatgerichts sei". Allerdings ist zu beachten, daß der Tatrichter im Gegensatz zu der Entscheidung über die Strafzumessung (§ 267 Abs. 3 S. 1 StPO) nicht nur die bestimmenden Umstände im Urteil anzuführen, sondern gem. § 267 Abs. 3 S. 4 StPO die „gesamten" Gründe darzulegen hat, die eine Strafaussetzung zur Bewährung zur Folge haben bzw. eine solche Strafaussetzung nicht zulassen[368]. Bloße formelhafte Wendungen reichen nicht aus, um eine Strafaussetzung zu begründen; vielmehr ist stets eine konkrete Darlegung anzuführen, warum eine Strafaussetzung (nicht) gewährt wurde; es sei denn, das Vorliegen der „besonderen Umstände" i. S. d. § 56 Abs. 2 StPO ist offensichtlich zu verneinen[369]. Insoweit ist die in Rede stehende Entscheidung des Tatrichters über die Strafaussetzung also durchaus vom Revisionsgericht nachvollziehbar. Somit ist es in der Lage, die evtl. Fehlerhaftigkeit der Entscheidung festzustellen. Will das Revisionsgericht sich im Hinblick auf die Ermessensentscheidung bzgl. der Strafaussetzung aber nicht an die Stelle des Tatrichters setzen – indem es eine *eigene* Ermessensentscheidung trifft –, so ist die Zurückverweisung die zwangsläufige Folge[370]. Etwas anderes kann nur gelten, wenn das Ermessen derart reduziert ist, daß lediglich eine Entscheidung rechtsfehlerfrei, jede andere Entscheidung also ermessensfehlerhaft wäre[371]. So stützt denn auch der BGH seine diesbezügliche Kompetenz zur eigenen Entscheidung über die Strafaussetzung zur Bewährung stets darauf, daß eine andere Entscheidung nicht in Betracht komme und eine eigene Entscheidung aufgrund der vollständigen tatrichterlichen Feststellungen möglich sei. Hier ist wieder auf die durch § 267 Abs. 3 S. 4 StPO normierte umfassende Begründungsverpflichtung des Tatrichters zurückzukommen, die es dem Revisionsgericht zumindest gestattet, eine Entscheidung darüber zu treffen, ob im Hinblick auf die „Bewährungsfrage" lediglich eine bestimmte Entscheidung in Frage kommt oder nicht. Es handelt sich also nicht um eine quantitative Abwägung, sondern um eine Frage, die entweder positiv oder negativ zu beantworten ist[372]. So hat der BGH z. B. in einer Entscheidung[373] diesbezüglich ausgeführt:

> „Der Senat trifft die nach diesen Grundsätzen **allein noch in Betracht kommende Sachentscheidung** selbst. Er ändert in entsprechender Anwendung des § 354 Abs. 1 StPO das angefochtene Urteil dahin, daß den Angeklagten R. und B. Strafaussetzung zur Bewährung bewilligt wird ... Zwar ist diese Entscheidung grundsätzlich Sache des Tatgerichts. Hier ergeben jedoch die einer Ergänzung nicht bedürftigen Feststellungen, daß im Hinblick auf das Gewicht der für die Angeklagten sprechenden Milderungsgründe die Voraussetzungen des § 56 Abs. 2 StGB zweifelsfrei vorliegen. Auch gebietet die Verteidigung der Rechtsordnung die Vollstreckung der Strafen nicht.

---

[366] *Lackner/Kühl*, § 56, Rn. 22; *Bode*, Sachentscheidung, S. 49.

[367] BGH, StV 1996, 266.

[368] LR – *Hanack*, § 337, Rn. 238.

[369] LR – *Hanack*, § 337, Rn. 238.

[370] Siehe auch LR – *Hanack*, § 337, Rn. 240; KK – *Kuckein*, § 354, Rn. 19.

[371] LR – *Hanack*, § 354, Rn. 42.

[372] Vgl. *Batereau*, Schuldspruchberichtigung, S. 110 mit Fn. 202.

[373] BGH, StV 1996, 266.

> Angesichts der insoweit eindeutigen Sach– und Rechtslage **scheidet hier ausnahmsweise die Möglichkeit aus**, daß bei erneuter tatrichterlicher Würdigung besondere Umstände im Sinne des § 56 Abs. 2 StGB noch rechtsfehlerfrei verneint werden könnten." [374]

In einem weiteren Fall[375] war die Begründung ähnlich:

> „Die Erwägungen der Strafkammer vermögen die Verneinung einer günstigen Sozialprognose nicht zu rechtfertigen. Das Landgericht berücksichtigt nicht, daß der geständige Angeklagte zum ersten Mal zu einer – geringfügigen – Freiheitsstrafe verurteilt worden ist, daß er bereits mehr als die Hälfte dieser Strafe durch die Vollstrek-kung von Untersuchungshaft verbüßt und daß ihn die Untersuchungshaft besonders getroffen hat (vgl. BGHR StGB § 56 Abs. 1 Sozialprognose 14, 23). Im Hinblick darauf und unter Berücksichtigung der übrigen Feststellungen, die einer Ergänzung nicht bedürfen, kommt hier **allein** eine Bewilligung von Strafaussetzung zur Bewährung in Betracht. Der Senat kann daher diese Sachentscheidung in entsprechender Anwendung des § 354 Abs. 1 StPO selbst treffen." [376]

Die Befugnis zu einer eigenen Sachentscheidung im Hinblick auf die Strafaussetzung zur Bewährung wird – wie gesehen – vom BGH also in den Fällen, in denen die diesbezüglichen Voraussetzungen vorliegen, auf die Tatsache gestützt, daß eben *nur* die Zubilligung einer Bewährungsstrafe rechtlich fehlerfrei ist, wobei diese Entscheidung durch eine rein rechtliche Bewertung getroffen werden kann, ohne daß insoweit die Ausübung eines irgendwie gearteten Ermessens erforderlich wäre[377].

(2) Wegfall der Anordnung des Verfalls

In vereinzelten Entscheidungen wurde die vom Tatgericht ausgesprochene Anordnung des Verfalls gem. § 73 StGB vom BGH gestrichen. In vielen Fällen hatte das Tatgericht den Verfall angeordnet, obwohl nach § 73 Abs. 1 S. 2 StGB dem Verletzten ein Ersatzanspruch gegen den Täter entstanden war. Ebenso wie bei der Entscheidung über eine Strafaussetzung zur Bewährung, kann die Frage, ob eine Verfallsanordnung zu ergehen hat durch eine bloße rechtliche Prüfung der Voraussetzungen des § 73 Abs. 1 StGB beantwortet werden.

(3) Wegfall der Anordnung der Einziehung

Auch die tatrichterliche Anordnung der Einziehung (§ 74 StGB) wird vom BGH aufgehoben, ohne daß insoweit eine Zurückverweisung erfolgt. Im Gegensatz zu § 73 StGB ist die Anordnung der Einziehung nach § 74 StGB jedoch als fakultative Einziehungsermächtigung ausgestaltet, mit der Folge, daß insoweit Ermessenserwägungen anzustellen sind. Immerhin sind aber die Fälle „unproblematisch", in denen die Voraussetzungen des § 74 StGB *nicht* vorliegen. Insoweit kann also durchaus eine revisionsgerichtliche Subsumtion erfolgen. Allerdings ist auffällig, daß des öfteren ohne weiteres von der Vollständigkeit der tatrichterlichen Feststellungen ausge-

---

[374] Hervorhebungen vom Verf.

[375] BGH, Beschl. v. 15.04.1997 - 4 StR 126/97.

[376] Hervorhebung vom Verf.

[377] Die ganz h. M. im Schrifttum nimmt denn auch generell die Kompetenz des Revisionsgerichts zur eigenen Sachentscheidung an, falls lediglich eine Entscheidungsmöglichkeit rechtlich fehlerfrei ist: LR – *Hanack*, § 354, Rn. 42; *Tröndle/Fischer*, § 56, Rn. 10; *Kleinknecht/Meyer-Goßner*, § 354, Rn. 30; *Steinmetz*, Sachentscheidungskompetenzen, S. 299; *Pfeiffer*, § 354, Rn. 7.

gangen wird, was eine eigene Sachentscheidung erst ermöglicht. So wird in zwei Entscheidungen[378] stillschweigend davon ausgegangen, daß Feststellungen im Hinblick auf die Voraussetzungen des § 74 StGB in einer neuer Verhandlung nicht zu erwarten sind. Der BGH führt lediglich aus:

> „Die Einziehung der bezeichneten Waffe kann nicht bestehen bleiben, weil das Urteil keine Feststellungen enthält, durch die diese Anordnung gerechtfertigt werden könnte (UA S. 7, 16/17)."

bzw.

> „Hinsichtlich der Einziehung des beschlagnahmten Geldes fehlt es an den Voraussetzungen des § 74 StGB."

In einer anderen Entscheidung[379] wird gar nur mitgeteilt,

> „... daß die Einziehung sichergestellten Geldes im Gesamtbetrag von 2.000, – DM entfällt (vgl. Antragsschrift des Generalbundesanwalts vom 19. Oktober 1995)".

(4) Wegfall der Anordnung von Maßregeln der Besserung und Sicherung

Relativ oft werden Maßregeln der Besserung und Sicherung (§§ 63 ff. StGB) vom BGH aufgehoben, ohne daß eine Zurückverweisung an das Tatgericht erfolgt. Zwar sind die innerhalb der Vorschriften angeordneten Maßregeln als obligatorisch einzuordnen – bei Vorliegen der tatbestandlichen Voraussetzungen muß die jeweilige Anordnung ergehen –, jedoch erfordert die Auslegung der Voraussetzungen selbst u. a. eine *täter*bezogene Prognoseentscheidung. So hat z. B. bei § 63 StGB eine Würdigung des Täters bzw. der begangenen Tat zu erfolgen, und zwar im Hinblick darauf, ob in Zukunft erhebliche weitere Taten zu erwarten sind. Es läßt sich beobachten, daß der BGH insoweit quasi eine negative Würdigung vornimmt, indem des öfteren ohne weiteres davon ausgegangen wird, die tatrichterlich getroffene Unterbringungsanordnung sei auf jeden Fall fehlerhaft. Beispielhaft sei eine Entscheidung[380] genannt, indem allein auf die fehlerhafte tatrichterliche Gesamtwürdigung i. S. d. § 63 StGB abgestellt wurde. Der BGH führt aus:

> „Der Maßregelausspruch kann aber nicht bestehen bleiben. Der Senat teilt die Bedenken des Generalbundesanwalts gegen die Anordnung der Unterbringung in einem psychiatrischen Krankenhaus. Dabei kann offen bleiben, ob es bereits an dem von § 63 StGB vorausgesetzten länger dauernden psychischen Mangel fehlt. Jedenfalls rechtfertigt die Befürchtung, daß die Angeklagte ohne Unterbringung und die dadurch ermöglichte Behandlung erneut schwanger werde und es dann in vergleichbarer Weise wieder 'zur Katastrophe komme', nicht die Unterbringung. Da weitere Feststellungen zum Zustand und zur Gefahr im Sinne des § 63 StGB nicht zu erwarten sind, hat der Senat in der Sache selbst entschieden."

Bezeichnend ist hier, daß im Hinblick auf die Kompetenz zur eigenen Sachentscheidung wiederum (nur) darauf verwiesen wird, daß weitere Feststellungen nicht zu erwarten seien. Im übrigen kann nicht die Rede davon sein, daß die Nichtunterbringung in einem psychiatrischen Krankenhaus hier die allein rechtlich zulässige Entscheidung ist, da bzgl. der Gesamtwürdigung von Täter und Tat einzig auf den

---

[378] BGH, Beschl. v. 30.08.95 - 3 StR 313/95; Beschl. v. 17.11.1995 - 5 StR 578/95.

[379] BGH, Beschl. v. 28.11.1995 - 5 StR 569/95.

[380] BGH, Urt. v. 22.06.95 - 5 StR 166/95.

fehlerhaften tatgerichtlichen Aspekt der „Befürchtung der erneuten Schwangerschaft" abgestellt wird; wieso dies allein dazu führen soll, daß eine Unterbringung per se nicht in Frage kommen soll, wird zumindest nicht deutlich. Es bleibt immer zu bedenken, daß für eine revisionsgerichtliche Entscheidung eine den tatrichterlichen Wahrnehmungsmöglichkeiten gleichwertige Erkenntnisbasis tatsächlich vorliegen muß. Immerhin erscheint diesbezüglich eine revisionsgerichtliche Würdigung des Täters einigermaßen problematisch[381]. Dem Revisionsgericht fehlt nun einmal der persönliche Eindruck vom Angeklagten, wie ihn der Tatrichter in der Hauptverhandlung bekommt[382]. Eine evtl. Hauptverhandlung vor dem Revisionsgericht kann diesbezüglich nicht mit der „tatrichterlichen Hauptverhandlung" verglichen werden, beschränkt sich erstere doch weitgehend auf die Erörterung von Rechtsfragen, bei der es zumindest nach dem Willen des Gesetzgebers nicht auf die Anwesenheit des Angeklagten ankommt[383]. Davon abgesehen ist zumindest bei Angeklagtenrevisionen die Durchführung einer Hauptverhandlung eine absolute Ausnahme. In den Jahren 1981 bis 1996 lag die Urteilsquote insoweit stets unter 7%, seit 1992 liegt sie sogar nur noch bei durchgehend unter 5%[384].

Inwieweit der fehlende persönliche Eindruck des Angeklagten einer eigenen Sachentscheidung des Revisionsgerichts *objektiv* entgegensteht, soll hier nicht beurteilt werden[385]. *Subjektiv* könnte man aber formulieren, daß eine solche Entscheidung ein „erstaunliches Selbstbewußtsein"[386] des Revisionsgerichts im Hinblick auf die materielle Richtigkeit der Entscheidung widerspiegelt. Jedenfalls kann allein die floskelhafte Wendung, daß eine ausreichende Entscheidungsbasis aufgrund der Vollständigkeit der Feststellungen vorläge, nicht ausreichend sein[387].

(5) Wegfall der Anordnung des Vorwegvollzuges

In einigen Judikaten wurde die Anordnung des sog. Vorwegvollzuges vom BGH aufgehoben. Gem. § 67 Abs. 1 StGB ist bei der Verurteilung zu einer Freiheitsstrafe und der Anordnung einer Unterbringung in einer Anstalt gem. §§ 63, 64 StGB grundsätzlich die Maßregel vor der Freiheitsstrafe zu vollziehen. Nach § 67 Abs. 2 StGB kann das Gericht jedoch von dieser Regel absehen und bestimmen, daß die Maßregel (ggf. teilweise) vor der Strafe zu vollziehen ist, wenn dadurch der Maßregelzweck leichter erreicht werden kann. Hebt der BGH diese Anordnung auf, so finden sich nicht selten – im Gegensatz zur Praxis bei der Anordnung von Maßnahmen der Besserung und Sicherung – durchaus recht umfangreiche Begründungen, warum die Voraussetzungen des § 67 Abs. 2 StGB nicht vorliegen.

---

[381] Siehe auch *Streng*, JR 1993, 475; *Batereau*, Schuldspruchberichtigung, S. 97 f.

[382] Siehe *Richter*, Gedanken in der Rechtsprechung des Reichsgerichts, S. 100.

[383] *Batereau*, Schuldspruchberichtigung, S. 102.

[384] *Barton*, Revisionsrechtsprechung, S. 220 (Grafik 87).

[385] *Sarstedt/Hamm*, Revision in Strafsachen, Rn. 1196, betonen den schlechthin unersetzbaren Eindruck des Tatrichters vom Angeklagten. *Bode*, Sachentscheidung, S. 28, spricht davon, „daß der persönliche Eindruck, den der Tatrichter in der Hauptverhandlung von dem Angeklagten gewonnen hat, für die Strafzumessung von erheblicher Wichtigkeit ist".

[386] *Barton*, Revisionsrechtsprechung, S. 262.

[387] Siehe zur manchmal recht schmalen Begründung der Strafzumessungsentscheidung als solcher auch Steinmetz, Sachentscheidungskompetenzen, S. 270.

Beispiele:

„Die Anordnung, die Freiheitsstrafen vor der Unterbringung zu vollziehen, hat aber keinen Bestand. Das Landgericht begründet dies damit, daß 'hierdurch gewährleistet sei, daß die Entziehungsbehandlung der Entlassung der Angeklagten unmittelbar vor-ausgeht und nicht nach deren Abschluß noch zu vollziehen ist, was die positiven Auswirkungen des Maßregelvollzuges wieder gefährden würde' (UA S. 56). Dies allein rechtfertigt aber nicht, von dem Grundsatz des § 67 Abs. 1 StGB, nach dem die Maßregel vor der Strafe zu vollziehen ist, abzusehen. Nach der Grundentscheidung des Gesetzgebers in § 67 StGB soll – auch wegen der besseren Erfolgsaussichten – grundsätzlich möglichst umgehend mit der Behandlung begonnen werden (st. Rspr. vgl. u.a. BGHR StGB § 67 Abs. 2 Vorwegvollzug, teilweiser 4 und 9; BGH bei Holtz MDR 1994, 762). Die Tatsache, daß der anschließende Strafvollzug den Maßregelerfolg wieder zunichte machen könnte, kann für ein Abweichen von der Vollzugsreihenfolge nur dann sprechen, wenn überzeugende Gründe vorliegen (BGH NStZ 1986, 428; MDR bei Holtz 1994, 762; BGHR StGB § 67 Abs. 2 Zweckerreichung, leichtere 9; Vorwegvollzug, teilweiser 4). Solche Gründe sind dem angegriffenen Urteil nicht zu entnehmen. Der Senat schließt aus, daß insoweit noch ergänzende Feststellungen für die Anwendung der Ausnahmevorschrift des § 67 Abs. 2 StGB getroffen werden könnten. Er hat deshalb diese Anordnung aufgehoben, so daß es bei dem Regelvollzug nach § 67 Abs. 1 StGB verbleibt."[388]

„Die Anordnung, die Freiheitsstrafen vor der Unterbringung zu vollziehen, hat aber keinen Bestand. Das Landgericht begründet seine Entscheidung damit, daß der Vorwegvollzug eines Teils der Strafe notwendig sei, um eine 'ausreichende Motivationslage' für eine erfolgversprechende Therapierung des Angeklagten zu schaffen und den auf ihm lastenden 'Leidensdruck' deutlich zu steigern; zudem sei er dann bei der Aufnahme in die Entziehungsanstalt weitgehend entgiftet und drogenentwöhnt und könne nach der Entlassung aus dem Maßregelvollzug sein dort neu erlerntes Verhalten gegenüber Drogen in Freiheit erproben. Diese Erwägungen rechtfertigen eine Abweichung von der regelmäßigen Vollstreckungsreihenfolge jedoch nicht. Der Angeklagte hatte zum Zeitpunkt der Urteilsverkündung bereits vier Monate und drei Wochen Untersuchungshaft hinter sich. Er war mithin – wovon mangels entgegenstehender Feststellungen auszugehen ist – körperlich entgiftet und hatte auch schon die Wirkungen erfahren, die ein nicht nur kurzfristiger Freiheitsentzug auf die Motivation zur Aufnahme einer Entziehungskur ausüben kann. Damit entfällt die Grundlage für die Annahme, daß ein teilweiser Vorwegvollzug der Strafe geeignet und notwendig sei, um bei ihm eine Behandlungsmotivation zu erzeugen oder eine bereits vorhandene Motivation so zu verstärken, daß der Maßregelzweck leichter erreicht werden kann. Gewichtige Gründe, die für eine Umkehrung der Vollstreckungsreihenfolge sprechen könnten, stehen dem vorrangigen Interesse an einem unverzüglichen Beginn der Behandlung des suchtkranken Angeklagten nicht gegenüber. Das Bestreben, dafür zu sorgen, daß er im Anschluß an den Maßregelvollzug keine Strafe mehr zu verbüßen braucht, sondern unmittelbar in die Freiheit entlassen werden kann, vermag den Aufschub der jetzt notwendigen Entziehungskur um anderthalb Jahre nicht zu rechtfertigen. Der Senat bringt daher die Anordnung des teilweisen Vorwegvollzugs der Strafe in Wegfall, so daß – entsprechend der Grundregel (§ 67 Abs. 1 StGB) – die Unterbringung vor der Strafe zu vollziehen ist."[389]

Eine mögliche Erklärung für die relativ ausführlichen Begründungen des BGH, warum die Ausnahme (§ 67 Abs. 2 StGB) von der Regel (§ 67 Abs. 1 StGB) nicht greift, mag vielleicht sein, daß die Frage, ob die Voraussetzungen des § 67 Abs. 2 StGB vorliegen oder eben nicht, einen objektiven Charakter hat. Ob der Zweck der angeordneten Maßregel es sinnvoll erscheinen läßt, daß die Strafe ausnahmsweise vor der Maßregel zu vollziehen ist, läßt sich anhand einer objektiven Betrachtung feststellen, nämlich aufgrund eines wertenden Vergleiches der beiden Alternativen (Abs. 1 oder Abs. 2). Eine revisionsgerichtliche „Wertung des Angeklagten" selbst –

---

[388] BGH, Beschl. v. 15.11.1995 - 2 StR 549/95.

[389] BGH, Beschl. v. 07.05.1997 - 2 StR 212/97.

wie sie §§ 63, 64 StGB fordern – steht hier zumindest nicht unmittelbar im Vordergrund. Sind es aber objektive Maßstäbe, die eine revisionsgerichtliche Entscheidung bestimmen, so ist eher die originäre Aufgabe des Revisionsgerichts berührt; nämlich die Rechtsprüfung des Falles. Eine Entscheidung über den Vorwegvollzug kann deshalb nicht ohne weiteres als Überschreitung der revisionsgerichtlichen Kompetenzen kritisiert werden.

6) Neubestimmung des Rechtsfolgenausspruchs

Nunmehr sollen die Judikate untersucht werden, in denen der BGH weder die Strafvollstreckung zur Bewährung aussetzte, noch die Anordnungen von Verfall, Einziehung, Maßregeln und Vorwegvollzug wegfallen ließ. Vielmehr geht es um die selbständige Neufestsetzung des Rechtsfolgenausspruchs.

(aaa) Verletzung des Beschleunigungsgebotes

In einigen Entscheidungen wurde die Strafe vom BGH selbst neu bemessen, wobei als Begründung hierfür der Grundsatz des Beschleunigungsgebotes gegeben wurde. Mit anderen Worten: Der BGH entschied bzgl. der Straffestsetzung selbst, mit der Begründung, daß bei einer Zurückverweisung eine unangemessen lange Verfahrensdauer die Folge wäre. Wie oben bereits dargelegt[390], handelt es sich bei diesen Fällen nicht um eine analoge Anwendung des § 354 Abs. 1 StPO, sondern um Fallgestaltungen eigener Art. Dies erscheint sachgerecht, geht es doch hier allein um Ausnahmefälle, die unter dem Gesichtspunkt außergewöhnlicher Umstände zu behandeln sind und deshalb „aus dem strafprozessualen Rahmen fallen". Demzufolge geht es bei den dargelegten Fällen also nicht um die Frage, ob die eigene Sachentscheidung des BGH noch vom Rahmen des § 354 Abs. 1 StPO gedeckt ist[391].

(bbb) Fehlerhafte Gesamtstrafenbildung

Nicht selten modifiziert der BGH den Strafausspruch, weil das Tatgericht die Gesamtstrafe auf fehlerhafte Weise gebildet hat. In einigen Fällen ermäßigte der erkennende Senat den Strafausspruch um einige Monate, wobei die Herleitung der Entscheidungsfindung an mathematische Rechenexempel erinnert.

Ein Beispiel:
Das Landgericht hatte den Angeklagten „wegen gemeinschaftlichen Raubes und gemeinschaftlichen schweren Raubes" zu einer Gesamtfreiheitsstrafe von sechs Jahren verurteilt. Auf die Revision des Angeklagten änderte der BGH[392] den Strafausspruch in eine Gesamtfreiheitsstrafe von fünf Jahren und neun Monaten.

---

[390] Siehe unter C. I. und IV.

[391] Siehe aber *Scheffler*, NStZ 1997, 30.

[392] BGH, Beschl. v. 19.06.1997 - 4 StR 232/97.

Der BGH führt aus:

> „Dagegen kann der Gesamtstrafenausspruch nicht bestehen bleiben, weil das Landgericht den im Hinblick auf die Verurteilung des Angeklagten durch Urteil des Amtsgerichts Berlin– Tiergarten vom 26. September 1995 notwendigen Härteausgleich nicht vorgenommen hat. Durch jenes Urteil wurde der Angeklagte wegen Widerstandes gegen Vollstreckungsbeamte zu drei Monaten Freiheitsstrafe verurteilt. Eine Einbeziehung dieser Strafe in die vom Landgericht gebildete Gesamtstrafe kam nur deshalb nicht in Betracht, weil die Vollstreckung in jener Sache 'durch Anrechnung der erlittenen Untersuchungshaft' bereits erledigt war. Kann aber eine Strafe, weil sie bereits vollstreckt ist, nicht mehr zur Bildung einer Gesamtstrafe nach § 55 StGB herangezogen werden, so ist nach ständiger Rechtsprechung die darin liegende Härte im Rahmen der Strafzumessung auszugleichen (BGHR StPO § 55 Abs. 1 Härteausgleich 1 m.w.N.). Dies hat das Landgericht nicht getan. Der Senat kann hier den unterbliebenen Härteausgleich ausnahmsweise selbst vornehmen. Im Hinblick auf die vom Landgericht gewollte 'nur behutsame Erhöhung der Einsatzstrafe von 5 Jahren und 6 Monaten' (UA 13) spricht nichts dafür, daß die Gesamtstrafe höher ausgefallen wäre, wenn die Strafe aus dem Urteil vom 26. September 1995 hätte einbezogen werden können. Dies rechtfertigt es, die Strafdauer der früheren Verurteilung von der erkannten Gesamtfreiheitsstrafe in Abzug zu bringen (vgl. BGHR StPO § 354 Abs. 1 Strafausspruch 9). Der Senat setzt deshalb in entsprechender Anwendung des § 354 Abs. 1 StPO – mit Einverständnis des Generalbundesanwalts – die Gesamtfreiheitsstrafe nunmehr auf fünf Jahre und neun Monate fest."

Ein weiteres Beispiel:
Das Landgericht hatte den Angeklagten zu einer Gesamtstrafe von zwei Jahren verurteilt. Der BGH[393] milderte den Strafausspruch auf ein Jahr und neun Monate:

> „Die zweite Gesamtfreiheitsstrafe von zwei Jahren hat jedoch keinen Bestand. Insoweit hat der Generalbundesanwalt ausgeführt: Es ist nicht möglich, die drei in den Fällen 3 bis 5 der Urteilsgründe verhängten Einzelstrafen (nämlich zwei Freiheitsstrafen von einem Jahr acht Monaten und von drei Monaten sowie eine Geldstrafe von 20 Tagessätzen) zu einer Gesamtfreiheitsstrafe von zwei Jahren zusammenzufassen. Nach § 54 Abs. 2 Satz 1 StGB darf die Gesamtstrafe die Summe der Einzelstrafen (wobei nach § 54 Abs. 3 StGB dann, wenn eine Gesamtstrafe aus Freiheits- und Geldstrafe zu bilden ist, ein Tagessatz einem Tag Freiheitsstrafe entspricht) nicht erreichen und erst recht nicht überschreiten. Infolgedessen hätte hier – unter Berücksichtigung von § 39 StGB – höchstens auf eine Gesamtfreiheitsstrafe von einem Jahr elf Monaten erkannt werden dürfen und mindestens eine solche von einem Jahr neun Monaten ausgesprochen werden müssen (§ 54 Abs. 1 Satz 2 StGB). Gemäß § 354 Abs. 1 StPO hat der Senat auf Antrag des Generalbundesanwalts die zweite Gesamtfreiheitsstrafe auf ein Jahr und neun Monate festgesetzt."

Was die Kompetenz zur eigenen Strafbestimmung anbelangt, so geht der BGH einmal mehr ohne weiteres davon aus, daß das Tatgericht bei einer Zurückverweisung nicht anders entschieden hätte, da eine andere Strafe als die festgesetzte schlechthin ausgeschlossen sei.

Beispiele:

> „Der Senat kann hier die Gesamtstrafenbildung selbst vornehmen (§ 354 Abs. 1 StPO). Denn es kann ausgeschlossen werden, daß der Tatrichter, hätte er die gebotene Entscheidung getroffen, aus der Einsatzstrafe von vier Jahren und aus einer weiteren Einzelstrafe von zwei Monaten eine andere Gesamtstrafe als eine Gesamtfreiheitsstrafe von vier Jahren und einem Monat verhängt hätte."[394]

> „Unter den gegebenen Umständen kam eine Gesamtfreiheitsstrafe von zwei Jahren, acht Monaten und zwei Wochen in Betracht. Diese sowie die genannte Einsatzstrafe kann der Senat festsetzen,

---

[393] BGH, Beschl. v. 07.05.1997 - 3 StR 172/97.

[394] BGH, Beschl. v. 25.07.95 - 1 StR 350/95.

da ausgeschlossen werden kann, daß der Tatrichter geringere Freiheitsstrafen festgesetzt hätte (vgl. § 354 Abs. 1 StPO)."[395]

Wie schon bei der Neufestsetzung des Strafausspruches nach erfolgter Schuldspruchänderung erscheint der bloße Verweis auf die (angebliche) Unmöglichkeit einer anderen Entscheidung nach einer Zurückverweisung kaum als ausreichend, um eine eigenständige Strafbestimmung seitens des BGH zu rechtfertigen[396].

4. Zusammenfassung und Bewertung

Festhalten läßt sich, daß sich im Falle einer Schuldspruchänderung die Bandbreite der analogen Anwendung des § 354 Abs. 1 StPO in deren Gefolge auch auf die eigenständige Festsetzung des Rechtsfolgenausspruchs durch das Revisionsgericht verlagert hat. Dabei variiert der Inhalt dieser eigenständigen Entscheidung dergestalt, daß zum einen der tatrichterliche Strafausspruch beibehalten, zum anderen aber auch verändert wird. Anders formuliert: Das Revisionsgericht nimmt Aufgaben des Tatrichters wahr, indem es selbst eine ermessensgetragene Strafzumessung vornimmt. Nun wird dagegen im Schrifttum zum Teil vorgebracht, ausnahmsweise sei eine eigene Straffestsetzung durch das Revisionsgericht statthaft, wenn bereits feststehe, wie das Tatgericht nach einer Zurückverweisung entscheiden wird[397]. Dem ist zuzugeben, daß es dann tatsächlich an der Ausübung eines revisionsfremden Ermessens fehlen würde. Dem Revisionsgericht spricht praktisch anstelle des Tatgerichts, nicht für sich selbst. Eine solche Argumentation hebt aber zu Unrecht auf die Ausforschung des hypothetischen Willens des Tatrichters ab. Letzterer ist nämlich schlechterdings nicht feststellbar, selbst wenn man den mittlerweile stark objektivierten „Strafzumessungskatalog" zugrundelegt[398]. Der Rückzug auf den angeblichen tatrichterlichen Willen im Hinblick auf die Strafzumessung kann also nichts daran ändern, daß es sich hier um *eigene* Sachentscheidungen des Revisionsgerichts im Bereich der Rechtsfolge handelt[399], selbst wenn im Ergebnis der Strafausspruch nicht verändert wird. Neben den erörterten dogmatischen Bedenken, die solch eine eigenständige Strafzumessung mit sich bringt, bleibt aufklärungsbedürftig, was nach einer vorgenommenen Schuldspruchänderung tatsächlich den Unterschied ausmacht zwischen Zurückverweisung und eigener Entscheidung in der Rechtsfolge.

Aber auch losgelöst von einer Schuldspruchänderung findet sich die analoge Anwendung des § 354 Abs. 1 StPO innerhalb des Rechtsfolgenbereichs. Hier ist die unterschiedliche Verfahrensweise bzgl. des Rechtsfolgenausspruchs (Zurückverweisung oder Selbstentscheid) natürlich ebenso zu hinterfragen.

---

[395] BGH, NStZ 1996, 187 (Zwei Jahre und neun Monate Freiheitsstrafe geändert in zwei Jahre, acht Monate und zwei Wochen Freiheitsstrafe).

[396] Siehe zur Überschreitung der revisionsgerichtlichen Kompetenz im Bereich der Strafzumessung *Scheffler*, NStZ 1997, 30.

[397] Siehe dazu *Steinmetz*, Sachentscheidungskompetenzen, S. 309 mwN.

[398] Ebenso *Batereau*, Schuldspruchberichtigung, S. 90.

[399] So auch LR – *Hanack*, § 354, Rn. 25; *Batereau*, Schuldspruchberichtigung, S. 91; *Bode*, Sachentscheidung, S. 36 (Fn. 19 a. E.); *Frisch*, Probleme der Strafzumessung, S. 298; *Kern*, JW 1920, 56.

Hält der BGH den Rechtsfolgenausspruch aufrecht bzw. ändert er den Rechtsfolgenausspruch – sei es nun als Folge einer Schuldspruchänderung oder aber als bloße alleinige Korrektur der Rechtsfolgenbestimmung –, so überrascht des öfteren die Selbstverständlichkeit mit der eine diesbezügliche Befugnis angenommen wird. Selbst wenn man sogar davon ausgeht, daß eine derartige Kompetenz gegeben ist, falls nach den Gesamtumständen nur noch eine bestimmte Rechtsfolge in Frage kommt[400], so bleibt nach den jeweils gegebenen Begründungen zumindest offen, warum dies gerade in den vom BGH angenommenen Fällen zu bejahen sein soll. Stellt man auf die Vollständigkeit der vom Tatrichter mitgeteilten Strafzumessungsgründe ab und bejaht in diesen Fällen eine eigene Strafzumessungskompetenz des Revisionsgerichts[401], so wird jedenfalls nicht deutlich, warum in den in Rede stehenden Entscheidungen diese Tatsachen lückenlos vom Tatrichter dargelegt worden sein sollen, in anderen Fällen aber nicht. Im übrigen erscheint schon die Frage, ob das Revisionsgericht überhaupt mit Sicherheit bestimmen kann, daß tatsächlich alle Strafzumessungstatsachen mitgeteilt wurden, kaum zu beantworten[402]. § 267 Abs. 3 S. 1 StPO verlangt vom Tatrichter eben nur die Mitteilung der „bestimmenden" Strafzumessungsgründe. Eine Gewähr für die Angabe aller Strafzumessungsgründe wird es also in aller Regel gerade nicht geben[403].

Auffällig erscheint weiter der unterschiedliche Begründungsaufwand, mit dem der BGH seine Kompetenz zur eigenen Strafzumessung rechtfertigt. Erfolgen einerseits durchaus relativ umfangreiche Darlegungen, warum gerade im entschiedenen Fall der erkennende Senat die Strafzumessung selbst vornehmen darf, so stehen auf der anderen Seite mehr oder weniger floskelhafte Wendungen, die z. B. allein auf die Vollständigkeit der Feststellungen abstellen. Dieses Erfordernis wird jedoch von § 354 Abs. 1 StPO selbst schon als Voraussetzung für eine eigene Sachentscheidung im Rahmen dieser Vorschrift genannt und kann dementsprechend keinen eigenen tragfähigen Ansatz für eine über die von § 354 Abs. 1 StPO genannten Fälle hinausgehende Spruchpraxis bedeuten.

Insgesamt zeichnet sich also im Bereich der eigenen Rechtsfolgenbestimmung durch den BGH ein uneinheitliches Bild ab. Eine Einschätzung, wann und wieso solch eine eigene Straffestsetzung in Betracht zu ziehen ist, läßt sich deshalb nur schwer, wenn überhaupt, geben. Vielmehr entsteht wiederum der Eindruck, daß hier über die eigentlichen revisionsrechtlichen Kriterien hinaus, Maßstäbe angelegt werden, die versuchen, eine von vornherein bestimmte „Lösung" abzusichern. Klare Kriterien für die eigene Sachentscheidung im Bereich der Rechtsfolge lassen sich nicht anführen. Unabhängig von dogmatischen Bedenken im Hinblick auf die Strafzumessungstätigkeit des BGH als solcher erscheint denn auch gerade diese fehlende Prognostizierbarkeit der Entscheidungsinhalte (im Rechtsfolgenbereich) als wesentlicher Kritikpunkt. Prägnant kann dies auch als Frage formuliert werden:

---

[400] Siehe dazu Steinmetz, Sachentscheidungskompetenzen, S. 326.

[401] Siehe dazu nur *Frisch*, Probleme der Strafzumessung, S. 299 ff; *Bruns*, Strafzumessungsrecht, S. 660 f.; *Batereau,* Schuldspruchberichtigung, S. 112.

[402] Ebenso LR – *Hanack*, § 354, Rn. 35.

[403] LR – *Hanack*, § 354, Rn. 35.

Wieso werden manche Urteile ohne weiteres zurückverwiesen, andere dagegen aber auch bzgl. des Rechtsfolgenausspruchs rechtskräftig? Abschließend sei noch bemerkt, daß sich die restriktive Gesetzeskonzeption hinsichtlich der eigenen Rechtsfolgenbestimmung seitens des Revisionsgerichtes mittlerweile in sein Gegenteil verkehrt hat, wenn der BGH praktisch in allen nur denkbaren Konstellationen eben eine solche vornimmt. Die Beschreibung des tatsächlichen Ausmaßes dieser extensiven Praxis sei dem nun folgenden quantitativ-statistischem Teil dieser Arbeit vorbehalten.

E. Quantitativ-statistische Analyse der BGH-Rechtsprechung bzgl. eigener Sachentscheidungen

Es erfolgt nun eine detaillierte Beschreibung und zusammenhängende Untersuchung der Revisionsrechtsprechung des BGH im Hinblick auf eigene Sachentscheidungen.

I. Erfassung / Gliederung des Datenmaterials

Die zur Verfügung stehenden Daten gliedern sich in zwei Gruppen:

1. Eigene Erhebung

Zum einen wurden alle in den Jahren 1995 – 1997 vom BGH ergangenen Entscheidungen ausgewertet, also alle in diesen Jahren ergangenen (veröffentlichten und unveröffentlichten) Urteile und Beschlüsse[404]. Insoweit handelt es sich also um eine Totalerhebung der vom BGH in diesem Zeitraum mit Gründen versehenen Entscheidungen. Diese Bestandsaufnahme stellt sich dabei nicht als bloße Aneinanderreihung der Betrachtung von Einzelfallentscheidungen dar; vielmehr soll eine systematisch umfassende Beschreibung stattfinden. Es werden also nicht nur die Entscheidungen untersucht, welche zur Veröffentlichung in Zeitschriften oder Entscheidungssammlungen gelangen – und schon aus diesem Grund eine herausgehobene Stellung einnehmen –, sondern vielmehr sollen auch und gerade die Judikate beleuchtet werden, die eben nicht im Zentrum des allgemeinen Interesses stehen. Inhaltlich erfolgte die Auswertung danach, ob eine eigene Sachentscheidung vorgenommen wurde. Es wurden alle Entscheidungen gesichtet, die ergingen aufgrund einer

- direkten Anwendung des § 354 Abs. 1 StPO
- analogen Anwendung des § 354 Abs. 1 StPO.

Im Rahmen der eigenen Sachentscheidung gem. § 354 Abs. 1 StPO wurden sowohl die Änderungen der Schuld– als auch die Änderungen der Rechtsfolgenaussprüche berücksichtigt. Dabei spielte es keine Rolle, ob eine Rechtsfolgenänderung *aufgrund* einer vorgenommenen Schuldspruchänderung vorgenommen wurde oder aber *nur* eine Änderung der Rechtsfolge. Insgesamt wurden 602 Datensätze erfaßt. Die

---

[404] Als Quelle diente eine vorliegende Sammlung aller in diesem Zeitraum *mit Gründen* ergangenen BGH–Entscheidungen, welche in Papierform zur Verfügung stand. Siehe im einzelnen zur Herkunft der Daten *Barton*, Revisionsrechtsprechung, S. 37.

Anzahl dieser Datensätze spiegelt jedoch nicht die Anzahl der Verfahren wider. Dies liegt daran, daß in manchen Verfahren mehrere Beschwerdeführer Revision eingelegt haben (z. B. wurde die Revision von zwei Angeklagten eingelegt oder aber von der Staatsanwaltschaft und dem Angeklagten). Die 602 Datensätze entsprechen demnach der Anzahl der insgesamt eingelegten Revisionen.

Bei der Erfassung der einschlägigen Fälle erfolgte zunächst eine allgemeine Klassifizierung, also eine Unterteilung, die unabhängig von der Art der tatsächlich erfolgten eigenen Sachentscheidung vorgenommen werden konnte:

- Aktenzeichen (Kennzeichnung des Senats)
- Entscheidungsdatum
- Beschwerdeführer
- Weitere Beschwerdeführer
- Verurteilung des Angeklagten wegen...[405]
- Rechtsfolgenausspruch des Tatgerichts[406]

Da in den einschlägigen Entscheidungen nicht immer alle oben genannten Variablen mitgeteilt wurden, konnte insoweit allerdings kein vollständiges Bild gezeichnet werden.

Nach der allgemeinen Klassifizierung erfolgte eine „besondere Unterteilung" in drei Hauptgruppen:

1. Eigene Sachentscheidung gem. § 354 Abs. 1 StPO
2. Schuldspruchänderung gem. § 354 Abs. 1 StPO analog
3. Rechtsfolgenausspruchänderung ohne Schuldspruchänderung

In die erste Gruppe wurden alle Entscheidungen eingeordnet, in der eine eigene Sachentscheidung im Sinne einer der in § 354 Abs. 1 StPO ausdrücklich genannten Alternativen erfolgte. In der zweiten Gruppe sind die Judikate erfaßt worden, in welchen der tatrichterliche Schuldspruch vom BGH geändert und diese Änderung auf eine analoge Anwendung von § 354 Abs. 1 StPO gestützt wurde. Die dritte Gruppe enthält alle Entscheidungen, die zwar auch auf einer analogen Anwendung von § 354 Abs. 1 StPO basieren, jedoch ausschließlich eine Änderung des Rechtsfolgenausspruchs zum Inhalt haben. Hier wurde also die Strafzumessung vom BGH vorgenommen, ohne vorher auch den tatrichterlichen Schuldspruch geändert zu haben. Durch die beschriebene Einteilung ließen sich die Entscheidungen jeweils konkret der relevanten Gruppe zuordnen, so daß die quantitativen Unterschiede zwischen den einzelnen Gruppen festgestellt werden konnten. Die genannten Hauptgruppen wurden sodann wiederum in verschiedene Untergruppen unterteilt. So wurde die Gruppe der eigenen Sachentscheidung gem. § 354 Abs. 1 StPO (bei direkter Anwendung) in die Unterkategorien „Freispruch", „Einstellung" und „Gesetzlich

---

[405] Hier erfolgte – soweit bekannt – eine Unterscheidung nach den jeweils abgeurteilten Delikten sowie nach Vergehen / Verbrechen.

[406] Hier wurden – soweit bekannt – auch die Maßregeln der Besserung und Sicherung (§§ 63 ff. StGB) und Verfall und Einziehung (§§ 73 ff. StGB) codiert.

niedrigste Strafe" aufgeteilt[407]. So konnte durch die jeweilige inhaltliche Einordnung der relevanten Entscheidungen der Frage nachgegangen werden, welche der gesetzlich vorgegebenen Alternativen in quantitativer Hinsicht am bedeutsamsten ist. Anders formuliert könnte man auch sagen, daß die Einteilung einen Rückschluß darauf zuläßt, welche Alternativen in der Praxis ohne Bedeutung sind oder aber zumindest nur eine geringe praktische Relevanz aufzuweisen haben.

Die Gruppe der Schuldspruchänderungen (§ 354 Abs. 1 StPO analog) wurde zunächst danach klassifiziert, ob es sich um eine komplette Schuldspruchänderung (der gesamte Schuldspruch erwächst in Rechtskraft) oder aber um eine teilweise Schuldspruchänderung handelt (nur ein Teil des Schuldspruches erwächst in Rechtskraft). Beide Konstellationen sind ja in der Spruchpraxis des BGH anzutreffen. Diese Aufteilung geschah nicht zuletzt deshalb, um die konkreten verfahrenswirtschaftlichen Auswirkungen der eigenen Sachentscheidungen untersuchen zu können. Des weiteren wurde eine Fallgruppenbildung vorgenommen, und zwar im Hinblick auf die *inhaltlichen Fallgestaltungen* einer Schuldspruchänderung. Hier wurden alle Konstellationen erfaßt, die in der Praxis zu beobachten sind, wobei die konkrete Einteilung vom Verfasser vorgenommen wurde. Beispielsweise wurde danach gefragt, ob der BGH ein Delikt selbst ausgewechselt, also z. B. anstatt wegen Diebstahls eine Verurteilung wegen Betruges ausgesprochen hat. Andere Fallgruppen bildeten z. B. die Änderungen der Konkurrenzverhältnisse (Tatmehrheit in Tateinheit / Tateinheit in Tatmehrheit). Hierdurch wurde eine detaillierte Beschreibung der tatsächlichen Praxis des BGH im Hinblick auf die Entscheidungen ermöglicht, die nicht dem ausdrücklichen Katalog des § 354 Abs. 1 StPO unterfallen. Somit war es möglich, das tatsächliche Ausmaß der analogen Normanwendung sowohl in rein quantitativer Hinsicht, als auch in der konkreten Umsetzung darzustellen. Bei der „unabhängigen Rechtsfolgenänderung" – also der alleinigen Neufestsetzung des Rechtsfolgenausspruchs – wurde jeweils die konkret erfolgte Änderung erfaßt (z. B. die Strafaussetzung zur Bewährung oder die Neufestsetzung der Gesamtstrafe), so daß hier ebenfalls die tatsächliche Wirklichkeit der Rechtspraxis dargestellt werden konnte. Im weiteren wurden die *Folgen* der einzelnen Sachentscheidungen im Hinblick auf die Rechtsfolge untersucht[408]. Es wurde der Frage nachgegangen, wie der BGH bei einer eigenen Sachentscheidung die Rechtsfolge behandelt. Wird die Sache insoweit an das Tatgericht zurückverwiesen, übernimmt der BGH das vom Tatgericht festgelegte Strafmaß oder aber setzt er selber eine neue Rechtsfolge fest? Insbesondere interessierte hier auch die Begründung, warum sich der BGH für ermächtigt hielt, den Rechtsfolgenausspruch des Tatgerichts zu übernehmen bzw. diesen selber festzusetzen. Im einzelnen stellt sich die Gliederung des Datenmaterials zusammengefaßt wie folgt dar:

---

[407] Die weiteren in § 354 Abs. 1 StPO genannten Alternativen „Absolut bestimmte Strafe" und „Absehen von Strafe" spielen in der Praxis so gut wie keine Rolle (siehe im einzelnen sogleich unter III.).

[408] Bei einer schuldspruchunabhängigen Rechtsfolgenänderung entfällt diese weitere Gruppierung natürlich.

Tabelle 1: Gliederung des Datenmaterials

Feld	Mögliche Werte
1. Eigene Sachentscheidung § 354 Abs. 1 StPO direkt	– Freispruch – Einstellung – Gesetzlich niedrigste Strafe
2. Schuldspruchänderung § 354 Abs. 1 StPO analog	– Wegfall eines Tatmehrheitsdelikts – Wegfall mehrerer Tatmehrheitsdelikte – Wegfall eines Tateinheitsdelikts – Wegfall mehrerer Tateinheitsdelikte – Zusätzliche Verurteilung tateinheitliches Delikt – Tatmehrheit zu Tateinheit – Tateinheit zu Tatmehrheit – Auswechslung eines Deliktes – Auswechslung mehrerer Delikte – Sonstiges
3. Begründung für die Kompetenz zur Schuldspruchänderung gem. § 354 Abs. 1 StPO analog im Hinblick auf § 265 StPO	– Neuer Schuldvorwurf bereits von Anklage erfaßt – Rechtlicher Hinweis (§ 265 StPO) wurde erteilt – Andere Verteidigung nicht möglich – Keine Beschwer – Keine Begründung
4. Auswirkung der eigenen Sachentscheidung gem. § 354 Abs. 1 StPO (direkt / analog) auf die Rechtsfolge	– Zurückverweisung – Übernahme des Rechtsfolgenausspruchs – Selbständige Änderung des Rechtsfolgenausspruchs
5. Unabhängige Rechtsfolgenänderung	– Auflistung der verschiedenen Alternativen
6. Begründung für die Kompetenz zur Übernahme/Änderung des Rechts-Folgenausspruchs	– Keine Auswirkung auf Strafmaß – Andere Strafe ausgeschlossen – Niedrigere Strafe ausgeschlossen – Höhere Strafe ausgeschlossen

Unterteilt man das gesamte Datenmaterial in zwei Gruppen, nämlich zum einen in die Kategorie „§ 354 Abs. 1 direkt" und zum anderen in die Kategorie „§ 354 Abs. 1 analog", so ergibt sich für den Erhebungszeitraum 1995 – 1997 folgendes Bild:

Grafik 1: Vergleich der eigenen Sachentscheidungen § 354 Abs. 1 direkt und analog

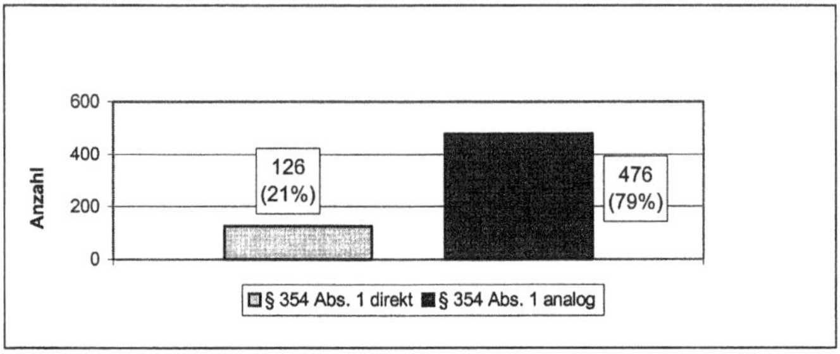

(Quelle: Eigene Erhebung)

Vergleicht man nur die Entscheidungen, welche aufgrund der direkten Anwendung des § 354 Abs. 1 StPO und einer analogen Anwendung der Norm im Bereich des Schuldspruchs ergingen, so zeigt sich, daß im Erhebungszeitraum fast vier Mal soviel Entscheidungen auf die analoge Anwendung von § 354 Abs. 1 StPO gestützt werden als auf die direkte Anwendung der Norm! Mit anderen Worten: Entscheidet der BGH in der Sache selbst, so wird eine diesbezügliche Kompetenz in über drei Viertel der Fälle auf die analoge Anwendung von § 354 Abs. 1 StPO gestützt. Anzumerken ist dabei, daß hier auch die Analogiebildung bzgl. des Rechtsfolgenbereichs erfaßt ist. Zum einen, wenn nach einer Schuldspruchänderung quasi in deren Gefolge auch das vom Tatgericht angenommene Strafmaß übernommen bzw. neu festgesetzt wird[409]. Zum anderen, wenn nur der Rechtsfolgenausspruch vom Revisionsgericht geändert wird. Auch für eine Änderung des angefochtenen Urteils ausschließlich im Bereich der Rechtsfolge legt der BGH ja grundsätzlich die Norm des § 354 Abs. 1 StPO zugrunde[410]. Unterteilt man die analoge Anwendung des § 354 Abs. 1 StPO noch in die Fälle der Schuldspruchänderung und die Fälle der (schuldspruch)unabhängigen Rechtsfolgenänderung, so ergibt sich für den Erhebungszeitraum folgende Unterteilung.

---

[409] Diese Fälle sind in Grafik 2 unter der Rubrik „§ 354 analog" erfaßt.

[410] Diese Fälle sind in Grafik 2 ebenfalls unter der Rubrik „§ 354 analog" erfaßt.

Grafik 2: § 354 Abs. 1 direkt / Schuldspruchänderung / Unabhängige Rechtsfolgenänderung

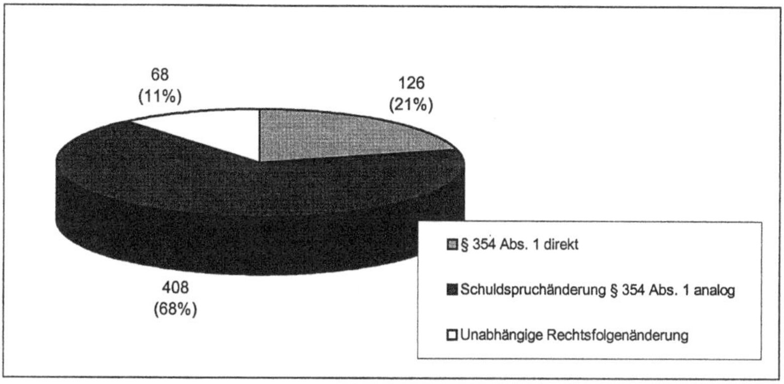

(Quelle: Eigene Erhebung)

2. DFG–Projekt „Revisionsrechtsprechung in Strafsachen"

Es konnte auch auf Datenmaterial zurückgegriffen werden, welches in einem DFG–Forschungsprojekt von *Barton* (Universität Bielefeld) verwertet wurde. Innerhalb dieses Projektes wurden alle Revisionen, die im Zeitraum von 1981 bis 1996 (außer dem Jahr 1989) erhoben wurden, untersucht. Insgesamt handelt es sich dabei um 58.194 Datensätze (entsprechend 58.194 Revisionen)[411]. Auch insoweit liegt also eine Totalerhebung der in diesem Zeitraum vom BGH entschiedenen Revisionen vor. Erfaßt, klassifiziert und ausgewertet wurde das Material mit den Softwareprogrammen *SPSS* und *Excel.*

II. Der Anteil der eigenen Sachentscheidungen am Gesamtoutput des BGH

Die Erweiterung des gesetzlich normierten Anwendungsbereiches von § 354 Abs. 1 StPO durch die Rechtsprechung wurde bereits angesprochen und zeigt sich deutlich im Vergleich zwischen den Entscheidungen, die innerhalb des Erhebungszeitraumes auf eine unmittelbare Anwendung von § 354 Abs. 1 StPO gestützt werden, und solchen, die als analoge Anwendung der Norm einzuordnen sind (siehe oben Grafik 1). Unter diesem Blickwinkel erscheint es also nicht mehr ohne weiteres möglich, die eigene Sachentscheidung als reine Ausnahme anzusehen. Der tatsächliche quantitative Stellenwert der eigenen Sachentscheidung als solcher – in direkter und ana-

---

[411] Siehe im einzelnen zum Datenmaterial *Barton*, Revisionsrechtsprechung, S. 19 ff.

loger Normanwendung – innerhalb der BGH–Rechtsprechung wird denn auch durch folgende Grafik verdeutlicht:

Grafik 3: Anteil der eigenen Sachentscheidungen (direkt und analog) am gesamten BGH–Output

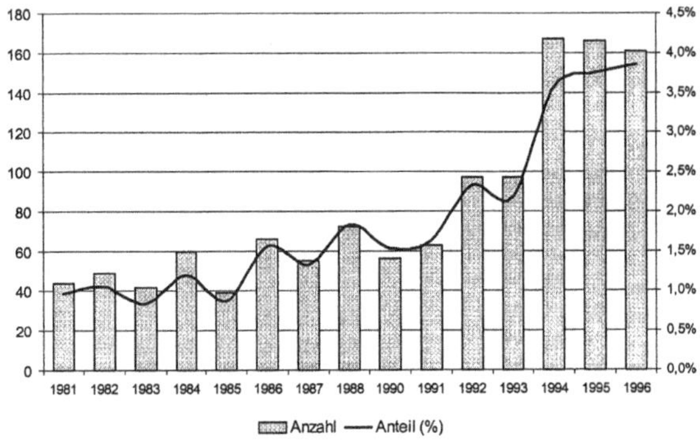

(Quelle: DFG–Projekt)[412]

Es zeigt sich, daß das Instrument der eigenen Sachentscheidung im Laufe der Jahre absolut gesehen immer häufiger angewandt wurde. Der „Trend zur eigenen Entscheidung" geht eindeutig nach oben. Aber auch prozentual gesehen nimmt die eigene Sachentscheidung innerhalb der gesamten Revisionsrechtsprechung mittlerweile einen durchaus beachtlichen Platz ein. Immerhin betrug die hier in Rede stehende Quote des BGH in den Jahren 1995 – 1996 ca. 4 % am Gesamtoutput. Auch in absoluten Zahlen ist die eigene Sachentscheidung durchaus nicht als „Leichtgewicht" zu betrachten. So lag die Zahl der auf § 354 Abs. 1 StPO gestützten Entscheidungen 1994 – 1996 im Durchschnitt bei ca. 165[413].

Da die überwiegende Anzahl der Revisionen vom Angeklagten eingelegt wird[414], braucht die Bedeutung der skizzierten Entwicklung für diesen wohl nicht weiter betont zu werden. Im folgenden soll die Bedeutung der eigenen Sachentscheidungen im Vergleich zu den gesamten Revisionsentscheidungen dargestellt werden. Angeführt sind neben den jeweiligen absoluten Zahlen auch die Prozentwerte bezogen auf das Verhältnis der eigenen Sachentscheidungen zum jeweiligen Gesamtoutput.

---

412 Siehe *Barton*, Revisionsrechtsprechung, S. 224 (Grafik 90).

413 Für die Praxis des Reichsgerichts in den Jahren 1925 – 1933 vgl. die Aufstellung von *Zeiler*, DRiZ 1935, 43.

414 Der durchschnittliche Anteil der Angeklagtenrevisionen an den Gesamtrevisionen beträgt 94, 6 %. Im einzelnen hierzu *Barton*, Revisionsrechtsprechung, Tabelle 7 (S. 45).

Tabelle 2: Eigene Sachentscheidungen nach Beschwerdeführern

	% (Verhältnis zum Gesamtoutput)	Anzahl
Angeklagter	1,8	1173
StA gegen Angekl.	1,9	51
StA für Angekl.	3,6	1
Nebenkläger	0,6	6
Nebenbeteiligte	10,3	3
Gesamt	1,8	1234

(Quelle: DFG–Projekt)

Tabelle 3: Entwicklung der eigenen Sachentscheidungen (Angeklagtenrevisionen)

	% (Verhältnis zum Gesamtoutput– Angekl.Revisionen)	Anzahl
1981	0,9	41
1982	1,0	46
1983	0,9	42
1984	1,1	53
1985	0,9	38
1986	1,6	64
1987	1,3	53
1988	1,9	71
1990	1,6	55
1991	1,6	61
1992	2,3	94
1993	2,2	94
1994	3,5	157
1995	3,7	153
1996	3,8	151
Gesamt	1,8	1173

(Quelle: DFG–Projekt)

Mit anderen Worten: Legt der Angeklagte Revision ein, muß er durchaus mit einer eigenen Sachentscheidung durch den BGH rechnen. Insbesondere ist dies natürlich auch für den Verteidiger im Hinblick auf die eintretende (evtl. teilweise) Rechtskraft eine wichtige Erkenntnis. Bemerkenswert ist aber auch, daß der Prozentsatz der eigenen Sachentscheidungen bei den Angeklagten– wie den StA–Revisionen gegen den Angeklagten praktisch identisch ist. Für den BGH scheint es im Hinblick auf den Eintritt der Rechtskraft keine Rolle zu spielen, ob nun der Angeklagte – untechnisch gesprochen „zu seinen Gunsten" – oder aber die Staatsanwaltschaft zu Lasten des Angeklagten Revision einlegt. Die „Zielrichtung" der Revision (zu Gunsten oder zu

Lasten des Angeklagten) scheint also bei der Frage der eigenen Sachentscheidung und damit dem Eintritt von Rechtskraft keine Bedeutung zu haben. Im Ergebnis wird hier also die Angeklagtenrevision *insoweit* genauso behandelt wie die Revision der Staatsanwaltschaft. Diese Tatsache kann nicht einfach als gesundes Gleichgewicht betrachtet werden, bedenkt man, daß es für die meisten eigenen Sachentscheidungen ja an einer ausdrücklichen gesetzlichen Grundlage fehlt. Vor diesem Hintergrund muß man vielmehr von einem Ungleichgewicht zu Lasten des Angeklagten sprechen. Drastisch formuliert könnte man sagen, daß der BGH keine Hemmschwelle hat, gesetzlich nicht kodifizierte eigene Sachentscheidungen wie solche zu behandeln, die ausdrücklich durch § 354 Abs. 1 StPO geregelt sind, egal, ob es sich um Revisionen zu Gunsten oder zu Lasten des Angeklagten handelt.

III. Die unmittelbare Anwendung des § 354 Abs. 1 StPO durch den BGH

Im folgenden wird danach gefragt, wie sich die Spruchpraxis des BGH im Hinblick auf die unmittelbare Anwendung des § 354 Abs. 1 StPO mit seinen verschiedenen Alternativen darstellt. Als Grundgesamtheit dienen dabei die 126 Fälle innerhalb des Erhebungszeitraumes von 1995 – 1997, in denen der BGH ganz oder zumindest teilweise seine Entscheidung auf die unmittelbare Anwendung des § 354 Abs. 1 StPO gestützt hat.

1. Die einzelnen Alternativen im Überblick

Schaut man sich nun die Entscheidungen an, die aufgrund einer direkten Anwendung des § 354 Abs. 1 StPO ergangen sind, so fällt zunächst auf, daß den Alternativen der „absolut bestimmten Strafe", der „gesetzlich niedrigsten Strafe" und des „Absehens von Strafe" so gut wie keine Bedeutung zukommt.

Im einzelnen ergibt sich das folgende Bild:
Im Erhebungszeitraum erging keine Entscheidung des BGH, die eine „absolut bestimmte Strafe" (§ 354 Abs. 1 Alt. 3 StPO) oder ein „Absehen von Strafe" (§ 354 Abs. 1 Alt. 5 StPO) zum Inhalt gehabt hätte. Auch die Alternative der gesetzlich niedrigsten Strafe ist mit einem Fall nicht gerade häufig vertreten – und deshalb auch nicht in nachfolgender Grafik aufgeführt. Im Hinblick auf die Verhängung einer „absolut bestimmten Strafe" darf vermutet werden, daß der BGH bei der Höchststrafe (praktisch relevant sind nur die Fälle des § 211 StGB) eine gewisse Zurückhaltung an den Tag legt, da ohne Hauptverhandlung kein umfassendes Bild des Angeklagten gewonnen werden kann[415].

---

[415] Bzgl. der Alternativen „Gesetzlich niedrigste Strafe" und „Absehen von Strafe" siehe AK – *Maiwald*, § 354, Rn. 8 und 10, der die zurückhaltende Handhabung der beiden Alternativen ausdrücklich begrüßt.

Grafik 4: Sachentscheidung § 354 direkt (Varianten)

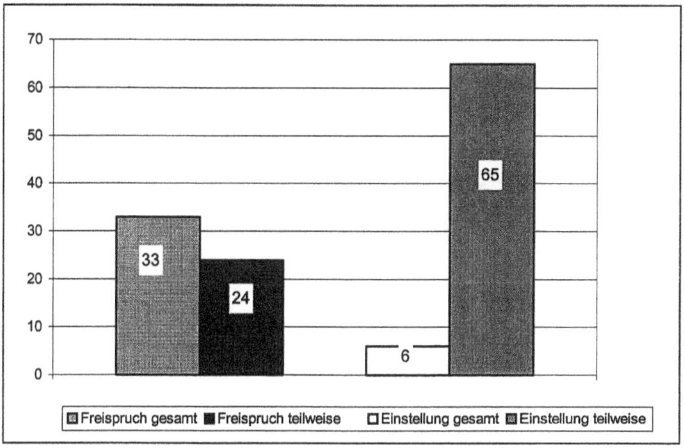

(Quelle: Eigene Erhebung)[416]

Die direkte Anwendung der Norm besteht demnach praktisch nur aus den Alternativen „Freispruch" und „Einstellung", so daß sich die Untersuchung im folgenden auf diese beiden Gruppen beschränken kann.

a) § 354 Abs. 1 Alt. 1 StPO (Freispruch)

Im Erhebungszeitraum ergingen insgesamt 57 Freisprüche. Dabei erfolgte 33 Mal ein vollständiger Freispruch, 24 Mal wurde der Angeklagte teilweise freigesprochen.

---

[416] Die Summe der Freisprüche und Einstellungen übersteigt den Wert der Grundgesamtheit von 126 Revisionen, da in einigen Fällen sowohl ein teilweiser Freispruch als auch eine teilweise Einstellung erfolgte.

Grafik 5: Sachentscheidung § 354 direkt (Freispruch)

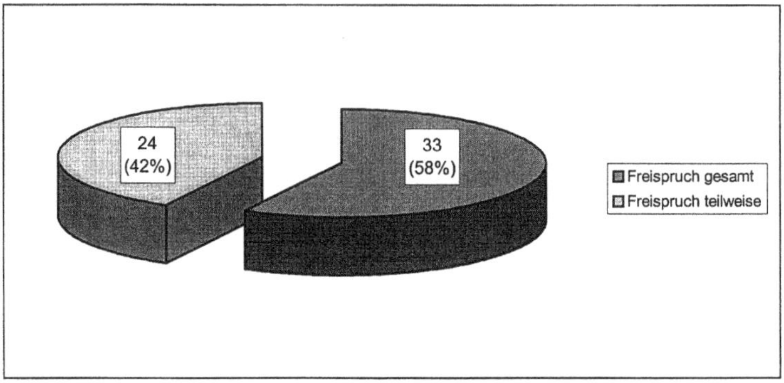

(Quelle: Eigene Erhebung)

Bzgl. der Alternative „Freispruch" erfolgte also in 58 % der Fälle ein vollständiger Freispruch und trat somit vollständige Rechtskraft ein. Die absolute Zahl der vollständigen Freisprüche ist allerdings zu relativieren. In 18 Fällen stand der Freispruch nämlich im Zusammenhang mit sog. „DDR–Straftaten". Stichwort: Rechtsbeugung. Dies erklärt auch die im Vergleich zu den anderen Senaten sehr hohe Zahl von (vollständigen) Freisprüchen beim 5. Senat (33 Fälle), denn die meisten der oben beschriebenen „DDR–Fälle" fielen in die Zuständigkeit dieses Senates. Daß diese Entscheidungen aus dem Rahmen fallen, bedarf wohl keiner näheren Erläuterung. Demgemäß fällt auch die Anzahl der vollständigen Freisprüche aus dem Rahmen. Zieht man die Zahl der „DDR–Fälle" von der Gesamtzahl der erfolgten vollständigen Freisprüche ab, so bleibt eine Zahl von nur 15 vollständigen Freisprüchen übrig.

Inhaltlich betrachtet lassen sich keine Besonderheiten – etwa eine bestimmte Deliktshäufigkeit – ausmachen. Vielmehr ergehen Freisprüche aufgrund der unterschiedlichsten fehlerhaften Subsumtionen des Tatgerichts. Als Beispiel für einen vollständigen Freispruch sei ein Fall[417] genannt, in dem die Angeklagte wegen (psychischer) Beihilfe zum Raub verurteilt worden war. Das Landgericht stützte die Verurteilung auf die bloße Anwesenheit der Angeklagten bei der Tat des Haupttäters und wertete dies als Unterstützung der Haupttat und damit als „Hilfeleisten" i. S. d. § 27 StGB. Der erkennende BGH–Senat sah in der bloßen Anwesenheit der Angeklagten am Tatort jedoch kein positives Tun. Er führt insoweit aus:

> „So verhielt es sich hier aber nicht; die Angeklagte hat nach den Feststellungen durch positives Tun keinen Gehilfenbeitrag geleistet. Das Landgericht räumt dies im Grunde auch selbst ein, indem es ihr angeblich strafbares Verhalten als 'Dulden' der Haupttat kennzeichnet. Dies deutet auf Beihilfe durch Unterlassen, die jedoch deshalb nicht in Betracht kommt, weil für die Angeklagte keine Garantenpflicht zur Abwendung der Raubtat bestand. Da weitere, zur Bejahung einer Beihilfe führende Feststellungen unter den gegebenen Umständen auch auf Grund einer neuen Ver-

[417] BGH, Beschl. v. 17.05.1995 – 2 StR 85/95.

handlung in der Tatsacheninstanz nicht zu erwarten sind, spricht der Senat die Angeklagte frei (§ 354 Abs. 1 StPO)."

In einem anderen Fall[418] war der Angeklagte wegen eines gefährlichen Eingriffs in den Straßenverkehr nach § 315 b Abs. 1 Nr. 2 StGB verurteilt worden. Er hatte als Fußgänger Autofahrer behindert, indem er auf der Fahrbahn entlang ging. Der BGH hob die Verurteilung auf, da die Behinderung im Hinblick auf deren Intensität nicht ausreichend sei, um ein „Hindernisbereiten" i. S. d. § 315 b Abs. 1 Nr. 2 StGB anzunehmen. Der BGH führt insoweit aus:

„Dies zugrunde gelegt, könnte der Anwendung des § 315 b StGB hier schon die fehlende Erheblichkeit der Einwirkung des Angeklagten auf den Verkehrsablauf entgegenstehen. In beiden Fällen hat die Strafkammer ausdrücklich nicht festzustellen vermocht, 'daß die beteiligten Fahrzeuglenker oder andere Autofahrer längere Zeit hinter dem Angeklagten herfahren mußten'. Bei dem Vorfall vom 14. Januar 1993 konnte das Landgericht auch nicht ausschließen, daß der Unfallbeteiligte L. sich selbst verkehrswidrig verhalten hat und 'bei vorsichtigerer Fahrweise den Angeklagten auf der Gegenfahrbahn ohne längere Wartezeit hätte überholen können, so wie es vor ihm bereits mehrere Fahrzeuge gemacht hatten'. Diese Umstände, die die Strafkammer – im Ergebnis zu Recht (s. dazu unten 4.) – veranlaßt haben, eine Strafbarkeit des Angeklagten wegen Nötigung nach § 240 Abs. 1 StGB zu verneinen, weil eine nur kurzfristige Verzögerung des Verkehrsflusses 'sich wegen zu geringer Dauer und Intensität als Belästigung bzw. Behinderung darstellt', stehen in gleicher Weise aber auch der Annahme einer groben Einwirkung von einigem Gewicht durch den Angeklagten, wie sie § 315 b StGB voraussetzt, entgegen."

b) § 354 Abs. 1 Alt. 2 StPO (Einstellung)

Der BGH machte innerhalb des Auswertungszeitraumes 71 Mal von der Möglichkeit Gebrauch, das Verfahren wegen eines unbehebbaren Prozeßhindernisses einzustellen.

Grafik 6: Sachentscheidung § 354 direkt (Einstellung)

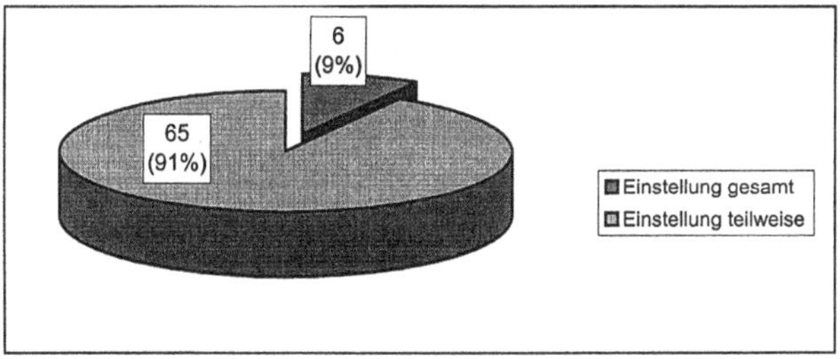

(Quelle: Eigene Erhebung)

Vergleicht man das Verhältnis zwischen vollständigen und teilweisen Einstellungen, so finden sich Parallelen zur Alternative des Freispruchs. Nur in sechs Fällen wurde das Verfahren im Erhebungszeitraum komplett eingestellt. Der Großteil davon –

---

[418] BGH, Urt. v. 31.08.95 – 4 StR 283/95.

nämlich die Hälfte – wurde aufgrund einer nicht ordnungsgemäßen Anklage eingestellt[419]. Die meisten Fälle haben dagegen eine nur teilweise Einstellung des Verfahrens zum Inhalt (ca. 91 %). Wird das Verfahren teilweise eingestellt, so handelt es sich dabei sehr oft um Fälle, in denen die Verfolgungsverjährung eingetreten ist; insbesondere bei Sexualstraftaten[420].

2. Zusammenfassung

Es läßt sich festhalten, daß von den in § 354 Abs. 1 StPO normierten Alternativen, der Freispruch (§ 354 Abs. 1 Alt. 1 StPO) und die Einstellung (§ 354 Abs. 1 Alt. 2 StPO) dominieren. Absolut betrachtet haben die übrigen Alternativen „Absolut bestimmte Strafe", „Gesetzlich niedrigste Strafe" und das „Absehen von Strafe" keinerlei Bedeutung. Man kann also sagen, daß der BGH bei der unmittelbaren Anwendung des § 354 Abs. 1 StPO lediglich auf zwei der insgesamt fünf Alternativen zurückgreift bzw. zurückgreifen muß. Die Bedeutung der unmittelbaren Anwendung des § 354 Abs. 1 StPO ist in tatsächlicher Hinsicht also nicht nur im Verhältnis zur analogen Anwendung zu relativieren, sondern auch innerhalb der einzelnen Normalternativen ist ein deutliches „Gefälle" zu Gunsten des Freispruchs und der Einstellung festzustellen. Etwas überspitzt könnte man behaupten, daß sich diese restriktive Tendenz beim Ausmaß der Rechtskraft fortsetzt. Im Rahmen der unmittelbaren Anwendung des § 354 Abs. 1 StPO sind sowohl vollständige Freisprüche, als auch vollständige Einstellungen die Ausnahme[421]. Nur in seltenen Fällen wird das Verfahren durch einen Freispruch bzw. eine Einstellung vollständig beendet. Im Bereich der (teilweisen) Einstellung dominieren die Fälle der Verfolgungsverjährung, bei der Gruppe der Freisprüche sind inhaltlich keine Besonderheiten festzustellen.

IV. Die analoge Anwendung des § 354 Abs. 1 StPO durch den BGH

Ebenso wie bei der Beschreibung der unmittelbaren werden auch hier bei der analogen Normanwendung die einzelnen Alternativen im einzelnen dargestellt. Als Grundlage dienen dafür alle 476 Fälle, welche (auch) durch eine Analogie zu § 354 Abs. 1 StPO innerhalb des Erhebungszeitraumes von 1995 – 1997 entschieden wurden. Ungeachtet der oben geäußerten Bedenken[422] wendet der BGH in ständiger Rechtsprechung § 354 Abs. 1 StPO stets dann entsprechend an, wenn aus seiner Sicht im Schuld- oder/und Rechtsfolgenausspruch bei einer Zurückverweisung ein

---

[419] Z. B. BGH, Beschl. v. 08.08.1996 – 4 StR 344/96; BGH, Beschl. v. 15.12.1995 – 2 StR 501/95.

[420] Beispiele: BGH, Beschl. v. 20.04.1995 – 1 StR 118/95; Beschl. v. 14.11.1995 – 1 StR 413/95; Beschl. v. 18.08.1995 – 2 StR 318/95; Beschl. v. 15.11.1995 – 3 StR 433/95; Beschl. v. 20.12.1995 – 5 StR 583/95; Beschl. v. 27.02.1996 – 1 StR 54/96; Beschl. v. 02.10.1996 – 2 StR 443/96.

[421] Es sei im Hinblick auf die Alternative „Freispruch" an die „atypischen Fälle" der sog. DDR–Straftaten erinnert, welche das Verhältnis zwischen vollständigen und teilweisen Freisprüchen zugunsten der ersten Gruppe verzerren.

[422] Siehe unter C.

bestimmtes Ergebnis rechtlich zwingend wäre[423]. Das tatsächliche Ausmaß dieser Analogiebildung soll nun beschrieben werden.

1. Die einzelnen Alternativen im Bereich der Schuldspruchänderung

Die numerische Häufigkeit der Analogiebildung im Bereich des Schuldspruchs stellt sich für die einzelnen Variationsmöglichkeiten einer Schuldspruchänderung wie folgt dar:

Grafik 7: Sachentscheidung § 354 analog (Varianten)

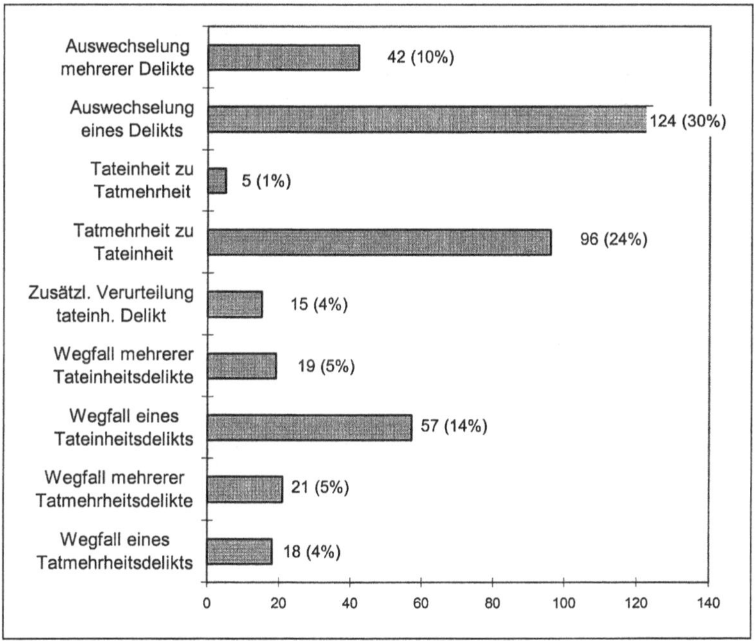

(Quelle: Eigene Erhebung)

Anzumerken ist zunächst, daß elf Fälle (entsprechend ca. 3 %) nicht in obiger Grafik aufgeführt sind, da sie nicht klassifiziert werden konnten, weil der BGH nicht mitgeteilt hat, inwieweit sich die eigene Sachentscheidung vom tatgerichtlichen Urteil unterscheidet[424]. Im folgenden sollen die einzelnen Fallgruppen nun näher untersucht werden.

---

423 *Sarstedt/Hamm*, Revision in Strafsachen, Rn. 1289.

424 Vereinzelt erfolgten daneben auch Entscheidungen, die sich nicht in die angeführten Fallgruppen

a) Wegfall eines bzw. mehrerer Tatmehrheitsdelikte

In knapp 10 % der Fälle änderte der BGH den Schuldspruch dahin, daß er ein oder mehrere in Tatmehrheit stehende Delikte wegfallen ließ. Recht häufig handelt es sich dabei um Betäubungsmitteldelikte. Werden ein bzw. mehrere realkonkurrierende Delikte gestrichen, so ist insoweit das Verfahren einzustellen bzw. – falls die Voraussetzungen vorliegen – freizusprechen[425].

b) Wegfall eines bzw. mehrerer Tateinheitsdelikte

Als in quantitativer Hinsicht recht bedeutsam erweist sich die Fallgruppe der Streichung eines bzw. mehrerer in Tateinheit stehender Delikte. Immerhin in ca. 19 % der Fälle einer Schuldspruchänderung wurden ein bzw. mehrere in Tateinheit stehende Delikte vom BGH „aus dem Tenor entfernt"[426]. Eine große Gruppe von Entscheidungen betrifft dabei Verurteilungen wegen Sexualstraftaten. Dabei werden zum einen idealkonkurrierende Delikte wegen mangelnder Tatbestandsverwirklichung gestrichen[427]. Zum anderen finden sich aber auch (seltener) Judikate, in denen ein idealkonkurrierendes Delikt im Wege der Gesetzeskonkurrenz zurücktritt[428].

c) Hinzufügung eines in Tateinheit stehenden Deliktes

In seltenen Fällen[429] (knapp 4 %) fügt der BGH ein vom Landgericht übersehenes – tateinheitlich verwirklichtes – Delikt dem Schuldspruch hinzu[430]. Eine Konzentration

---

einteilen ließen. So wurde z. B. in einer Entscheidung eine Wahlfeststellung in eine eindeutige Verurteilung abgeändert (BGH, Beschl. v. 18.12.1996 – 2 StR 637/96). *Bode*, Sachentscheidung, S. 26, betrachtet diese Konstellation allerdings als einen Sonderfall der Auswechselung einer Vorschrift. Angesprochen sei hier auch wieder der Fall, in dem der BGH eine Verurteilung wegen schwerer Körperverletzung in eine solche wegen Körperverletzung in Tatmehrheit mit Beihilfe zur schweren Körperverletzung abänderte (BGH, Beschl. v. 19.02.1997 - 3 StR 21/97).

[425] Vgl. *Bode*, Sachentscheidung, S. 25.

[426] BGH, NStZ-RR 1997, 261; NStZ-RR 1997, 356; NStZ 1997, 497; NStZ-RR 1997, 319; StV 1998, 127; NJW 1998, 2064; NStZ 1998, 35; NStZ-RR 1998, 7; NStZ-RR 1998, 42; NStZ 1998, 187; BGHR StGB § 145 II Konkurrenzen 1; BGHR StGB § 253 I Konkurrenzen 3; BGHR StGB § 344 I Konkurrenzen 1; BGH, Beschl. v. 12.03.1998 - 1 StR 708/97; BGH, Beschl. v. 04.09.1996 - 5 StR 406/96; BGH, Beschl. v. 05.12.1996 - 4 StR 577/96; BGH, Beschl. v. 10.11.1995 - 2 StR 400/95; BGH, Beschl. v. 17.12.1997 - 5 StR 506/97; BGH, Beschl. v. 18.06.1997 - 3 StR 206/97; BGH, Beschl. v. 22.10.1997 - 2 StR 485/97; BGH, Beschl. v. 09.04.1997 - 2 StR 9/97. Nachweise älterer Entscheidungen finden sich bei *Batereau*, Schuldspruchberichtigung, S. 58 mit Fn. 11 und 12. Weitere Beispiele gibt *Steinmetz,* Sachentscheidungskompetenzen, S. 145 mit Fn. 156 und 157.

[427] BGH, NJW 1996, 2107; NStZ 1996, 435; StV 1996, NStZ 1997, 385; 248; NStZ 1998, 86; Urt. v. 06.09.95 - 2 StR 363/95; Beschl. v. 16.04.1996 - 4 StR 119/96; Beschl. v. 25.06.1997 – 2 StR 279/97; Beschl. v. 22.10.1997 - 2 StR 485/97; BGHSt 41, 242 (245).

[428] BGH, NJW 1996, 1294; NJW 1996, 1762; NStZ-RR 1996, 227; Beschl. v. 19.12.1997 - 2 StR 435/97; BGHR StGB § 177 I Konkurrenzen 11.

[429] Die relativ geringe Anzahl von Judikaten, in denen ein idealkonkurrierendes Delikt vom Revisionsgericht hinzugefügt wird, wird schon von *Bode*, Sachentscheidung, S. 26, festgestellt. Siehe auch *Steinmetz,* Sachentscheidungskompetenzen, S. 149.

[430] BGH, NJW 1995, 3194; StV 1995, 622; NJW 1996, 328; NStZ-RR 1996, 100; NStZ 1996, 31; NJW 1997, 138; NStZ 1997, 542; NStZ 1998, 362; Beschl. v. 30.08.95 - 2 StR 404/95; Urt. v. 23.10.1997 - 5

auf bestimmte Deliktsgruppen läßt sich hier nicht ausmachen, wäre im übrigen aber auch aufgrund der geringen Anzahl von Entscheidungen (absolut 15 Fälle) im Aussagegehalt unergiebig. Inhaltlich betrachtet handelt es sich bei den hinzugefügten Delikten um schwerere, gleich schwere oder aber auch um leichtere Delikte[431].

d) Änderung des Konkurrenzverhältnisses

Besonders häufig finden sich Entscheidungen, bei denen das Konkurrenzverhältnis zwischen den vom Landgericht angenommenen Straftatbeständen geändert wurde[432]. Bei fast einem Viertel aller Entscheidungen wurde entweder Tatmehrheit in Tateinheit oder aber – in seltenen Fällen[433] – umgekehrt Tateinheit in Tatmehrheit umgewandelt. Auffällig ist dabei die große Gruppe von Entscheidungen, die Waffendelikte zum Inhalt haben[434]. Offenbar scheint hier die Abgrenzung zwischen Tatmehrheit und Tateinheit recht problematisch; insbesondere die Frage des „andauernden Ausübens der Gewalt über eine Waffe" findet sich immer wieder als Grund für eine entsprechende Änderung des Konkurrenzverhältnisses. Als typisches Beispiel sei nur folgender Fall genannt:
Das Landgericht hatte den Angeklagten u. a. wegen des unerlaubten Erwerbs einer Schußwaffe (§ 53 Abs. 3 Nr. 1 a WaffG) und wegen des unerlaubten Überlassens einer Schußwaffe an einen Nichtberechtigten (§ 53 Abs. 3 Nr. 2 WaffG) zu einer Gesamtfreiheitsstrafe von 3 Jahren verurteilt. Dabei bewertete es das Konkurrenzverhältnis der angeführten Delikte zueinander als Tatmehrheit (§ 53 StGB). Zur Konkurrenzfrage führte der BGH[435] aus:

„Die Annahme von Tatmehrheit in den Fällen II 9 und 10 der Urteilsgründe hält dagegen rechtlicher Nachprüfung nicht stand. Nach den Feststellungen erwarb der Angeklagte Ende März 1993 die Waffe. Nach wenigen Tagen wollte er sie wieder loswerden, weil sie ihm 'zu groß' war. Er ver-

---

StR 486/97.

[431] Vgl. auch *Steinmetz,* Sachentscheidungskompetenzen, S. 149 (mwN).

[432] Beispiele: BGH, StV 1995, 298; NStZ 1995, 588; NStZ 1996, 599; NStZ 1996, 610; wistra 1996, 348; NJW 1997, 265; NStZ 1997, 276; NStZ-RR 1997, 34; StV 1997, 411; wistra 1997, 181; NJW 1998, 619; StV 1998, 72; StV 1998, 335; BGHR StGB § 263 I Konkurrenzen 10; BGHR StGB § 52 I Handlung, dieselbe 31; Beschl. v. 26.05.1995 - 2 StR 239/95; Beschl. v. 18.08.1995 - 2 StR 346/95; Beschl. v. 19.04.1995 - 3 StR 89/95; Beschl. v. 19.07.1995 - 3 StR 233/95; Beschl. v. 02.03.1995 - 4 StR 49/95; Beschl. v. 19.12.1995 - 4 StR 657/95; Beschl. v. 14.07.1995 - 5 StR 316/95; Urt. v. 16.01.1996 - 1 StR 615/95; Beschl. v. 03.04.1996 - 3 StR 3/96; Beschl. v. 11.09.1996 - 3 StR 361/96; Beschl. v. 29.08.1996 - 4 StR 396/96; Beschl. v. 29.10.1996 - 4 StR 414/96; Beschl. v. 28.11.1996 - 4 StR 529/96; Beschl. v. 20.03.1996 - 5 StR 69/96; Beschl. v. 26.02.1997 - 2 StR 597/96; Beschl. v. 27.02.1997 - 1 StR 66/97; Beschl. v. 23.07.1997 - 3 StR 36/97; Beschl. v. 06.05.1997 - 4 StR 152/97; Beschl. v. 15.05.1997 - 4 StR 210/97; Beschl. v. 05.08.1998 - 2 StR 624/97.

[433] Dazu sogleich mehr.

[434] Beispiele: BGH, StV 1995, 587; NJW 1996, 1483; NStZ-RR 1997, 171; NStZ 1998, 251; BGHR WaffG § 53 I Konkurrenzen 4; Beschl. v. 21.03.1995 - 5 StR 70/95; Beschl. v. 29.10.1996 - 1 StR 310/96; Beschl. v. 27.09.1996 - 2 StR 297/96; Beschl. v. 14.05.1996 - 4 StR 189/96; Beschl. v. 20.08.1996 - 4 StR 309/96; Beschl. v. 06.05.1997 - 1 StR 129/97; Beschl. v. 28.08.1997 - 1 StR 266/97; Beschl. v. 16.09.1997 - 1 StR 472/97; Beschl. v. 23.09.1997 - 1 StR 516/96; Beschl. v. 02.04.1997 - 2 StR 102/97; Beschl. v. 06.08.1997 - 2 StR 259/97; Beschl. v. 05.05.1997 - 4 StR 173/97.

[435] BGH, StV 1995, 587 (= Beschl. v. 20.06.1995 - 4 StR 273/95).

> kaufte sie deshalb 'einige Tage nach dem Erwerb' an einen nicht zum Erwerb berechtigten Dritten. Diese beiden Straftaten, der Erwerb und das Überlassen an einen Nichtberechtigten, werden nach der Rechtsprechung des Bundesgerichtshofs durch das bei ihnen beiden gleichzeitig vorliegende andauernde Ausüben der tatsächlichen Gewalt über die Waffe durch den Angeklagten zur Tateinheit verbunden (Beschluß vom 13. August 1985 – 4 StR 410/85; Steindorf, Waffenrecht, 6. Aufl. § 53 WaffG Rdn. 33 m.w.N.)."

Als weitere quanititativ bedeutsame Fallgruppe erweisen sich die Fälle, in denen Sexualstraftaten im Mittelpunkt stehen[436]. Als typisch ist dabei die Fallgestaltung anzusehen, in denen die vom Täter zur Vergewaltigung eingesetzte Gewalt bei nachfolgenden Handlungen noch weiterwirkt. So lag es z. B. auch im folgenden Fall:

Das Landgericht hatte den Angeklagten wegen Vergewaltigung in Tateinheit mit vorsätzlicher Körperverletzung und wegen räuberischer Erpressung zu einer Gesamtfreiheitsstrafe von drei Jahren verurteilt. Im Hinblick auf das Verhältnis zwischen der Vergewaltigung und der räuberischen Erpressung führt der BGH[437] aus:

> „Den Feststellungen ist zu entnehmen, daß der Angeklagte die zur Vergewaltigung eingesetzte Gewalt und Drohung mit Gewalt zur nachfolgenden räuberischen Erpressung bewußt ausgenutzt hat. Wegen der damit vorliegenden Überschneidung der tatbestandlichen Ausführungshandlungen stehen die einzelnen Tatbestände im Verhältnis der Tateinheit."

Als relativ bedeutsam erweist sich schließlich auch noch die Gruppe der BtM–Delikte[438].

Sieht man sich die Fälle an, in denen das Konkurrenzverhältnis vom BGH neu beurteilt wurde, so stellt man fest, daß die Änderung von Tatmehrheit in Tateinheit die Regel darstellt (absolut 96 Fälle). Dagegen erfolgte im Erhebungszeitraum nur in 5 Fällen umgekehrt eine Änderung von Tateinheit in Tatmehrheit. Für letztere Konstellation sei ein Beispiel aus dem Bereich des BtM–Strafrechts vorgestellt:

Das Landgericht hatte den Angeklagten wegen zweier Fälle des unerlaubten Handeltreibens mit Betäubungsmitteln in nicht geringer Menge, jeweils in Tateinheit mit deren unerlaubtem Besitz, unter Einbeziehung rechtskräftiger Einzelstrafen aus einer anderen Verurteilung zu zwei Jahren und sechs Monaten Gesamtfreiheitsstrafe verurteilt. Auf die Revision des Angeklagten änderte der BGH[439] den Schuldspruch dahin, daß der Angeklagte nunmehr wegen unerlaubten Handeltreibens mit Betäubungsmitteln in nicht geringer Menge in drei Fällen, jeweils in Tateinheit mit unerlaubtem Besitz von Betäubungsmitteln in nicht geringer Menge schuldig ist. Bzgl. der – bei einer Änderung des Konkurrenzverhältnisses von Tateinheit in Tatmehrheit grundsätzlich problematischen – Beschwer des Revisionsführers führt der BGH aus:

---

[436] BGH, StV 1995, 635; NStZ 1996, 333; NJW 1997, 1244; NStZ 1998, 86; NStZ-RR 1998, 174; BGHR StPO § 354 I Strafausspruch 7; Beschl. v. 14.07.1995 - 2 StR 124/95; Beschl. v. 18.07.1995 - 4 StR 295/95; Beschl. v. 24.09.1996 - 5 StR 457/96; Beschl. v. 04.12.1996 - 5 StR 594/96; Beschl. v. 06.11.1997 - 4 StR 498/97.

[437] BGH, Beschl. v. 04.12.1996 – 5 StR 594/96.

[438] Siehe nur BGH, StV 1995, 521; NStZ-RR 1996, 344; Beschl. v. 02.06.95 - 2 StR 198/95; Urt. v. 28.10.1997 - 1 StR 501/97.

[439] BGH, NStZ-RR 1997, 144 (= Beschl. v. 23.10.1996 - 5 StR 505/96).

„Regelmäßig wird allerdings allein die Annahme von Tateinheit statt Tatmehrheit bei identischem Schuldumfang keine revisionsrechtliche Beschwer begründen können (vgl. BGHR StGB vor § 1/Serienstraftaten Betrug 2). Dies liegt hier ausnahmsweise anders im Blick auf die Einsatzstrafe, die wegen der einheitlichen Betrachtung auf zwei Jahre Freiheitsstrafe festgesetzt wurde. Allein aufgrund dieser Höhe (§ 54 Abs. 1 Satz 2, § 58 Abs. 1 StGB) hat sie eine, wie das Landgericht hervorhebt (UA S. 17), sonst naheliegende Strafaussetzung verhindert. Erneuter Entscheidung über die Gesamtsanktion bedarf es hier ferner vor dem Hintergrund beträchtlicher Verfahrensverzögerungen, deren Auswirkung auf die Sanktion näher zu bestimmen sein wird (vgl. BGHR StGB § 46 Abs. 2 Verfahrensverzögerung 7, § 54 Bemessung 2), und gewichtiger sozialer Stabilisierung des Angeklagten."

Im Gesamtstrafenausspruch wurde das Urteil aufgehoben und an das Landgericht zurückverwiesen.

Eine Erklärung für die Zurückhaltung des BGH bei der Änderung des Konkurrenzverhältnisses von Tateinheit in Tatmehrheit im Vergleich zur umgekehrten Konstellation fällt schwer, wenn man davon ausgeht, daß tatsächlich bei der rechtlichen Bewertung sowohl bei tateinheitlich als auch bei tatmehrheitlich verbundenen Delikten bei den Tatgerichten die gleiche „Fehlerhäufigkeit" auftritt. Vielleicht liegt ein Grund darin, daß – bei einer Revision durch die Staatsanwaltschaft zum Nachteil des Angeklagten – eine mit der Änderung des Konkurrenzverhältnisses von Tateinheit in Tatmehrheit grundsätzlich einhergehende „Verschlechterung" des Strafmaßes (aus Sicht des Angeklagten!) vermieden werden soll.

e) Auswechselung eines bzw. mehrerer Delikte

Die quantitativ stärkste Gruppe bilden mit Abstand die Judikate, in denen ein oder mehrere (entweder dieselben oder aber auch verschiedene) Straftatbestände vom BGH ausgetauscht werden[440]. In fast 41 % der Entscheidungen war dies der Fall. Diese Fallgruppe der Schuldspruchänderung dominiert demnach in der Spruchpraxis des BGH im Rahmen der eigenen Sachentscheidung[441]. Im Bereich der Ersetzung von allgemeinen Vorschriften dominieren hierbei die Änderung von Täterschaft in Beihilfe bzw. die Änderung von Vollendung in Versuch. Ein Beispiel für die „Untergruppe" der Änderung von Vollendung in Versuch:

---

[440] Siehe nur: BGH, DAR 1995, 259; DAR 1996, 175; DAR 1996, 322; NJW 1995, 2799; NJW 1996, 328; NJW 1996, 1069; NJW 1996, 1483; NJW 1996, 2663; NJW 1996, 2802; NJW 1997, 138; StV 1996, 2; StV 1996, 5; StV 1996, 360; StV 1996, 482; StV 1996, 541; StV 1997, 7; StV 1997, 183; StV 1997, 302; NStZ-RR 1996, 356; NStZ-RR 1996, 374; NStZ-RR 1997, 49; NStZ-RR 1997, 33; BGHR BtMG § 29a I Nr. 2 Besitz 1; BGHR WaffG § 53 III Tatsächliche Gewalt 2; BGHR StGB § 315c I Nr. 1a Vorsatz 2; BGHR StGB § 249 I Zueignungsabsicht 8; Beschl. v. 25.04.95 - 1 StR 159/95; Beschl. v. 13.07.95 - 1 StR 218/95; Beschl. v. 14.11.1995 - 1 StR 612/95; Beschl. v. 03.05.95 - 3 StR 119/95; Beschl. v. 04.04.95 - 4 StR 136/95; Beschl. v. 19.04.95 - 4 StR 175/95; Beschl. v. 01.08.95 - 4 StR 404/95; Beschl. v. 17.10.95 - 4 StR 541/95; Beschl. v. 07.11.1995 - 4 StR 637/95; Beschl. v. 08.02.1996 - 4 StR 772/95; Urt. v. 06.04.95 - 5 StR 106/95; Beschl. v. 21.03.95 - 5 StR 110/95; Beschl. v. 03.05.95 - 5 StR 194/95; Beschl. v. 20.06.95 - 5 StR 249/95; Beschl. v. 14.07.95 - 5 StR 316/95; Beschl. v. 28.11.1995 - 5 StR 610/95; Beschl. v. 06.02.1996 - 5 StR 736/95; Beschl. v. 27.02.1996 - 1 StR 66/96; Beschl. v. 16.04.1996 - 1 StR 173/96; Beschl. v. 09.05.1996 - 1 StR 216/96; Beschl. v. 09.05.1996 - 1 StR 256/96; Beschl. v. 18.12.1996 - 2 StR 637/96; Beschl. v. 21.03.1996 - 4 StR 83/96

[441] Die quantitative Bedeutung wird noch erhöht, wenn man auch die Änderung des Konkurrenzverhältnisses als einen Unterfall einer Deliktsauswechselung betrachtet. Egal, ob man nun die beiden Gruppen zusammenfaßt oder nicht, liegen hier jedenfalls die Schwerpunkte der praktischen Tätigkeit des BGH im Bereich eigener Sachentscheidungen, die den Schuldspruch betreffen.

Das Landgericht hatte den Angeklagten wegen vollendeten schweren Raubes zu einer Freiheitsstrafe von fünf Jahren und sechs Monaten verurteilt. Der BGH[442] sah dagegen lediglich einen versuchten schweren Raub als gegeben an:

> „Nach den Feststellungen entledigte sich der Angeklagte des geraubten Korbes, der das darin vermutete Bargeld, auf das es ihm ausschließlich ankam, nicht enthielt. Beim Entreißen des Korbes fiel zwar eine Geldbörse mit darin befindlichen 250 DM zu Boden. Dem entnimmt der Senat, daß der Angeklagte daran keinen Gewahrsam erlangte. Danach liegt im vorliegenden Fall versuchter, nicht vollendeter schwerer Raub vor (BGHR StGB § 249 Abs. 1 Zueignungsabsicht 1; BGH StV 1990, 408; BGH, Beschluß vom 1. August 1995 – 4 StR 404/95."

Allerdings läßt sich während des Erhebungszeitraumes auch eine Entscheidung finden, in der – umgekehrt – der BGH eine versuchte Tat in eine Vollendungsstrafbarkeit geändert hat[443].

Im Bereich des Besonderen Teils des StGB finden sich häufig Entscheidungen, in denen anstatt der tatrichterlich angenommenen Qualifikation lediglich das Grunddelikt als verwirklicht angesehen wird. Als Beispiel hierfür sei die sog. „Labello–Entscheidung" angeführt[444]:

Das Landgericht hatte die Angeklagte wegen schwerer räuberischer Erpressung und wegen schweren Raubes in zwei Fällen zu einer Gesamtfreiheitsstrafe von zwei Jahren und vier Monaten verurteilt. Auf die Revision der Angeklagten änderte der BGH den Schuldspruch im Hinblick auf die schwere räuberische Erpressung (§§ 235, 255, 250 StGB) in eine (einfache) räuberische Erpressung (§§ 253, 255 StGB). Der Senat führt aus:

> „Dagegen trifft die Auffassung des Landgerichts nicht zu, die Angeklagte habe unter den tatqualifizierenden Voraussetzungen des § 250 Abs. 1 Nr. 2 StGB gehandelt. Der von der Angeklagten verwendete Labellostift war keine 'Waffe oder sonst ein Werkzeug oder Mittel' im Sinne dieser Vorschrift."

Ein Beispiel aus dem Bereich der Tötungsdelikte[445]:

Das Landgericht hatte den Angeklagten wegen Mordes (§ 211 StGB) zu lebenslanger Freiheitsstrafe verurteilt. Auf die Revision des Angeklagten wandelte der BGH den Schuldspruch in einen Totschlag (§ 212 StGB) um. Insoweit führt er aus:

> „Die Annahme des Schwurgerichts, der Angeklagte habe im Sinne des § 211 Abs. 2 StGB 'grausam' getötet, hält rechtlicher Überprüfung nicht stand. ... Jedoch belegen die vom Schwurgericht getroffenen Feststellungen nicht, daß der Angeklagte seinem Opfer Schmerzen oder Qualen zugefügt hat, die nach Stärke oder Dauer über das für die Tötung erforderliche Maß hinausgingen. Damit ist auch der Schluß der Strafkammer nicht gerechtfertigt, der Angeklagte habe erkannt, daß sein Opfer durch die Art der Tatausführung übermäßige Schmerzen erleide (vgl. im übrigen zur inneren Tatseite beim Mordmerkmal 'grausam' BGH NStZ 1982, 379; Witt aaO S. 76 ff.). Der Vor-

---

[442] BGH, Beschl. v. 03.12.1997 - 5 StR 555/97. Weitere Beispiele: BGH, NJW 1997, 2610; NStZ-RR 1997, 294; BGH, Beschl. v. 13.01.1998 - 4 StR 589/97; Beschl. v. 03.12.1997 - 5 StR 195/97; Beschl. v. 17.09.1997 - 5 StR 470/97.

[443] BGH, NJW 1996, 936.

[444] BGH, NJW 1996, 2663.

[445] BGH, StV 1997, 565. Weitere Entscheidungen: BGH, NStZ-RR 1996, 356; NStZ 1998, 38; BGHR StGB § 250 I Nr. 2 Mittel 5.

> wurf 'grausamen' Tötens, der sich hier auch nicht aus den Umständen der Tötung ergibt (vgl. BGH NJW 1971, 1189, 1190; Lackner/Kühl, StGB 22. Aufl. § 211 Rdn. 10), muß daher entfallen."

Schaut man sich den Besonderen Teil des StGB an, so wird vom BGH oft ein Schuldspruch wegen gefährlicher Körperverletzung (§ 223 a StGB a. F.) in einen solchen wegen Körperverletzung mit Todesfolge (§ 226 StGB a. F.) geändert. So z. B. im folgenden Fall[446]:

Das Landgericht hatte die Angeklagten u. a. wegen gefährlicher Körperverletzung zu (Gesamt)–Freiheitsstrafen verurteilt. Auf die Revisionen der Staatsanwaltschaft wurde das Urteil des Landgerichts in den Schuldsprüchen dahin abgeändert, daß die Angeklagten nicht der gefährlichen Körperverletzung, sondern der Körperverletzung mit Todesfolge schuldig sind.

Zum Tatgeschehen führt das Landgericht aus:

> „Die Angeklagten tranken am Tag vor der Tat und am Vormittag des nächsten Tages erhebliche Mengen Alkohol. Mit dem in den frühen Vormittagsstunden hinzukommenden Walter W. kam es zu einem heftigen Streit, der zur Folge hatte, daß die beiden Angeklagten den älteren und ihnen körperlich unterlegenen Mann mit den Fäusten schlugen und, nachdem dieser zu Boden gegangen war, mit den Füßen traten. Unterbrochen von einigen Pausen setzten sie diese Mißhandlungen bis in die Nachmittagsstunden fort. Sie traten gegen den Körper des ihnen hilflos ausgelieferten Opfers und schlugen es gegen Gesicht und Kopf. Am späten Vormittag rief der Angeklagte S.: 'Ich schlag' Dich tot, Du Drecksau, Du Assi'. W. bat mehrfach, ihn gehen zu lassen; zweimal gelang es ihm, an das Fenster zu gelangen: Einmal wollte er sich aus dem offenen, einmal aus dem geschlossenen Fenster stürzen; beide Male riß S. ihn zurück. Während des Tatgeschehens konsumierten die Angeklagten Alkohol. Als Folge der Mißhandlungen erlitt W. zahlreiche Verletzungen, darunter ein Schädelhirntrauma und eine darauf beruhende Gehirnblutung, an der er verstarb."

In rechtlicher Hinsicht führt das Landgericht weiter aus:

> „Das Landgericht wertete dieses Tatgeschehen als gefährliche – gemeinschaftlich begangene – Körperverletzung. Es konnte sich nicht die Überzeugung verschaffen, daß die beiden Angeklagten den Tod des Walter W. vorhersehen konnten; dies hält rechtlicher Prüfung nicht stand. ... Bei Beendigung der Mißhandlungen erkannten die Angeklagten den kritischen Zustand ihres Opfers und versuchten, es durch Unterschieben eines Kissens unter den Kopf und durch Einflößen von Wasser wieder zu Bewußtsein zu bringen: außerdem bemühten sie sich um einen Notarzt. Die Vorhersehbarkeit des Todeseintritts kann bei so schweren und lang andauernden Gewalthandlungen, wie sie hier vorliegen, nicht einmal dann fraglich sein, wenn die Erkenntnisfähigkeit der Täter wegen ihrer alkoholbedingten Bewußtseinstrübung nachhaltig vermindert war (vgl. dazu BGHR StGB § 226 Todesfolge 7). Die Ausführungen des Tatrichters erweisen, daß er insoweit von falschen Maßstäben ausgegangen ist. Dies belegt insbesondere sein Hinweis, es sei nicht allgemein bekannt, jedenfalls nicht bei medizinischen Laien, daß heftige Faustschläge auf den Kopf oder in das Gesicht ein schweres Schädelhirntrauma und daß dieses Gehirnblutungen mit Todeserfolg auslösen könnte. Es genügt, daß der Täter den Tod eines mißhandelten Opfers in der konkreten Tatsituation nach seinen persönlichen Kenntnissen und Fähigkeiten voraussehen kann; nicht erforderlich ist daher, daß er die genauen medizinischen Abläufe, die schließlich den Tod herbeiführen, erkannt hat oder erkennen konnte. Die vom Landgericht getroffenen Feststellungen zum äußeren Tatgeschehen belegen eindeutig sowohl die objektive als auch die subjektive Vorausseh-

---

[446] BGH, NStZ-RR 1997, 296. Weitere Beispiele aus dem Bereich des Besonderen Teils des StGB: BGH, NStZ-RR 1997, 35 (Körperverletzung mit Todesfolge statt Totschlag); NStZ-RR 1997, 259 (Sexuelle Nötigung statt versuchter Vergewaltigung); BGHR StGB § 263 I Täuschungshandlung 1 (Betrug statt Unterschlagung); Urt. v. 01.10.1997 - 2 StR 414/97 (Gefährliche Körperverletzung statt versuchter Totschlag).

> barkeit der tödlichen Folge. Bei dem Angeklagten S. kommt – ohne daß es für den Schuldspruch maßgeblich darauf ankäme – noch hinzu, daß ihm bekannt war, daß seine Handgreiflichkeiten gegen seine Ehefrau etwa ein Jahr vor der Tat (Schläge ins Gesicht, Tritte in den Unterleib) zu lebensgefährlichen Verletzungen geführt hatten. Daß ein Tötungsvorsatz, der hier nicht fern liegt, nicht angenommen wurde nimmt der Senat hin. Bei dieser Sachlage sieht sich der Senat hier **ausnahmsweise** in der Lage, den Schuldspruch auf die Revisionen der Staatsanwaltschaft – der Anklage gemäß – auf Körperverletzung mit Todesfolge umzustellen."[447]

Interessant erscheint hierbei, daß der Senat nach eigenem Bekunden nur *ausnahmsweise* die Schuldspruchänderung vornimmt. Bei anderen Entscheidungen, die ebenso eine Änderung des Schuldspruchs von gefährlicher Körperverletzung in Körperverletzung mit Todesfolge zum Inhalt haben, ist dies dagegen nicht der Fall.

Beispielsweise geht der jeweils erkennende Senat[448] in zwei Fällen von einer solchen Möglichkeit wie selbstverständlich aus, wobei die „Begründung"[449] absolut identisch ist:

> „Der Senat kann auf der Grundlage der rechtsfehlerfrei und vollständig getroffenen Feststellungen den Schuldspruch von sich aus ändern."

Auch in den beiden letztgenannten Entscheidungen erfolgte (naturgemäß) eine (bloße) Subsumtion seitens der Senate im Hinblick auf die mögliche Strafbarkeit wegen Körperverletzung mit Todesfolge. Wieso die Zulässigkeit einer Schuldspruchänderung auf der einen Seite als nur ausnahmsweise, auf der anderen Seite aber als mehr oder weniger selbstverständlich angenommen wird, erscheint auf den ersten Blick nicht einsichtig. Eine mögliche Erklärung mag die generell unterschiedliche Auffassung zur Zulässigkeit bzw. zum Ausmaß der Schuldspruchänderung als solcher bei den einzelnen Senaten sein. Entschied im ersten Fall („Alkoholfall") der fünfte Senat, so waren es in den beiden letzten Beispielen der vierte bzw. der dritte Senat.

2. Die analoge Anwendung des § 354 Abs.1 StPO im Bereich der Rechtsfolge

Wie bereits erwähnt stützt der BGH eine eigene Sachentscheidung, mit der die Rechtsfolge – evtl. teilweise – selbständig festgesetzt wird, ebenso wie eine Schuldspruchänderung auf eine analoge Anwendung des § 354 Abs. 1 StPO. Inhaltlich äußert sich diese dergestalt, daß entweder die tatgerichtlich festgelegte Rechtsfolge übernommen oder aber geändert wird. Im folgenden orientiert sich die Darstellung daran, ob die Rechtsfolge an eine vorhergehende Schuldspruchänderung angepaßt oder aber lediglich eine Neubestimmung der Rechtsfolge ohne vorherige Schuldspruchänderung durchgeführt wurde. Erfolgt eine eigene Festsetzung der Rechtsfolge durch den BGH als Reaktion auf eine Schuldspruchänderung, so finden sich sowohl Judikate, in denen der Schuldspruch aufgrund einer unmittelbaren Anwen-

---

[447] Hervorhebung vom Verf.

[448] BGH, 4 StR 343/96 (= NStZ 1997, 82) und BGH, NStZ 1997, 341.

[449] Eine tatsächliche Begründung für die Möglichkeit einer Schuldspruchänderung durch den erkennenden Senat kann in dem nachfolgenden Satz natürlich nicht gesehen werden; vielmehr wird lediglich festgestellt, daß die tatrichterlichen Feststellungen für eine Revisionsentscheidung eine taugliche Grundlage bilden.

dung von § 354 Abs. 1 StPO geändert worden ist, als auch solche, in denen diesbezüglich auf eine analoge Normanwendung Rückgriff genommen wurde.

a) Unmittelbare Anwendung von § 354 Abs. 1 StPO bzgl. Schuldspruch und analoge Anwendung im Rechtsfolgenausspruch

Erfolgt eine Schuldspruchänderung, welche sich unmittelbar in den Katalog des § 354 Abs. 1 StPO einordnen läßt, so finden sich innerhalb des Erhebungszeitraumes zwei Entscheidungen, in denen der BGH bei teilweiser Freisprechung die Straffestsetzung des Landgerichts eigenständig dem neuen Schuldspruch angepaßt hat.

Im ersten Fall[450] hatte das Landgericht den Angeklagten wegen sexuellen Mißbrauchs von Kindern sowie wegen versuchten sexuellen Mißbrauchs von Kindern zu einer Gesamtfreiheitsstrafe von zwei Jahren verurteilt. Auf die Revision des Angeklagten wurde das Urteil des Landgerichts aufgehoben und der Angeklagte freigesprochen soweit er wegen versuchten sexuellen Mißbrauchs von Kindern verurteilt worden war. Im Hinblick auf die Verurteilung wegen versuchten sexuellen Mißbrauchs von Kindern sah der BGH einen strafbefreienden Rücktritt i. S. v. § 24 StGB als gegeben an. Bzgl. der Neubestimmung des Rechtsfolgenausspruchs bemerkt der erkennende Senat lediglich:

> „Der Freispruch wegen versuchten Mißbrauchs von Kindern führt aber zum Wegfall der insoweit verhängten Einzelstrafe von neun Monaten und der Gesamtfreiheitsstrafe."

Der BGH hat hier also stillschweigend die „übriggebliebene" Einzelstrafe im Hinblick auf die Verurteilung wegen sexuellen Mißbrauchs von Kindern als neue Rechtsfolge festgesetzt. Genauso verhielt es sich im zweiten Fall[451]:
Das Landgericht hatte den Angeklagten wegen Meineides, Erpressung in vier Fällen und Beihilfe zur Erpressung zu einer Gesamtfreiheitsstrafe von zwei Jahren mit Strafaussetzung zur Bewährung sowie wegen Falschbeurkundung im Amt in fünf Fällen zu einer Gesamtgeldstrafe verurteilt. Auf die Revision des Angeklagten sprach der BGH den Angeklagten frei bzw. stellte das Verfahren im übrigen gem. § 154 Abs. 2 StPO ein. Lediglich die Verurteilung wegen Meineides blieb bestehen. Die vom Landgericht für dieses Delikt verhängte Einzelstrafe von einem Jahr und zwei Monaten wurde vom BGH als „endgültige" Straffestsetzung beibehalten.

Es ist bereits oben[452] darauf hingewiesen worden, daß diese Fallgestaltung nur auf den ersten Blick „unproblematisch" ist. Genauer formuliert: Selbst wenn der BGH die einzig übriggebliebene Einzelstrafe nach einer Änderung des Schuldspruchs übernimmt, so besteht doch keine Gewißheit, daß es sich hier um genau das Strafmaß handelt, welches der Tatrichter festgesetzt hätte. Es läßt sich eben nicht mit Sicherheit sagen, daß diese Einzelstrafe nicht unter dem Eindruck der nunmehr weggefallenen Delikte festgelegt wurde. Somit muß man auch hier von einer eigenen Strafzumessung seitens des BGH ausgehen und nicht bloß von einer formalen Klarstel-

---

[450] BGH, StV 1996, 373.

[451] BGH, Beschl. v. 05.08.1998 - 5 StR 503/96.

[452] Unter D. III. 2. c) (aa) (1).

lung des tatrichterlichen Wilens. Eine solche Strafzumessung nimmt der BGH aber auch dann vor, wenn der Rechtsfolgenausspruch nach einer Schuldspruchänderung aufgrund einer unmittelbaren Anwendung von § 354 Abs. 1 StPO nicht geändert, sondern lediglich (komplett) beibehalten wurde. Im Erhebungszeitraum war dies 28 Mal der Fall[453]. In diesen Fällen, welche sich inhaltlich typischerweise als teilweise Einstellungen darstellen, erfolgt ja eine Beurteilung, ob sich die Rechtsfolge (noch) als adäquate Reaktion auf den veränderten Schuldspruch ansehen läßt. Als Begründung für die Kompetenz zu solch einer eigenen Strafzumessung gibt der BGH stets an, daß es ausgeschlossen erscheint, daß der Tatrichter eine andere Strafe verhängt hätte bzw. daß die Schuldspruchänderung keine Auswirkung auf das Strafmaß gehabt habe. Darauf wird noch näher einzugehen sein[454].

b) Analoge Anwendung von § 354 Abs. 1 StPO bzgl. Schuldspruch und analoge Anwendung im Rechtsfolgenausspruch

Die folgende Grafik zeigt die Auswirkung einer Schuldspruchänderung auf den Rechtsfolgenausspruch, wenn diese durch den BGH im Wege einer Analogie zu § 354 Abs. 1 StPO vorgenommen wurde, wodurch das Ausmaß der Analogie für den Rechtsfolgenbereich verdeutlicht wird.

Grafik 8: Sachentscheidung § 354 analog (Rechtsfolge)

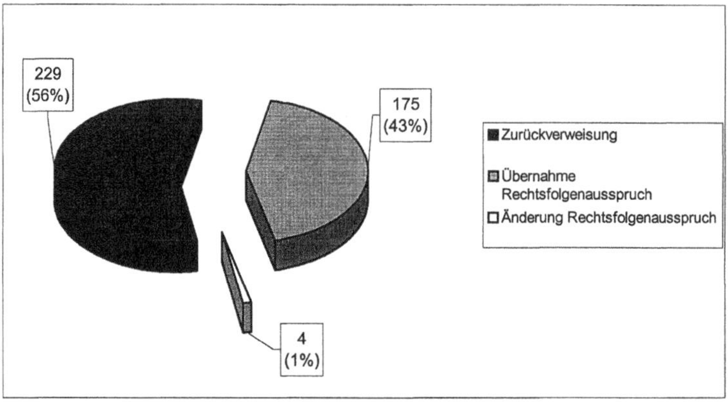

(Quelle: Eigene Erhebung)

---

[453] Siehe nur BGH, BGHR BtMG § 29 I Nr. 1 Handeltreiben 48; HFR 1997, 430; Beschl. v. 27.02.1996 - 1 StR 54/96; Beschl. v. 25.03.1997 - 1 StR 88/97; Beschl. v. 09.12.1997 - 1 StR 703/97; Beschl. v. 29.03.1996 - 2 StR 92/96; Beschl. v. 18.08.95 - 2 StR 318/95; Beschl. v. 09.08.95 - 2 StR 379/95; Beschl. v. 29.05.1996 - 2 StR 147/96; Beschl. v. 11.09.1996 - 2 StR 376/96; Beschl. v. 10.09.1997 - 3 StR 274/97; Beschl. v. 03.12.1997 - 3 StR 607/97; Beschl. v. 17.07.1997 - 4 StR 304/97; Beschl. v. 20.12.1995 - 5 StR 583/95; Beschl. v. 29.04.1997 - 5 StR 156/97.

[454] Siehe unter VII. 1.

Man sieht, daß der BGH lediglich in 56 % der Fälle die grundsätzlich durch § 354 Abs. 2 StPO vorgesehene Zurückverweisung an das Tatgericht vornimmt. In allen anderen Entscheidungen wurde entweder der tatgerichtlich festgesetzte Rechtsfolgenausspruch übernommen oder eigenständig geändert und insoweit eine eigene Sachentscheidung vorgenommen. Ebenso wie bei der unmittelbaren Anwendung von § 354 Abs. 1 StPO im Schuldspruchbereich, hat also in den Fällen der Schuldspruchänderung durch Analogiebildung, eben diese Analogie auch den Rechtsfolgenbereich in hohem Maße erfaßt.

c) Änderungen des Rechtsfolgenausspruchs ohne vorherige Schuldspruchänderung

Nicht selten wird der Rechtsfolgenausspruch vom BGH selbständig geändert, ohne daß zuvor eine Änderung des Schuldspruches vorgenommen wurde. Im Erhebungszeitraum war diese Konstellation insgesamt 67 Mal anzutreffen. Die Zahl übertrifft damit bei weitem die Anzahl der durch eine Schuldspruchänderung bedingten Veränderung des Strafmaßes. Innerhalb der „Gesamtgruppe" der eigenen Sachentscheidungen sind solche schuldspruchunabhängigen Rechtsfolgenänderungen immerhin mit einem Anteil von 11 % vertreten[455]. Die verschiedenen inhaltlichen Konstellationen wurden oben bereits erörtert[456], so daß hierauf verwiesen werden kann.

3. Zusammenfassung

Innerhalb des Komplexes „Schuldspruchänderung" finden sich am häufigsten Entscheidungen in denen das Revisionsgericht (BGH) den Schuldspruch dergestalt verändert, daß Delikte ausgewechselt werden. Von allen im Erhebungszeitraum erfaßten eigenen Sachentscheidungen, welche den Schuldspruch betreffen, umfaßt diese Gruppe ca. 41 %. Konkret erfolgte sehr oft eine „Abmilderung" des Schuldspruchs. Täterschaft wurde in Teilnahme umgewandelt, Vollendung in Versuch oder aber anstatt der Qualifikation das Grunddelikt angenommen. Auch die Änderung des Konkurrenzverhältnisses der vom Tatgericht angenommenen Straftatbestände – wenn man so will, als Unterfall einer Deliktsauswechselung – ist in quantitativer Hinsicht mit immerhin 25 % sehr bedeutsam. Der weit überwiegende Teil der Judikate besteht hier aus der Änderung von Tatmehrheit in Tateinheit. Zusammen stellen beide Gruppen mit fast zwei Dritteln der Gesamtentscheidungen den Großteil aller Schuldspruchänderungen dar. Für den Revisionsführer – also in erster Linie für den Angeklagten[457] – heißt dies, daß er im Rahmen eines Revisionsverfahrens, falls eine Schuldspruchänderung durch den BGH erfolgt, in erster Linie mit dem Austausch von Vorschriften, sei es in Form der Ersetzung von Straftatbeständen oder aber in Form der Änderung des Konkurrenzverhältnisses, zu rechnen hat. Nicht nur im Bereich des Schuldspruchs findet sich häufig die analoge Anwendung von § 354 Abs. 1 StPO; vielmehr ist auch die selbständige Neubestimmung des Rechtsfolgenausspruchs durch den BGH – und damit eine analoge Normanwendung auch in diesem

---

[455] Siehe oben Grafik 2.

[456] Siehe unter D. III. 2. c) (bb).

[457] Siehe Tabelle 3.

Bereich – verstärkt zu beobachten. Ändert der BGH den Schuldspruch aufgrund einer teilweisen Freisprechung oder einer teilweisen Einstellung (§ 354 Abs. 1 Alt. 1 und 2 StPO), so wird die Sache nicht immer zur Neufestsetzung des Strafmaßes an das Tatgericht zurückverwiesen; vielmehr wird die Rechtsfolge entweder selbst neu festgesetzt oder aber die tatrichterliche Entscheidung für den neuen Schuldspruch insoweit übernommen. Das gleiche Phänomen läßt sich ebenfalls bei der Festlegung des Rechtsfolgenausspruchs nach einer Schuldspruchänderung feststellen, die aufgrund einer analogen Normanwendung ergangen ist. Nur in etwas mehr als der Hälfte aller Fälle verweist der BGH die Sache zur Neubestimmung des Rechtsfolgenausspruchs an das Tatgericht zurück – und wählt damit den gesetzlich konzipierten Weg; ansonsten läßt er den tatrichterlichen Strafausspruch bestehen, oder verändert diesen. Besonders frappierend – nicht nur im Hinblick auf die Ausdehnung der analogen Anwendung des § 354 Abs. 1 StPO auf den Rechtsfolgenausspruch als solche, sondern vielmehr auch unter dem Gesichtspunkt der *inhaltlichen* Dimension dieser Analogie – zeigt sich die Auflösung der gesetzlich vorgesehenen Grenzen zwischen tatrichterlichen und revisionsgerichtlichen Aufgaben in den Fällen, in denen lediglich der Rechtsfolgenausspruch – also ohne vorherige Schuldspruchänderung – vom BGH verändert wurde. Im Vergleich zu den Fällen der vorhergehenden Schuldspruchänderung, wo die Strafzumessung des Tatgerichts – wenn denn eine Zurückverweisung unterbleibt – im Regelfall aufrechterhalten wird, nimmt die quantitative Dimension der „isolierten" Rechtsfolgenänderung eine herausragende Stellung ein. Dies erscheint auch insoweit bemerkenswert, als es eben nicht bei einem bloßen Vergleich zwischen dem neuen Schuldspruch und der tatrichterlichen Strafzumessung bleibt, sondern darüber hinausgehend eigenständig die „richtige" Strafe originär festgelegt wird. Anders gewendet könnte man sagen, daß der BGH eher geneigt ist, in den Fällen, in denen allein die Strafzumessung des Tatrichters einen Fehler aufweist, die Strafe selbst neu zu bestimmen, als die Rechtsfolge einer erfolgten Schuldspruchänderung anzupassen; in letzteren Fällen bleibt es ja meistens – falls keine Zurückverweisung erfolgt – bei einer Bestätigung der tatrichterlich festgesetzten Rechtsfolge. Warum ist das so? Es erscheint doch zumindest verwunderlich, daß im Fall einer Schuldspruchänderung, die – bereits für einen anderen Schuldspruch – festgelegte Strafe nunmehr so oft auch für den neuen Schuldspruch als adäquate Rechtsfolge angesehen werden kann. Geht man hier davon aus, daß der Eintritt von Rechtskraft im Rechtsfolgenbereich als „gewünschtes Ergebnis" eingeordnet werden kann, so läßt sich festhalten, daß diese Rechtskraft grundsätzlich mit den „geringsten Mitteln", eben der bloßen Rechtsfolgenbestätigung statt einer Neubestimmung, erzielt wird. Provokativ läßt sich folgende Formel aufstellen: „Analogie ja, aber nur soweit wie nötig."

V. Eigene Sachentscheidung und Deliktsnatur

Vergleicht man die direkte und analoge Anwendung des § 354 Abs. 1 StPO, so erscheint es interessant, zu fragen, ob es sich bei der einen oder anderen Modalität um Fallgestaltungen handelt, die eher „leichte" oder aber „schwere Kriminalität" zum Inhalt haben. Anders ausgedrückt: Können zwischen der direkten und analogen Normanwendung durch den BGH, Unterschiede im Hinblick darauf festgestellt werden, ob es sich bei den vom Tatgericht angenommenen Delikten um Vergehen oder um Verbrechen handelt? Es liegt ja die Vermutung nahe, daß bei Verbrechen – also auch in der Rechtsfolge gravierenderen Straftaten – eher zurückhaltend von der gesetzlich nicht ausdrücklich geregelten analogen Normanwendung Gebrauch gemacht wird. Insoweit sollen im folgenden vom BGH vorgenommene eigene Sachentscheidungen gegenübergestellt werden, bei denen ersichtlich war, ob das Tatgericht lediglich wegen eines bzw. mehrerer Vergehen verurteilt hatte oder aber zumindest auch wegen eines Verbrechens; und zwar zum einen solche Entscheidungen, die auf eine direkte Normanwendung des § 354 Abs. 1 StPO gestützt waren und zum anderen Schuldspruchänderungen aufgrund einer analogen Anwendung der Norm[458]. Dabei ergibt sich folgendes Bild:

Grafik 9: Deliktsart und Entscheidungsform

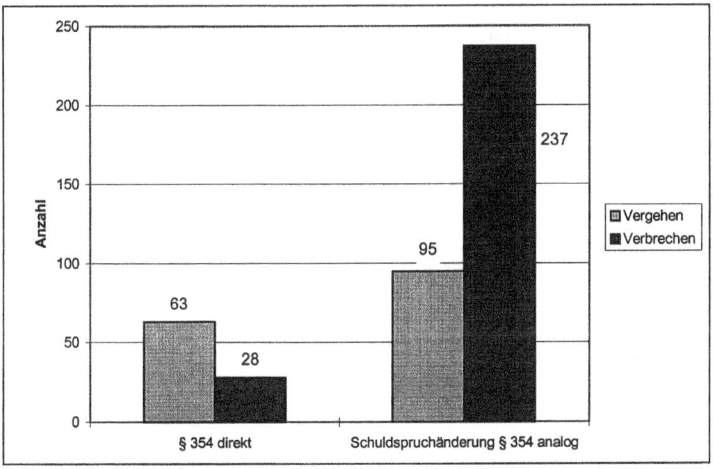

(Quelle: Eigene Erhebung)[459]

Auf den ersten Blick fällt der Unterschied auf zwischen den jeweiligen Anteilen an Vergehen und Verbrechen. Innerhalb der Kategorie der direkten Anwendung von § 354 Abs. 1 StPO dominieren im Erhebungszeitraum die Entscheidungen, welche ausschließlich Vergehen zum Inhalt hatten, gegenüber denen, in denen zumindest auch ein Verbrechen in Rede stand, im Verhältnis 2,25 : 1. Interessanterweise ist dieses Verhältnis innerhalb der Gruppe der Schuldspruchänderungen praktisch genau umgekehrt. Die Entscheidungen, welche nur Vergehen betrafen, stehen hier im Vergleich zur Gruppe der Entscheidungen, bei denen zumindest auch ein Verbre-

458 Ausgeklammert sind also die Fälle, in denen ausschließlich der Rechtsfolgenausspruch – gestützt auf eine analoge Anwendung von § 354 Abs. 1 StPO – geändert wurde.

459 Anzumerken ist, daß nicht bei allen Entscheidungen festgestellt werden konnte, ob das tatrichterliche Urteil zumindest auch ein Verbrechen zum Inhalte hatte. Diese sind deshalb nicht in der Grafik enthalten.

chen abgeurteilt wurde, im Verhältnis 1 : 2,5. Bemerkenswert ist für die Gruppe der direkten Anwendung des § 354 Abs. 1 StPO weiter, daß hier wesentlich mehr Vergehen als Verbrechen zur Entscheidung standen, als dies für die Revision im allgemeinen typisch ist. Seit 1994 liegt die Quote der Vergehen, die im Wege der Revision abgeurteilt werden nur noch bei ca. 25%[460]. Überspitzt könnte man formulieren, daß sich der Ausnahmecharakter der direkten Anwendung von § 354 Abs. 1 StPO nicht nur in dessen – im Verhältnis zur anlogen Anwendung – geringen quantitativen Bedeutung widerspiegelt, sondern eben auch in dem zum Durchschnitt reziproken Verhältnis von abgeurteilten Verbrechen und Vergehen.

Natürlich kann man aufgrund der dargelegten Quoten keine allgemeine Aussage dergestalt formulieren, daß der BGH bei Verbrechen eher zu einer Schuldspruchänderung neigt, als dies bei Vergehen der Fall ist. Immerhin läßt sich aber feststellen, daß das Instrument der Schuldspruchänderung nicht etwa dann zurückhaltender gebraucht wird, wenn die Verurteilung wegen eines Verbrechens in Rede steht. Dieser oben bereits aufgenommene Gedanke liegt nicht allzu fern, wenn man die Unterschiede zwischen Vergehen und Verbrechen betrachtet, was die konkrete Strafzumessung angeht. Erwächst der Schuldspruch – evtl. auch nur teilweise – in Rechtskraft, so wirkt sich dies natürlich auch auf die Rechtsfolge aus. Dabei spielt es insoweit auch keine Rolle, ob nun hinsichtlich der nunmehrigen Festsetzung des Strafmaßes an das Tatgericht zurückverwiesen oder aber auch diesbezüglich eine eigene Entscheidung vom BGH vorgenommen wird; das Strafmaß orientiert sich zwangsläufig am rechtskräftigen Schuldspruch.

Führt man sich vor Augen, daß die Mehrzahl der Fälle zumindest auch ein Verbrechen zum Gegenstand hat, so kann vielleicht eine Erklärung für die auffallend hohe Quote der Schuldspruchänderungen gerade bei Verbrechen, darin gesehen werden, daß hier schlicht eine Zurückverweisung vermieden werden soll. Vielleicht ist es *gerade* der Verbrechenscharakter der abzuurteilenden Tat, die eine Zurückverweisung insoweit nicht opportun erscheinen lassen? Steht dagegen eine Verurteilung wegen eines Vergehens an, so fällt der Verzicht auf die Herstellung von Rechtskraft vielleicht leichter, da eben der Vorwurf im Vergleich zu einem Verbrechen nicht so schwer wiegt und deshalb eher „eine Chance" für den Angeklagten ermöglicht werden soll.

Die Chancen für den Angeklagten bzgl. einer *tatsächlichen* Verbesserung im Hinblick auf das Strafmaß sind bei Verbrechen jedenfalls im Vergleich zur Gruppe der Vergehen erheblich geringer, obwohl die zu erwartende Bestrafung im Vergleich höher ausfallen wird.

VI. Die tatsächliche Beziehung zwischen Schuldspruchänderung und Rechtsfolge – Verfahrensökonomische Betrachtungen

Im folgenden wird danach gefragt, wie sich eine Schuldspruchänderung konkret auf die Rechtsfolge auswirkt. Neben der konkreten Analyse der einzelnen Fallgestaltun-

---

[460] Siehe im einzelnen zum Verhältnis Vergehen/Verbrechen, *Barton*, Revisionsrechtsprechung, S. 70 ff.

gen stehen verfahrensökonomische Fragen im Vordergrund. Wie stellt sich insoweit die tatsächliche Effektivität der unmittelbaren Anwendung des § 354 Abs. 1 StPO dar? Ist die analoge Anwendung wirklich ein geeignetes Mittel, um die so oft propagierte Verfahrensbeschleunigung zu erreichen?

1. Die unmittelbare Anwendung von § 354 Abs. 1 StPO und Verfahrensbeendigung

Wenn man danach fragt, ob das Verfahren durch eine (u. U. auch mehrere) der in § 354 Abs. 1 StPO genannten Alternativen komplett beendet wurde, ob also vollständige Rechtskraft eingetreten ist, so ergibt sich folgendes Bild:

Grafik 10: Sachentscheidung § 354 direkt (Rechtsfolge)

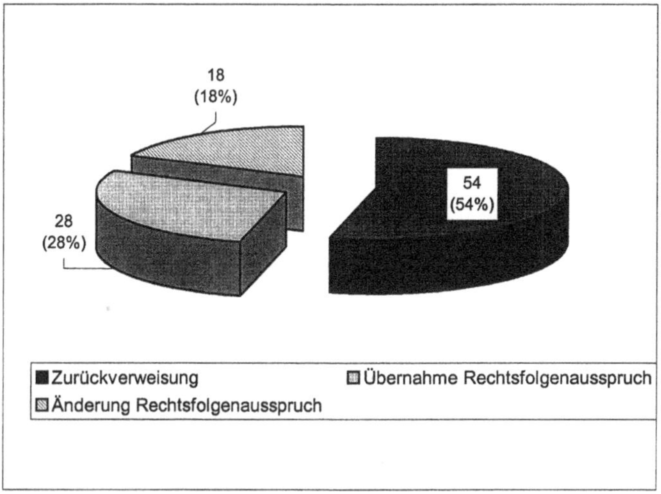

(Quelle: Eigene Erhebung)

Man sieht, daß in über der Hälfte der Fälle (54 %) eine Zurückverweisung der Sache an das Tatgericht erfolgte. Wenn auch diese Zahl aufgrund der relativ geringen Anzahl von Entscheidungen nicht überbewertet werden darf, so kann doch schon von einer gewissen Relativierung der Beziehung zwischen dem Begriffspaar „§ 354 Abs. 1 StPO" und „Prozeßökonomie" gesprochen werden. Dies gilt um so mehr, als eine detaillierte Betrachtung der einzelnen Alternativen des § 354 Abs. 1 StPO zu dem Ergebnis führt, daß für die Alternative „Freispruch" im Erhebungszeitraum eine Besonderheit im Zusammenhang mit der Aufarbeitung von sog. „DDR–Straftaten" vorliegt, die natürlich unter quantitativen Gesichtspunkten nicht als allgemeingültig auf diese Alternative des § 354 Abs. 1 StPO übertragbar ist. Darauf wurde oben bereits hingewiesen[461]. Anders ausgedrückt: Auch wenn das Revisionsgericht 354 Abs. 1

[461] Siehe unter E. III. 1. a).

StPO unmittelbar anwendet, so findet in diesen Fällen aufgrund der oft nur „teilweisen Anwendung", die von der Vorschrift eigentlich bezweckte Verfahrensvereinfachung – sprich die Vermeidung einer Zurückverweisung – zumindest nur in eingeschränktem Maß statt. Im Fall des teilweisen Freispruchs oder der teilweisen Einstellung erscheint diese Feststellung allerdings in der Vorschrift selbst angelegt. Die teilweise Abänderung des Schuldspruchs fällt zwangsläufig auf den Rechtsfolgenausspruch zurück. Eine eigene Strafzumessung ist aber zumindest nach der gesetzlichen Konzeption dem Revisionsgericht verwehrt. Dies kann aber nichts daran ändern, daß die Fälle eingeschränkter Rechtskraft tatsächlich betrachtet als „selbständige" Gruppe anzusehen sind[462]. Das eigentliche Ziel von § 354 Abs. 1 StPO, nämlich eine Verfahrensbeschleunigung zu erreichen, findet also nur in eingeschränktem Maß statt. Die „Effektivität" der Vorschrift (bei direkter Anwendung) darf also zumindest relativiert werden.

2. Die analoge Anwendung von § 354 Abs. 1 StPO und Verfahrensbeendigung

Wenn im Hinblick auf die Ausweitung der revisionsgerichtlichen Sachentscheidungskompetenzen immer wieder der Gedanke der Prozeßökonomie ins Feld geführt wird, so erscheint es nur natürlich, einmal die tatsächliche Verfahrensbeschleunigung zu untersuchen.

a) Das Ausmaß der durch eine analoge Anwendung von § 354 Abs. 1 StPO eintretenden Rechtskraft

Will man die wirklich eintretende Verfahrensbeschleunigung „messen", so ist wiederum die Quote der tatsächlich eintretenden Rechtskraft zu bestimmen. Das Ziel der erweiterten Anwendung des § 354 Abs. 1 StPO – nämlich die Herbeiführung einer Verfahrensvereinfachung – kann naturgemäß nur dann *vollständig* erreicht werden, wenn das Verfahren komplett durch die eigene Entscheidung des Revisionsgerichts beendet wird, wenn also vollständige Rechtskraft eintritt. Wie bereits gezeigt[463], erfolgt jedoch in 56 % der Fälle eine Zurückverweisung an das Tatgericht, um die Rechtsfolge dem geänderten Schuldspruch anzupassen. Vollständige Rechtskraft trat demgegenüber im Erhebungszeitraum nur in 44 % der Fälle ein; überwiegend aufgrund vollständiger Übernahme des tatrichterlichen Rechtsfolgenausspruchs[464]. Selbst wenn man davon ausgeht, daß bei einer Zurückverweisung nur noch die Rechtsfolge durch das Tatgericht neu bestimmt werden muß – der Schuldspruch

---

[462] Zumindest was die Fälle der direkten Anwendung von § 354 Abs. 1 StPO angeht, kann deshalb nicht davon gesprochen werden, daß in der Mehrzahl der Fälle, die eine Abänderung des Schuldspruchs zum Inhalt haben, der Rechtsfolgenausspruch vom Revisionsgericht bestätigt wird; so *Steinmetz*, Sachentscheidungskompetenzen, *S.* 51 und *Walbaum*, Schuldspruch in der Revisionsinstanz, S. 28, für die Fälle der generellen Schuldspruchänderung (also auch die Fallgruppe der analogen Anwendung von § 354 Abs. 1 StPO).

[463] Siehe oben Grafik 8.

[464] Bemerkenswert ist dabei, daß die Prozentwerte in etwa den entsprechen, die bei den Sachentscheidungen, welche auf eine „direkte" Anwendung des § 354 Abs. 1 StPO gestützt wurden, zu beobachten waren, wenn auch aufgrund der relativ geringen Anzahl der direkt auf § 354 Abs. 1 StPO gestützten Fälle dieser Wert nicht überbewertet werden darf.

also rechtskräftig geworden ist –, muß doch die Effektivität der analogen Anwendung des § 354 Abs. 1 StPO im Bereich der Änderung des Schuldspruchs zumindest kritisch beurteilt werden.

Anders formuliert: Wenn über die Hälfte der Fälle, die aufgrund einer erweiterten Anwendung der Norm erfolgten, an das Tatgericht zurückverwiesen werden, so muß auch hier – ebenso wie bei den Fällen des Freispruchs und der Einstellung – das Argument der Prozeßbeschleunigung relativiert werden. Zwar ist der Tatrichter im Hinblick auf den Schuldspruch einer eigenen Entscheidung enthoben soweit dieser vom Revisionsgericht selbst neu bestimmt wurde (§ 358 Abs. 1 StPO). Jedoch hat jedenfalls in über der Hälfte der Fälle eine erneute tatrichterliche Strafzumessung zu erfolgen. Die vorgestellte tatsächliche Auswirkung einer Schuldspruchänderung auf den Rechtsfolgenausspruch bestätigt denn auch „nur" die vielfach geäußerten Bedenken[465] im Hinblick auf die tatsächlichen verfahrensökonomischen Vorteile einer erweiterten Anwendung des § 354 Abs. 1 StPO. Führt man sich die oben angeführten Zahlen vor Augen, so sind denn auch die dem Angeklagten durch den rechtskräftigen Schuldspruch drohenden Gefahren im Vergleich zur gewonnenen Prozeßwirtschaftlichkeit in ein neues Verhältnis zu setzen. Mit anderen Worten: Ganz abgesehen von der Tauglichkeit des Arguments der Prozeßökonomie als Rechtfertigung für eine erweiterte Sachentscheidung des Revisionsgerichts, stehen die dem Angeklagten durch einen rechtskräftigen Schuldspruch entstehenden Nachteile in keinem Verhältnis zu den tatsächlich entstehenden Vorteilen im Hinblick auf eingesparte Ressourcen wie Zeit, Arbeitskraft und Geld, wenn in mehr als jedem zweiten Fall eine Rückverweisung bzgl. der Neufestsetzung des Strafausspruchs erfolgt[466].

b) Das Argument der zumindest teilweisen Verfahrensbeschleunigung

Nun kann man natürlich einwenden, eine solch eingeschränkte Verfahrensbeschleunigung sei besser als überhaupt keine. Dieses, für sich genommen durchaus nachvollziehbare Argument, kann jedoch im Kontext der gesamten BGH–Spruchpraxis nicht in vollem Umfang Platz greifen: Sind denn wirklich alle eigenen Sachentscheidungen des Revisionsgerichts zumindest auch durch verfahrensökonomische Überlegungen motiviert? Insoweit können die oben[467] angeführten vergleichenden Betrachtungen ins Feld geführt werden: Wieso erfolgt z. B. bei der Änderung des Konkurrenzverhältnisses einmal eine Zurückverweisung, ein anderes Mal aber eine eigene Entscheidung in der Sache?

Festzuhalten bleibt, daß sich keine einheitliche Linie ausmachen läßt, welche dem verfahrensökonomischen Gesichtspunkt Rechnung tragen würde. Es müssen also andere Faktoren bestimmend sein, welche bei der Frage der Zurückverweisung eine Rolle spielen. Offenbar stehen hier verdeckte Entscheidungskriterien im Hintergrund,

---

465 Siehe z. B. *Peters*, Schuldspruch durch das Revisionsgericht (FS Stock), S. 211; *Müller–Christmann*, JuS 1987, 24; *Schmidt*, Lehrkommentar; Nachtragsband I, §§ 353 – 355, Rn. 54 a.

466 Die Relativierung des Argumentes der Prozeßökonomie in den Fällen, in denen eine Zurückverweisung erfolgt, hebt auch *Müller–Christmann*, JuS 1987, 24 hervor.

467 Siehe unter D. III. 2. b) (bb).

welche die unterschiedliche Behandlung von Rechtsfehlern zu erklären vermögen[468]. Möglicherweise soll z. B. einfach eine erneute tatrichterliche Entscheidung verhindert werden, um eben eine wiederholte Fehlentscheidung zu vermeiden[469]. Hier ist das Selbstverständnis des BGH ins Spiel zu bringen. Dieser versteht sich mittlerweile nicht mehr nur als reine Kontrollinstanz im Hinblick auf die rechtliche Überprüfung des tatrichterlichen Urteils. Vielmehr scheint die Kontrolle des Taturteils heutzutage auch eine inhaltliche Ebene zu umfassen, und zwar in der Weise, daß das Taturteil vom Ergebnis her betrachtet wird. Es wird also die Frage gestellt: Ist das Urteil in materieller Hinsicht in Ordnung[470]?

Rieß[471] beschreibt die veränderte Rolle des Revisionsgerichts anschaulich aus der subjektiven Perspektive der Revisionsrichter:

> „Es kennzeichnet aber möglicherweise auch eine innere Haltung der Revisionsrichter, die sich nicht allein für die reine Rechtskontrolle, sondern für das Gesamtergebnis des Verfahrens verantwortlich fühlen und dabei die Möglichkeiten des Revisionsrechts bis an die Leistungsgrenze, wenn nicht darüber hinaus, einsetzen."

Die daraus resultierende Rechtsunsicherheit bzw. die fehlende Prognostizierbarkeit im Hinblick auf die prozessuale Behandlung eines Rechtsfehlers durch den BGH ist somit dem Argument der zumindest teilweisen Verfahrensbeschleunigung entgegenzuhalten.

c) Konkrete Entscheidungsfaktoren für eine Verfahrensbeendigung/Zurückverweisung

Im folgenden sollen nun konkret vergleichende Betrachtungen von verschiedenen Entscheidungsdeterminanten erfolgen, welche möglicherweise Einfluß auf die Beantwortung der Frage ausüben, ob denn nun eine Zurückverweisung erfolgt oder nicht. Es soll dabei im Wege einer quantitativen Beschreibung gezeigt werden, daß die Spruchpraxis des BGH bzgl. der prozessualen Behandlung der Rechtsfolge im Fall einer Schuldspruchänderung durchaus Judikate umfaßt, in denen bestimmte Konstellationen den Eintritt von Rechtskraft begünstigen, während andere wiederum eine Zurückverweisung vermuten lassen. Es soll dabei aber nicht so sehr darum gehen, die tatsächlichen Entscheidungskriterien dezidiert herauszufiltern; dies erscheint kaum möglich. Vielmehr soll lediglich aufgezeigt werden, daß es *überhaupt* Konstellationen gibt, die eine Zurückverweisung bzw. eine eigene Sachentscheidung begünstigen.

---

468 Siehe zu solch apokryphen Entscheidungskriterien ausführlich *Barton*, Revisionsrechtsprechung, S. 261 ff.

469 Vgl. *Geppert*, JR 1985, 433; *Schmid*, BA 1994, 332.

470 Was die Einflußnahme des Revisionsgerichts auf das Verfahrensergebnis angeht, so ist in diesem Zusammenhang nicht nur die unmittelbare Entscheidung im Wege der eigenen Sachentscheidung anzuführen, sondern darüber hinaus auch die mittelbare Einflußnahme durch das Revisionsgericht, welches durch Hinweise an den Tatrichter im Falle der Zurückverweisung auf dessen Überzeugungsbildung einzuwirken versucht. Siehe dazu *Rieß*, Gegenwart und Zukunft der Revision, S. 412, der zutreffend feststellt, daß diese Art der Einflußnahme durchaus nicht immer nur die rechtliche Beurteilung der Sache betreffen muß.

471 *Rieß*, Gegenwart und Zukunft der Revision, S. 412.

aa) Auswirkung auf die Rechtsfolge bei der Änderung des Konkurrenzverhältnisses bzw. bei der Auswechselung eines Delikts

Zunächst werden die quantitativ bedeutsamsten Gruppen im Bereich der Schuldspruchänderung, nämlich die der Änderung des Konkurrenzverhältnisses und die der Deliktsauswechselung, untersucht und verglichen.

Grafik 11: Zurückverweisung / Volle Rechtskraft bei der Änderung von Tatmehrheit in Tateinheit bzw. bei der Auswechselung eines Delikts

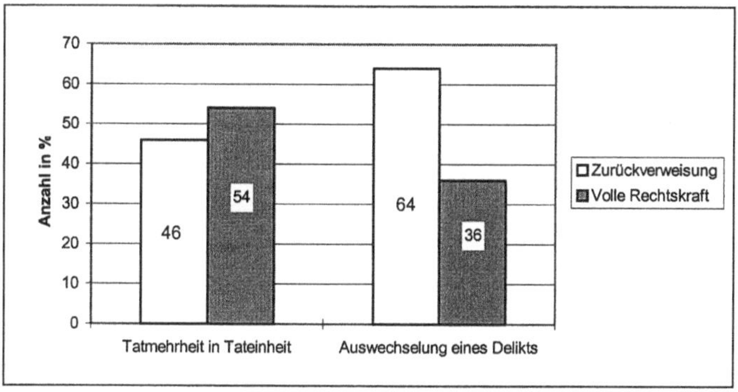

(Quelle: Eigene Erhebung)

In lediglich ca. 46 % der Entscheidungen, in denen das Konkurrenzverhältnis von Tatmehrheit in Tateinheit geändert wurde, erfolgte eine Zurückverweisung bzgl. der Neufestsetzung des Rechtsfolgenausspruchs an das Landgericht, während in den übrigen Fällen (54 %) eine solche unterblieb. Das Verhältnis zwischen rechtskräftigen und nichtrechtskräftigen Entscheidungen stellt sich hier also praktisch genau umgekehrt dar, wie dies bei der „Gesamtmenge" der Schuldspruchänderungen der Fall ist. Wenn der Unterschied auch nicht als besonders gravierend bezeichnet werden kann (Differenz = 10 Prozentpunkte), so läßt sich doch immerhin feststellen, daß innerhalb der genannten Kategorie zumindest eher mit einem vollständigen Abschluß des Verfahrens gerechnet werden kann, als dies im Durchschnitt der Fall ist[472].

Wie sieht das entsprechende Bild bei der quantitativ stärksten Gruppe, der Auswechselung von Delikten, im Hinblick auf die Rechtsfolge aus? Ist auch hier das Verhältnis zwischen Rückverweisung und vollständiger Rechtskraft so beschaffen, daß mehr Entscheidungen in volle Rechtskraft erwachsen als solche, die an das Tatgericht zurückverwiesen werden? In ca. 64 % der Fälle erfolgte nach der Auswechselung eines Deliktes eine Zurückverweisung an das Tatgericht; dementspre-

---

[472] Die Feststellung von *Steinmetz* (Sachentscheidungskompetenzen, S. 280, Fn. 903); daß bei der revisionsgerichtlichen Änderung der Konkurrenzen von Tatmehrheit in Tateinheit in der Regel aufgehoben werde – gemeint ist die Aufhebung und Zurückverweisung – kann nicht bestätigt werden.

chend erwuchsen 36 % der Entscheidungen in vollständige Rechtskraft. Im Bereich der Auswechselung eines Deliktes erfolgten also mehr Zurückverweisungen als nach dem statistischen Mittel zu erwarten war (+ 8 Prozentpunkte). Es läßt sich somit feststellen, daß im Komplex der Deliktsauswechselung eher mit einer Zurückverweisung gerechnet werden kann, als dies im Durchschnitt der Fall ist. Eine mögliche Erklärung für dieses Phänomen mag sein, daß der BGH der Änderung des Konkurrenzverhältnisses von Tatmehrheit in Tateinheit tatsächlich weniger Bedeutung für die Rechtsfolge beimißt, als dies bei einer Deliktsauswechselung der Fall ist. Mit anderen Worten: Die §§ 52, 53 StGB werden im Ergebnis einander angenähert; deren unterschiedliche Regelungsgehalte werden angeglichen[473]. Bei der Auswechselung eines Deliktes erscheint dagegen eine solche „generelle Vereinheitlichung" eher mit Schwierigkeiten verbunden; dies ergibt sich allein schon aus der Vielzahl der unterschiedlich strukturierten Delikte und den damit verbundenen großen „Variationsmöglichkeiten", die bei einer Deliktsauswechselung möglich sind (Täterschaft in Beihilfe bzw. umgekehrt, Vollendung in Versuch bzw. umgekehrt, Qualifikation in Grunddelikt bzw. umgekehrt, Auswechselung von Normen des Besonderen Teils des StGB usw.).

bb) Auswirkung auf die Rechtsfolge und Revisionsführer

Im folgenden soll untersucht werden, ob sich im Hinblick auf den Eintritt vollständiger Rechtskraft bei einer Schuldspruchänderung, Unterschiede zwischen Angeklagten– und staatsanwaltlichen Revisionen feststellen lassen. Mit anderen Worten: Inwieweit wird der Eintritt vollständiger Rechtskraft bzw. die Zurückverweisung an das Tatgericht durch die Person des Revisionsführers beeinflußt? Zunächst sei die Auswirkung einer Schuldspruchänderung auf die Rechtsfolge bei Angeklagtenrevisionen dargestellt (siehe nachfolgende Grafik 12). Die einzelnen Quoten entsprechen naturgemäß – die meisten Revisionen sind ja Angeklagtenrevisionen – im wesentlichen den, die für alle Revisionen insgesamt gelten. Zum genauen Vergleich: Die Zurückverweisungsquote bei Angeklagtenrevisionen liegt mit 55 % nur um einen Prozentpunkt niedriger als dies bei der Gesamtmenge aller Revisionen der Fall ist. Der Wert in der Kategorie „Übernahme des Rechtsfolgenausspruchs" ist dagegen mit knapp 44 % nur um ca. einen Prozentpunkt höher als bei den „Gesamtrevisionen". Eine eigenständige Änderung des tatgerichtlichen Rechtsfolgenausspruchs erfolgte durch den BGH sowohl bei Angeklagtenrevisionen als auch insgesamt in lediglich einem Prozent der Fälle. Es bleibt damit festzuhalten, daß sich bei den Angeklagtenrevisionen die Wahrscheinlichkeit der vollen Rechtskraft nach einer Schuldspruchänderung im statistischen Durchschnitt bewegt.

---

[473] Siehe dazu schon oben D. III. 2. b).

Grafik 12: Schuldspruchänderung § 354 analog (Rechtsfolge) Angeklagtenrevisionen

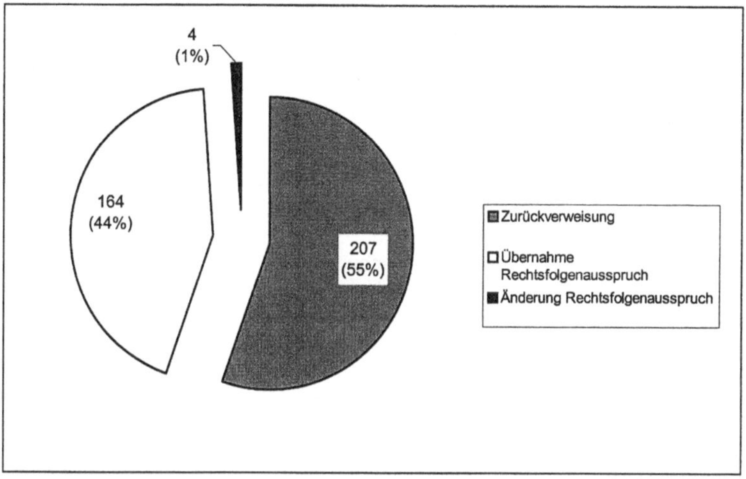

(Quelle: Eigene Erhebung)

Zum Vergleich seien nun die Revisionen der Staatsanwaltschaft gegenübergestellt.

Grafik 13: Schuldspruchänderung § 354 analog (Rechtsfolge) StA-Revisionen

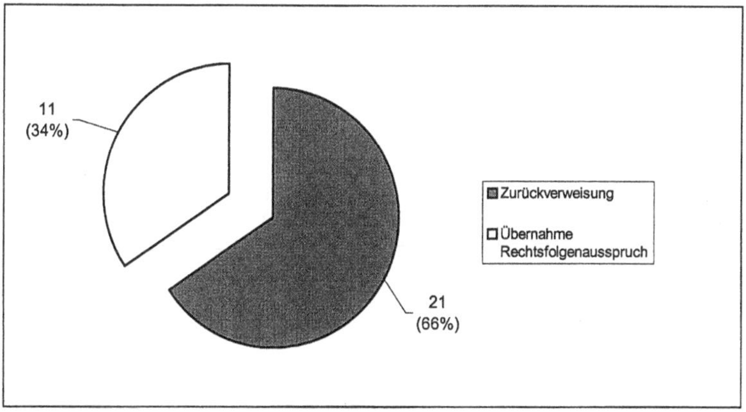

(Quelle: Eigene Erhebung)

Auffällig ist hier die hohe Quote der Zurückverweisungen mit knapp 66 %. Im Vergleich zum Durchschnitt aller Revisionen ist also ein „Plus" von 10 Prozentpunkten zu verzeichnen. Auch wenn dieser Wert aufgrund der geringen absoluten Fallzahlen nicht überbewertet werden darf, so läßt sich doch immerhin eine gewisse Tendenz im Hinblick auf den Eintritt vollständiger Rechtskraft festhalten.

Legt die Staatsanwaltschaft Revision ein – im Erhebungszeitraum ausnahmslos zuungunsten des Angeklagten –, so erfolgt zur neuen Straffestsetzung eher eine Zurückverweisung an das Tatgericht, als dies bei Revisionen von Angeklagten der Fall ist. Hier scheint der BGH also eher geneigt zu sein, den durch § 354 Abs. 1 StPO vorgegebenen Regelfall – eben die Zurückverweisung – anzuwenden, als bei Angeklagtenrevisionen. Für den Angeklagten bedeutet dies aber, daß er – legt die Staatsanwaltschaft Revision ein – bei einer Änderung des Schuldspruchs in erhöhtem Maße (legt man die Gesamtdurchschnittswerte aller Revisionen als Richtwert zugrunde) mit einer erneuten Straffestsetzung durch das Tatgericht zu rechnen hat. Was dies *hier* für den Angeklagten bedeutet, liegt auf der Hand; er muß konkret mit einer – aus seiner Sicht – „Verschlechterung" des Rechtsfolgenausspruchs rechnen. Wollte man es zynisch formulieren, so kann man sagen, daß der Angeklagte doppelt benachteiligt ist. Legt er selbst Revision ein, so ist bei einer Schuldspruchänderung seine Chance auf eine Zurückverweisung bzgl. der Neufestsetzung des Strafausspruches unterdurchschnittlich, und dies obwohl das Absehen von einer diesbezüglichen Zurückverweisung durch das Revisionsgericht zumindest nicht den gesetzlichen Regelfall darstellt. Wenn aber die Staatsanwaltschaft Revision einlegt, so wird zwar eher der gesetzliche Rahmen beachtet, jedoch stellt sich gerade dies für den Angeklagten als Nachteil dar; eben aufgrund der erhöhten Wahrscheinlichkeit einer „Rechtsfolgenverschlechterung".

Im folgenden sollen zwei Fälle gegenübergestellt werden, die eine unterschiedliche Behandlung im Hinblick auf die Rechtsfolge aufweisen, nachdem vom BGH eine Schuldspruchänderung vorgenommen wurde. Einmal war die Staatsanwaltschaft die Revisionsführerin, ein anderes Mal war der Angeklagte der Revisionsführer. Es soll dabei aufgezeigt werden, daß – trotz vergleichbarer Sachlage – keine einheitliche Praxis bei der Zurückverweisung besteht; ob dies in diesem Fall tatsächlich an den „unterschiedlichen Revisionsführern" liegt, kann natürlich nicht mit Sicherheit gesagt werden. Zumindest kann aber festgestellt werden, daß eben bei entsprechender Konstellation, der Angeklagte mit unterschiedlichen Folgen bzgl. der Zurückverweisung der Sache an das Tatgericht zu rechnen hat.

Im ersten Fall hatte das Landgericht die Angeklagten wegen schweren Raubes zu Freiheitsstrafen verurteilt. Auf die Revision der Staatsanwaltschaft wurde das Urteil vom erkennenden Senat im Schuldspruch dahin geändert, daß die Angeklagten des schweren Raubes in Tateinheit mit gefährlicher Körperverletzung schuldig sind. Der Senat[474] geht ohne weiteres davon aus, daß aufgrund der vorgenommen „Hinzufügung" eines Tateinheitsdeliktes, der Strafausspruch keinen Bestand haben kann. Er führt insoweit aus:

> „Da der Strafausspruch schon wegen der Änderung des Schuldspruchs keinen Bestand hat, kommt es auf die gegen den Strafausspruch gerichteten Angriffe der Revision nicht mehr an."

---

[474] BGH, NStZ-RR 1996, 100 (= Urt. v. 29.11.1995 - 2 StR 423/95).

Anders gewendet: Der BGH nimmt hier die Schuldspruchänderung „ernst", indem er eben eine Auswirkung auf den Rechtsfolgenausspruch als durchaus möglich bejaht. Das zumindest die Möglichkeit einer Rechtsfolgenänderung besteht, liegt aufgrund der Regelung des § 52 Abs. 2 StGB auf der Hand und braucht nicht näher dargelegt zu werden. Als Gegensatz dazu ist folgende Entscheidung anzusehen:

Das Landgericht hatte die Angeklagten wegen Nötigung in Tateinheit mit Bedrohung verurteilt. Auf die Revision der Angeklagten ließ der BGH[475] die Verurteilung wegen Bedrohung wegfallen, da diese im Wege der Gesetzeskonkurrenz hinter dem spezielleren Vergehen der Nötigung zurücktritt. Hier läßt der erkennende Senat die vom Landgericht angenommene Rechtsfolge bestehen:

> „Der Strafausspruch kann aber bestehen bleiben. Es ist auszuschließen, daß sich die Verurteilung wegen tateinheitlich begangener Bedrohung auf den Strafausspruch ausgewirkt hat."

Die Konstellation dieses Falles ist im Vergleich zur ersten dargestellten Entscheidung praktisch genau umgekehrt. Ein in Tateinheit stehendes Delikt wird dem Schuldspruch nicht hinzugefügt, sondern ein in Tateinheit stehendes Delikt fällt gerade ersatzlos weg. Die oben angestellten Überlegungen im Hinblick auf § 52 StGB müßten dementsprechend hier – umgekehrt – dem Angeklagten zum Vorteil gereichen. Genauer formuliert: Bei dieser Konstellation müßte aufgrund der durch § 52 StGB vorgegebenen Art und Weise der Straffestsetzung für den Angeklagten zumindest die Möglichkeit einer ihn begünstigenden Änderung des Rechtsfolgenausspruchs bestehen. Gerade diese Möglichkeit wird aber vom Senat hier ohne nähere Begründung ausgeschlossen. Naturgemäß wird deshalb die Frage aufgeworfen, wieso einmal bei der Hinzufügung eines tateinheitlichen Deliktes eine Änderung des bestehenden Strafausspruches zumindest möglich erscheint, im spiegelbildlichen Fall des Wegfalls eines in Tateinheit stehenden Deliktes, die Möglichkeit einer diesbezüglichen Änderung aber auszuschließen sein soll? Um es noch einmal deutlich zu machen: Hier soll nicht die Waagschale angelegt werden, um zu zeigen, daß womöglich mit zweierlei Maß gemessen wird. Vielmehr soll lediglich dargestellt werden, daß in der Praxis bei vergleichbaren Konstellationen durchaus unterschiedliche Behandlungsmodalitäten zu erwarten sind. Darüber muß sich insbesondere der Angeklagte im klaren sein.

3. Zusammenfassung und Bewertung

Die eigene Sachentscheidung wird stets mit dem Begriff der Verfahrensökonomie in Verbindung gebracht. Selbst wenn der Grundsatz der Verfahrenswirtschaftlichkeit als solcher kein eigenständiges Argument für die Zulässigkeit einer eigenen revisionsgerichtlichen Entscheidung über den gesetzlichen Rahmen hinaus sein kann, so muß doch immerhin eine mögliche Verfahrensbeschleunigung als tatsächlicher Faktor beachtet werden. Allerdings hat die rechtstatsächliche Analyse gezeigt, daß grob gesprochen, das globale Ziel der zeitlichen Verfahrensoptimierung durch eine eigene revisionsgerichtliche Sachentscheidung nur teilweise erreicht wird. Provokativ formuliert bleibt das verfahrenswirtschaftliche Allheilmittel der eigenen Sachentscheidung auf halbem Wege stehen, wenn trotz der analogen Anwendung des § 354

[475] BGH, Beschl. v. 09.04.1997 - 2 StR 9/97.

Abs. 1 StPO auch bzgl. des Rechtsfolgenausspruchs, ein vollständiger Verfahrensabschluß zumindest nicht die Regel darstellt. In über der Hälfte der Entscheidungen, in denen eine Schuldspruchänderung vorgenommen wurde, erfolgte nämlich – wie gezeigt[476] – noch eine Zurückverweisung hinsichtlich der Neufestsetzung der Rechtsfolge. Im Rahmen der unmittelbaren Anwendung des § 354 Abs. 1 StPO kann diese Tatsache immerhin noch zur Objektivierung des prozeßwirtschaftlichen Gedankens beitragen, wird doch zumindest eine teilweise Verfahrensbeschleunigung im Rahmen der gesetzlich vorgesehenen Konzeption erzielt. Eine Parallelargumentation für die Gruppe der Schuldspruchänderungen aufgrund einer analogen Normanwendung ist allerdings nicht möglich. Auch hier werden weit über die Hälfte aller Fälle bzgl. des Rechtsfolgenausspruchs zurückverwiesen. Jedoch erscheint hier die Entscheidung über eine Zurückverweisung im Gegensatz zur unmittelbaren Normanwendung nicht prognostizierbar. Während z. B. bei einem teilweisen Freispruch (§ 354 Abs. 1 Alt. 1 StPO) oder einer teilweisen Einstellung (§ 354 Abs. 1 Alt. 2 StPO) eine Zurückverweisung an das Tatgericht zur neuen Strafzumessung praktisch die Regel darstellt[477], werden bei einer Schuldspruchänderung im Wege der Analogiebildung in vergleichbaren Fällen durchaus verschiedene Maßstäbe angelegt. Anders formuliert: Erfolgt im Fall A nach einer Änderung des Konkurrenzverhältnisses von Tatmehrheit in Tateinheit eine Zurückverweisung, so braucht dies im vergleichbaren Fall B, wo ebenfalls eine solche Schuldspruchänderung vorgenommen wurde, noch lange nicht der Fall zu sein. In diesem Zusammenhang scheinen also eher revisionsfremde Kriterien Platz zu greifen. So paßt es denn auch ins Bild, daß es zumindest verschiedene Konstellationen gibt, die entweder eine Zurückverweisung oder aber eine eigene Entscheidung bzgl. des Rechtsfolgenausspruchs begünstigen. Es ist bei der Änderung der Konkurrenzen von Tatmehrheit in Tateinheit eher mit dem Eintritt von Rechtskraft auch im Rechtsfolgenausspruch zu rechnen, als dies durchschnittlich der Fall ist. Bei einer Deliktsauswechselung verhält sich die Quote dagegen umgekehrt; überdurchschnittlich häufig erfolgt hier eine Zurückverweisung. Auffällig auch der Einfluß der Person des Revisionsführers auf den Eintritt von Rechtskraft. Legt die Staatsanwaltschaft Revision – regelmäßig zuungunsten des Angeklagten – so wird die Sache überdurchschnittlich oft zur Neufestsetzung des Rechtsfolgenausspruchs an das Tatgericht zurückverwiesen.

Zusammenfassend läßt sich festhalten, daß nicht nur das (tatsächliche) Argument der Prozeßökonomie bei der Frage der Analogiebildung kritisch hinterfragt werden sollte, sondern daß auch die Problematik der Ungleichbehandlung vergleichbarer Fallgestaltungen – was die Zurückverweisung bzw. den Rechtskrafteintritt angeht – herauszustellen ist. Anders gewendet könnte man sagen, daß die revisionsrechtlichen Spielregeln eben nicht immer Geltung beanspruchen bzw. beanspruchen sollen. In bestimmten Fällen werden diese Regeln durch den BGH zugunsten einer eigenen Sachentscheidung an den Rand gedrängt. Man kann jedoch insoweit auch nicht von neuen Regeln sprechen, da die Frage, ob denn nun die revisionsrechtlichen Vorgaben beachtet werden oder aber nicht, keiner hinreichend genauen Ant-

---

[476] Siehe oben Grafik 8.

[477] Zu erinnern ist aber an die Konstellation, bei der die einzig übrig gebliebene Einzelstrafe vom BGH aufrechterhalten wird. Jedoch kann auch hier zumindest die prozessuale Entscheidung als solche durchaus prognostiziert werden.

wort zugeführt werden kann und deshalb gerade keine festen Regeln auszumachen sind. Vielmehr ist wieder auf den Begriff des „Doppelspiels" zurückzukommen. Erscheint das Ergebnis, nämlich die Rechtsfolge, als – nach welchen Maßstäben auch immer – passend, so wird das revisionsrechtliche Instrumentarium um eine eigene strafzumessungsrechtliche Sachentscheidung erweitert. Ist dies aber nicht der Fall, so bleibt es bei der Anwendung der gesetzlich vorgesehenen Regelung[478].

VII. Begründungen des BGH für die Zulässigkeit erweiterter Sachentscheidungskompetenzen

Schon oben unter D. III. 1. c) war die Rede davon, daß der BGH im Hinblick auf die Zulässigkeit einer analogen Anwendung des § 354 Abs. 1 StPO mit schlagwortartigen Begriffen eine solche zu legitimieren sucht. Beispielsweise kann man bei einer Schuldspruchänderung im Hinblick auf die veränderte rechtliche Bewertung – Stichwort: § 265 StPO – in den betreffenden Entscheidungen immer wieder lesen, daß eine solche selbständige Änderung durch den BGH deshalb zulässig sei, weil eine andere Verteidigung des Angeklagten ohnehin nicht möglich gewesen wäre. Eine Parallelargumentation läßt sich im Bereich der eigenen Rechtsfolgenbestimmung finden, da der BGH oft pauschal davon ausgeht, eine andere Straffestsetzung als die nunmehrige sei ausgeschlossen. Im folgenden sollen diese und andere Begründungen – genauer: Begründungsversuche – im Hinblick auf die dem BGH zustehende Kompetenz zur eigenen Sachentscheidung näher beleuchtet werden.

1. Begründungen für die Kompetenz zur Übernahme/Änderung des tatgerichtlichen Rechtsfolgenausspruchs nach einer Schuldspruchänderung

Unterläßt es der BGH trotz einer erfolgten Schuldspruchänderung, die Sache an das Tatgericht zurückzuverweisen, so sind die jeweils gegebenen Begründungen, warum denn eine Zurückverweisung im konkreten Fall unterbleiben konnte, – falls insoweit überhaupt eine Begründung erfolgt – sehr knapp gehalten. Bei genauerer Betrachtung stellt man fest, daß sich die Aussagen letztlich inhaltlich wiederholen. In der folgenden Grafik sind BGH–Entscheidungen erfaßt, die im Erhebungszeitraum aufgrund einer direkten oder analogen Anwendung des § 354 Abs. 1 StPO erfolgten und bei denen nach einer vorgenommenen Schuldspruchänderung die Sache bzgl. der Straffestsetzung nicht an das Tatgericht zurückverwiesen, der tatrichterliche Rechtsfolgenausspruch also übernommen oder aber der Strafausspruch selbst vom jeweiligen Senat neu bestimmt wurde. Naturgemäß sind die Judikate nicht berücksichtigt, in denen zur unterlassenen Rückverweisung überhaupt keine Stellung genommen wurde. In der folgenden Grafik sind also solche Entscheidungen enthalten, in denen der BGH im Erhebungszeitraum nach einer Schuldspruchänderung eine konkrete Begründung für die unerlassene Rückverweisung abgegeben hat.

---

[478] Siehe zu der Bedeutung außerrechtlicher Faktoren bzw. zum „Rückgang des Rechts" in der Revisionsrechtsprechung zusammenfassend *Barton*, Revisionsrechtsprechung, S. 275 ff.

Grafik 14: Begründung für Kompetenz zur Übernahme / Änderung des Rechtsfolgenausspruchs (§ 354 direkt und analog)

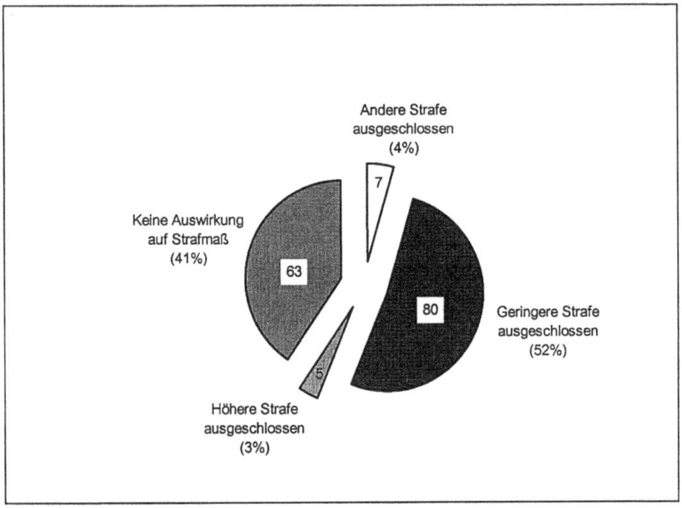

(Quelle: Eigene Erhebung)

Mit den Alternativen

- Andere Strafe ausgeschlossen
- Geringere Strafe ausgeschlossen
- Höhere Strafe ausgeschlossen[479]
- Keine Auswirkung auf das Strafmaß

sind die vom BGH abgegebenen Stellungnahmen zur unterlassenen Rückverweisung auch schon aufgeführt. Auf einen Nenner gebracht bedeuten die angeführten „Kategorien“ ein und dasselbe, nämlich schlicht, daß der BGH davon ausgeht, daß bei einer Zurückverweisung genau dieselbe Strafe vom Tatrichter verhängt würde, wie die, welche jetzt vom BGH verhängt wird. Die Begründung variiert also einzig in der Form, nicht im Inhalt. Damit einher geht oft die Feststellung, daß durch die Schuldspruchänderung der „Schuld- und Unrechtsgehalt der Tat nicht berührt worden sei" oder der „Gesamtschuldumfang sich nicht verändert habe"[480]. Allerdings wird außer dieser bloßen Feststellung nicht konkret mitgeteilt, *warum* dies der Fall sein soll. Selbst wenn man auf die Vollständigkeit der vom Tatrichter mitgeteilten Straf-

---

[479] Begründung bei staatsanwaltlichen Revisionen.

[480] Siehe nur BGH, NJW 1997, 138; NJW 1997, 265; NJW 1996, 1483; NStZ 1997, 379; NStZ 1996, 296; NStZ-RR 1996, 232; BGHR StGB § 263 I Versuch 1; Beschl. v. 28.08.1997 - 1 StR 266/97; Beschl. v. 03.09.1997 - 2 StR 431/97; Beschl. v. 20.11.1996 - 3 StR 463/96; Beschl. v. 19.07.95 - 3 StR 233/95; Beschl. v. 23.04.1996 - 4 StR 122/96; Beschl. v. 04.09.1996 - 5 StR 406/96.

zumessungsgründe abstellt und diese annimmt und in solchen Fällen eine eigene Strafzumessungskompetenz des Revisionsgerichts bejaht [481], so wird jedenfalls nicht deutlich, warum in den in Rede stehenden Entscheidungen die Tatsachen lückenlos vom Tatrichter dargelegt worden sein sollen, in anderen Fällen aber nicht. Im übrigen erscheint schon die Frage, ob das Revisionsgericht überhaupt mit Sicherheit bestimmen kann, daß tatsächlich alle Strafzumessungstatsachen mitgeteilt wurden, kaum zu beantworten[482]. § 267 Abs. 3 S. 1 StPO verlangt vom Tatrichter eben nur die Mitteilung der „bestimmenden" Strafzumessungsgründe. Eine Gewähr für die Angabe aller Strafzumessungsgründe wird es also in aller Regel gerade nicht geben[483]. Insgesamt zeichnet sich also im Bereich der eigenen Rechtsfolgenbestimmung durch den BGH ein uneinheitliches Bild ab. Eine Einschätzung, wann und wieso solch eine eigene Straffestsetzung in Betracht zu ziehen ist, läßt sich deshalb nur schwer geben. Vielmehr entsteht wiederum der Eindruck, daß hier über die eigentlichen revisionrechtlichen Kriterien hinaus, außerrechtliche Maßstäbe angelegt werden. Klare Kriterien für die eigene Sachentscheidung im Bereich der Rechtsfolge lassen sich demnach nicht anführen. Mit den oben angeführten floskelhaften Wendungen läßt sich stets eine Strafzumessungskompetenz begründen, wenn denn eine solche im Einzelfall „benötigt" wird. Unabhängig von dogmatischen Bedenken im Hinblick auf die Strafzumessungstätigkeit des BGH als solche erscheint denn auch gerade diese fehlende Prognostizierbarkeit der Entscheidungsinhalte (im Rechtsfolgenbereich) einmal mehr als wesentlicher Kritikpunkt.

2. Begründungen für eine Sachentscheidungskompetenz im Hinblick auf § 265 StPO

Im folgenden soll nun gezeigt werden, wie der BGH in seiner Spruchpraxis den § 265 StPO tatsächlich handhabt. Erfaßt sind dabei alle Fälle, in denen der BGH aufgrund § 354 Abs. 1 StPO analog eine Änderung des Schuldspruchs vorgenommen hat. Es wird zu untersuchen sein, inwieweit die Vorschrift des § 265 StPO vom BGH als ernstzunehmendes Hindernis auf dem Weg zu einer Schuldspruchänderung angesehen wird. Dabei steht die quantitative Dimension im Vordergrund und zwar insoweit, als gezeigt wird, daß in einer Vielzahl von Entscheidungen keine differenzierte Argumentation erfolgt, warum ein rechtlicher Hinweis nach § 265 Abs. 1 StPO entbehrlich ist, sondern insoweit bloß eine pauschalisierende Begründung – falls überhaupt eine Begründung abgegeben wird – im Hinblick auf die Nichterforderlichkeit eines rechtlichen Hinweises nach § 265 StPO angeführt wird.

---

[481] Siehe dazu *Frisch*, Probleme der Strafzumessung, S. 299 ff; *Bruns*, Strafzumessungsrecht, S. 660 f.; *Batereau*, Schuldspruchberichtigung, S. 112.

[482] Ebenso LR – *Hanack*, § 354, Rn. 35.

[483] LR – *Hanack*, § 354, Rn. 35.

Grafik 15: Begründung der Sachentscheidungskompetenz im Hinblick auf § 265 StPO

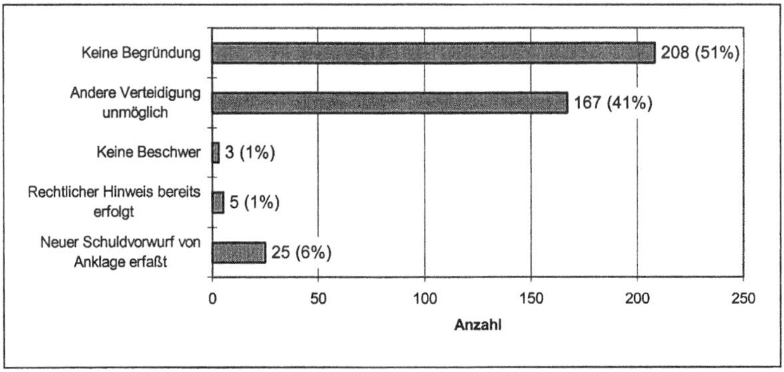

(Quelle: Eigene Erhebung)

Es zeigt sich, daß in mehr als der Hälfte der ausgewerteten Judikate überhaupt keine Begründung erfolgte, warum die Schuldspruchänderung hier vor dem Hintergrund des unterlassenen rechtlichen Hinweises gem. § 265 Abs. 1 StPO zulässig ist. Die zweite bedeutende Gruppe umfaßt die Entscheidungen, in denen der Schuldspruch mit dem Hinweis geändert wurde, eine andere Verteidigung sei dem Angeklagten auch bei der Änderung der rechtlichen Bewertung ohnehin nicht möglich (ca. 41 %). Dagegen war in lediglich fünf Fällen eine Schuldspruchänderung „problemlos" – d. h. hier ohne entsprechenden rechtlichen Hinweis seitens des Revisionsgerichts – möglich, da der Angeklagte bereits vom Tatgericht auf die jetzt vom BGH angenommene rechtliche Bewertung hingewiesen wurde. In ca. 6 % der Entscheidungen war die nunmehrige Bewertung bereits in der vom Tatgericht zugelassenen Anklage erfaßt, so daß der Angeklagte insoweit in der Lage war, seine Verteidigung darauf einzustellen, und sich die Frage der Verletzung des § 265 Abs. 1 StPO somit nicht stellt [484]. In drei Fällen ging der BGH ausdrücklich[485] von einer Sachentscheidungskompetenz zur Schuldspruchänderung im Hinblick auf § 265 StPO aus, da der Angeklagte nicht beschwert sei.

Festzuhalten bleibt, daß die Entscheidungen, in denen entweder die Begründung „Keine andere Verteidigung möglich" erfolgte oder aber gar keine Begründung für das Absehen von § 265 StPO gegeben wurde, mit über 90 % klar dominieren. Diese Judikate sollen deshalb näher untersucht werden.

---

[484] Zur Entbehrlichkeit des Hinweises nach § 265 StPO in den Fällen, in denen bereits das Tatgericht auf die veränderte rechtliche Würdigung hingewiesen hat und in den Fällen, in denen diese in der Anklageschrift aufgeführt war : LR – *Hanack*, § 354, Rn. 20 m. w. N..

[485] BGH, StV 1997, 592 (Wegfall eines erschwerenden Umstandes); StV 1995, 622 (Tateinheit statt Tatmehrheit); Beschl. vom 17.01.1997 - 2 StR 646/96 (Tateinheit statt Tatmehrheit).

a) Keine andere Verteidigung möglich

Innerhalb der Entscheidungen, in denen der BGH den Schuldspruch ohne vorherigen Hinweis des Landgerichts auf die veränderte rechtliche Bewertung änderte und als Begründung hierfür angab, dem Angeklagten sei ohnehin keine andere Verteidigung möglich, nehmen die Judikate einen breiten Raum ein, in denen das Konkurrenzverhältnis von Tatmehrheit in Tateinheit geändert wurde[486]. In ca. einem Viertel (24 % = 40 absolut) aller entsprechenden Fälle (absolut 167) war dies der Fall. Mit dieser pauschalen Verweisung auf das Fehlen einer anderweitigen Verteidigungsmöglichkeit ist die „Hürde"[487] des § 265 Abs. 1 StPO natürlich leicht zu nehmen. Immerhin will die Vorschrift dem Angeklagten aber auch ermöglichen, sich in *rechtlicher* Hinsicht auf die neue rechtliche Bewertung durch das Gericht einzustellen. Diese rechtliche Komponente des § 265 StPO einfach durch die Prämisse einer fehlenden anderweitigen Verteidigungsmöglichkeit beiseite zu schieben, erscheint gerade vor dem Hintergrund der Vermeidung von überraschenden Entscheidungen für den Angeklagten erstaunlich. § 265 StPO spricht davon, daß der Angeklagte nicht aufgrund eines „anderen Strafgesetzes" verurteilt werden darf, das in der Anklage aufgeführt ist. Darunter ist aber auch die Konkurrrenzform zu fassen[488]. Die rechtlichen Ausführungen der Verteidigung zu § 52 StGB werden naturgemäß anders ausfallen als die entsprechenden Ausführungen zu § 53 StGB. Davon zu trennen ist die Frage, ob diese Angaben auch erfolgversprechend sind. Diese Trennung wird durchaus nicht immer hinreichend beachtet. Anders ausgedrückt: Der Verteidigung kann nicht allein deshalb die Möglichkeit zur rechtlichen Ausführung im Hinblick auf das Konkurrenzverhältnis genommen werden, da eine Beeinflussung des Gerichts insoweit ausgeschlossen erscheint. Es ist ja gerade Sinn und Zweck des § 265 StPO, dem Angeklagten die *Möglichkeit* zu geben, auf die gerichtliche Entscheidung auch auf der rechtlichen Ebene Einfluß nehmen zu können. Will man die Beachtung des § 265 StPO aber auf die Fälle der bloß „tatsächlichen Verteidigung"[489] beschränken, so wird der Angeklagte zum bloßen Prozeßobjekt degradiert; es wird – was gerade verhindert werden soll – über ihn Recht gesprochen, ohne insoweit seine Ansicht zu hören[490]. Mag die Erfolgsaussicht in dieser Hinsicht auch bei der beschriebenen Änderung des Konkurrenzverhältnisses gering erscheinen, so kann doch nicht pauschal davon gesprochen werden, eine erfolgreiche Verteidigung sei bei einer Zurückverweisung auf jeden Fall nicht zu erwarten. Erst recht kann keine Rede davon sein,

---

[486] Siehe nur: BGH, StV 1998, 72; NStZ-RR 1998, 43; NStZ 1997, 276; NStZ 1995, 588; BGHR StGB § 263 I Konkurrenzen 10; Urt. v. 28.10.1997 - 1 StR 501/97; Beschl. v. 12.06.1997 - 1 StR 245/97; Beschl. v. 06.05.1997 - 1 StR 129/97; Beschl. v. 27.02.1997 - 1 StR 66/97; Beschl. v. 29.10.1996 - 1 StR 310/96; Beschl. v. 05.08.1998 - 2 StR 624/97; Beschl. v. 02.04.1997 - 2 StR 102/97; Beschl. v. 27.09.1996 - 2 StR 297/96; Beschl. v. 26.05.95 - 2 StR 239/95; Beschl. v. 06.05.1997 - 4 StR 152/97; Beschl. v. 20.08.1996 - 4 StR 309/96; Beschl. v. 04.12.1996 - 5 StR 594/96.

[487] Siehe zum Begriff der „Hürde" des § 265 StPO auf dem Weg zu einer Schuldspruchänderung: *Dallinger*, MDR 1970, 382.

[488] KK – *Engelhardt*, § 265, Rn. 10; *Kleinknecht/Meyer–Goßner*, § 265, Rn. 15. *Kalf*, NStZ 1997, 67, geht allerdings – ohne nähere Begründung – davon aus, daß die Änderung des Konkurrenzverhältnisses, den Angeklagten in seinem Verteidigungsverhalten schwerlich beeinflussen kann.

[489] Hatte der Angeklagte Gelegenheit, bei der Sachaufklärung, also bei allen tatsächlichen Fragen, Stellung zu nehmen?

[490] Vgl. zum Ganzen: *Batereau*, Schuldspruchberichtigung, S. 39, 47 f.

eine *andere* Verteidigung – so aber der BGH in vielen Fällen – sei ausgeschlossen. Selbstverständlich kann es Fallgestaltungen geben, in denen eine neue Verteidigung bzgl. des geänderten Konkurrenzverhältnisses tatsächlich nicht greifen kann. Die diesbezügliche Sicherheit des Revisionsgerichts kann dann aber nicht in dem bloßen Verweis auf eine solch fehlende neue Verteidigung nachvollzogen werden.

Die gerade angestellten Überlegungen gelten entsprechend auch und gerade für die Fälle, in denen vom BGH der Schuldspruch dergestalt geändert wurde, daß ein Delikt – eben mit dem bloßen Hinweis einer fehlenden anderen Verteidigungsmöglichkeit – ausgewechselt wurde[491]. Diese Gruppe nimmt mit ca. 44 % den größten Raum innerhalb der Entscheidungen ein, in denen die Schuldspruchänderung ohne entsprechenden Hinweis gem. § 265 StPO mit der Begründung einer fehlenden anderweitigen Verteidigungsmöglichkeit vorgenommen wurde.

So hat der BGH[492] in einem Fall die Verurteilung wegen gefährlicher Körperverletzung (§ 223a StGB a. F.) auf die Revision der Staatsanwaltschaft in eine solche wegen Körperverletzung mit Todesfolge (§ 226 StGB a. F.) geändert. Ohne inhaltlich näher auf die Entscheidung eingehen zu wollen, ist doch die Verurteilung wegen gefährlicher Körperverletzung ganz anderer Natur als eine solche wegen Körperverletzung mit Todesfolge; dies gilt allein schon für die Frage des Zurechnungszusammenhanges zwischen der Körperverletzung und der dadurch eingetretenen Todesfolge.

b) Keine Begründung

Ändert der BGH den Schuldspruch ohne eine Begründung anzugeben, warum ein rechtlicher Hinweis gem. § 265 Abs. 1 StPO nicht erforderlich ist, so zeigt sich bei der Gruppe der Entscheidungen, in denen das Konkurrenzverhältnis von Tatmehrheit in Tateinheit geändert wurde[493], eine Parallele zu den Judikaten, in denen eine solche Konkurrenzänderung mit dem Hinweis „gerechtfertigt" wurde, der Angeklagte könne sich ohnehin nicht anders als bisher geschehen verteidigen. Hier wie dort beträgt der Prozentwert 24; ca. ein Viertel aller Schuldspruchänderungen, die im Hinblick auf die Nichterforderlichkeit eines rechtlichen Hinweises keine Begründung enthielten, hatten also eine Änderung des Konkurrenzverhältnisses von Tatmehrheit in Tateinheit zum Inhalt. Dagegen erfolgte „nur" in ca. 19 % der Fälle einer Delikts-

---

[491] Siehe nur: BGH, StV 1997, 302; NStZ-RR 1997, 33; BGHR StGB § 263 I Versuch 1; BGHR StGB § 263 I Täuschungshandlung 1; Beschl. v. 14.11.1995 - 1 StR 612/95; Beschl. v. 12.03.1997 - 2 StR 95/97; Beschl. v. 26.03.1997 - 2 StR 88/97; Beschl. v. 24.07.1997 - 4 StR 193/97; Beschl. v. 29.08.1996 - 4 StR 380/96; Beschl. v. 28.11.1995 - 5 StR 610/95; Beschl. v. 17.09.1997 - 5 StR 470/97.

[492] BGH, NStZ 1997, 82.

[493] Siehe nur: BGH, NStZ 1996, 599; NStZ 1997, 379; StV 1995, 298; StV 1995, 521; StV 1998, 416; wistra 1996, 231; wistra 1996, 348; Beschl. v. 28.08.1997 - 1 StR 266/97; Beschl. v. 02.06.95 - 2 StR 198/95; Beschl. v. 06.08.1997 - 2 StR 259/97; Beschl. v. 26.02.1997 - 2 StR 597/96; Beschl. v. 21.11.1997 - 2 StR 548/97; Beschl. v. 19.04.95 - 3 StR 89/95; Beschl. v. 11.09.1996 - 3 StR 361/96; Beschl. v. 23.07.1997 - 3 StR 36/97; Beschl. v. 18.07.95 - 4 StR 295/95; Beschl. v. 19.12.1995 - 4 StR 657/95; Beschl. v. 03.02.1998 - 4 StR 631/97; Beschl. v. 20.03.1996 - 5 StR 69/96; Beschl. v. 13.08.1996 - 5 StR 332/96; Beschl. v. 24.09.1996 - 5 StR 457/96; Beschl. v. 27.11.1997 - 5 StR 464/97.

auswechselung keine Begründung, warum ein Hinweis nach § 265 StPO entbehrlich sei. Dies läßt sich vielleicht dadurch erklären, daß eine solche Schuldspruchänderung angesichts der Unterschiedlichkeit der geänderten bzw. der neuen Normen doch wenigstens einer kurzen Erläuterung bedarf?

Abschließend sei noch erwähnt, daß innerhalb der bzgl. § 265 Abs. 1 StPO ohne Begründung ergangenen Entscheidungen naturgemäß solche überwiegen, in denen ein oder mehrere Delikte ersatzlos weggefallen sind. In knapp 40 % war dies der Fall. Insgesamt geht der BGH in den Fällen, in denen eine Schuldspruchänderung erfolgte, ohne auf § 265 Abs. 1 StPO einzugehen, wohl stillschweigend ohne weiteres davon aus, eine andere bzw. erfolgreichere Verteidigung als bisher sei dem Angeklagten bei einer Zurückverweisung nicht möglich. Die dagegen schon oben geäußerten Bedenken gelten dementsprechend auch hier.

c) Zusammenfassung

Es kann festgehalten werden, daß zumindest nicht (mehr) davon gesprochen werden kann, daß § 265 Abs. 1 StPO eine echte Hürde auf dem Weg zu einer Schuldspruchänderung durch den BGH darstellt. Wenn in über 90 % der Entscheidungen der bloße Hinweis erfolgt, der Angeklagte habe bei einer Zurückverweisung sowieso keine von der jetzigen abweichende Verteidigungsmöglichkeit bzw. im Hinblick auf das Erfordernis des § 265 StPO überhaupt keine Ausführungen gemacht werden, so kann durch diese pauschale Betrachtungsweise schwerlich davon gesprochen werden, daß die Norm noch eine echte Grenze sei, welche es für eine Schuldspruchänderung zu beachten gilt. Im Gegenteil spricht der genannte Prozentwert für sich; der rechtliche Hinweis als solcher ist nur noch ein Punkt, dem das Revisionsgericht – wenn überhaupt – lediglich einen kurzen Satz widmet.

VIII. Senatsspezifika

Im folgenden sollen abschließend die einzelnen BGH–Senate noch in tatsächlicher Hinsicht näher beleuchtet werden. Inwieweit lassen sich z. B. hier Unterschiede im Hinblick auf die analoge Anwendung von § 354 Abs. 1 StPO ausmachen? Gibt es z. B. Senate die besonders oft von der analogen Anwendung der Norm Gebrauch machen oder umgekehrt nur sehr selten?

1. Anzahl der Schuldspruchänderungen

Schaut man sich die absolute Anzahl der Schuldspruchänderungen je Senat an, so ergibt sich das folgende Bild:

Grafik 16: Anzahl der Schuldspruchänderungen je Senat

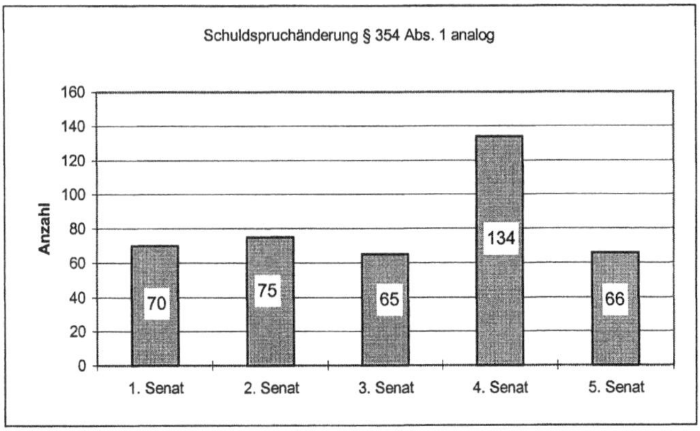

(Quelle: Eigene Erhebung)

Es fällt auf, daß der 4. Senat, was die Anzahl der Schuldspruchänderungen gem. § 354 Abs. 1 StPO angeht, eine Ausnahmestellung einnimmt. Grob gesprochen nimmt dieser Senat doppelt so oft eine Schuldspruchänderung vor, wie die anderen Senate, deren diesbezüglicher Output sich zwischen 65 und 75 Fällen bewegt. Wenn die Werte auch nicht als repräsentativ angesehen werden können, so ist doch zumindest eine gewisse Tendenz zu beobachten. Für den Angeklagten bedeutet dies konkret, daß – wenn der vierte Senat für „seine Revision" zuständig ist – er in erhöhtem Maße mit einer Schuldspruchänderung und dementsprechend insoweit auch mit dem Eintritt der Rechtskraft zu rechnen hat[494].

2. Varianten der Schuldspruchänderung je Senat

Untersucht man konkret die einzelnen Gruppen einer Schuldspruchänderung, so nimmt der 4. Senat wiederum – zumindest auch – eine „Sonderstellung" ein.

---

[494] Es soll aber schon hier auf die Tatsache hingewiesen werden, daß sich für den Bereich der Rechtsfolge eher das Gegenteil feststellen läßt; s. unten III.

Grafik 17: Varianten der Schuldspruchänderung je Senat (Absolute Werte)

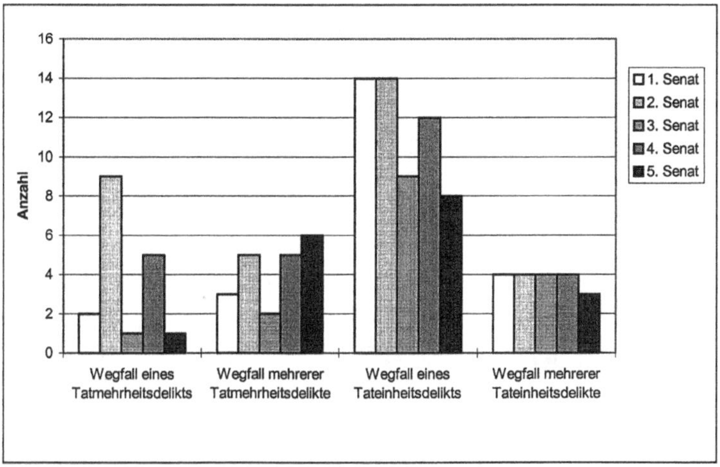

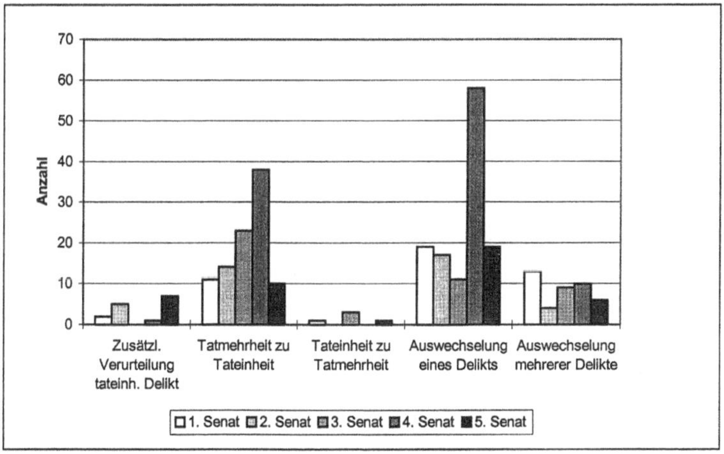

(Quelle: Eigene Erhebung)

Neben den absoluten Werten erscheint es auch interessant, festzustellen, wie sich die prozentuale Verteilung der einzelnen Alternativen der Schuldspruchänderung auf die Senate darstellt.

Grafik 18: Varianten der Schuldspruchänderung je Senat (Prozentwerte)

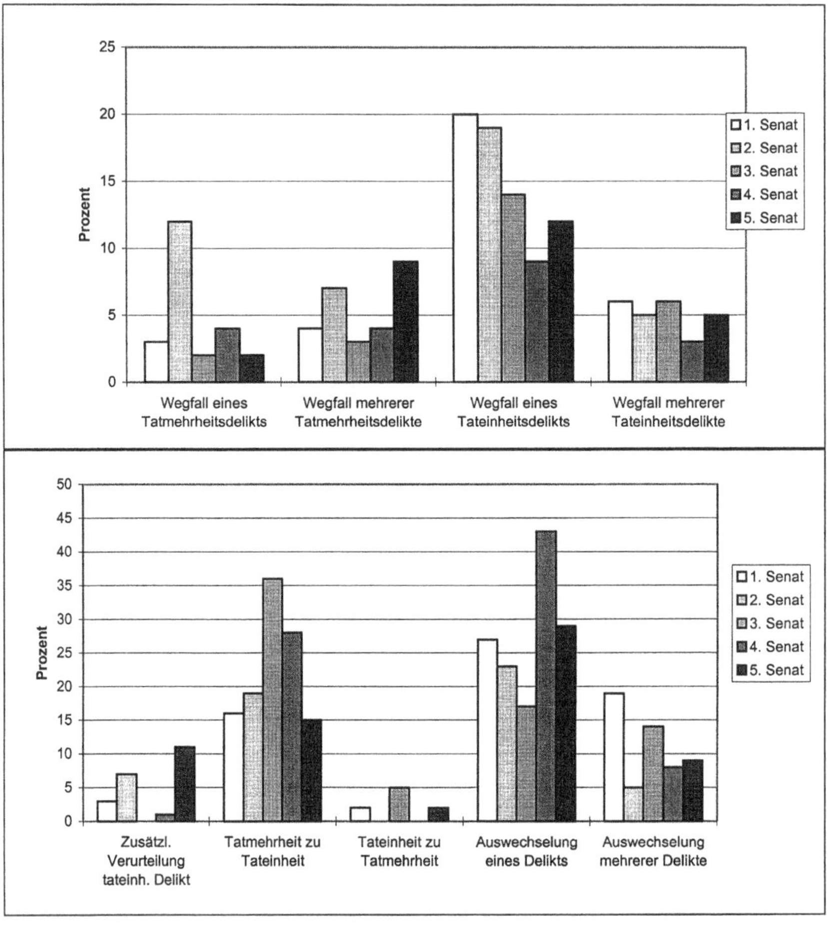

(Quelle: Eigene Erhebung)[495]

Es ist zu beobachten, daß der vierte Senat in ca. 43 % der insgesamt von ihm vorgenommenen Schuldspruchänderungen eine Deliktsauswechselung[496] durchgeführt

[495] Wenn die Summe innerhalb der einzelnen Alternativen nicht immer 100 % ergibt, so liegt dies daran, daß einige wenige Entscheidungen insoweit nicht nach der Art der vorgenommenen Schuldspruchänderung klassifiziert werden konnten.

[496] Gemeint ist hier, daß tatsächlich nur *ein* Straftatbestand ausgewechselt wurde.

hat und damit 13 Prozentpunkte über dem Durchschnitt liegt. Mit deutlichem Abstand folgt in dieser Kategorie der 5. Senat, der in ca. 29 % ein Delikt ausgetauscht hat. Untersucht man allerdings die Fälle, in denen mehrere Straftatbestände geändert wurden, so hebt sich der erste Senat ab, der in fast 19 % eine solche Schuldspruchänderung vorgenommen hat. Faßt man die Auswechslung eines und mehrerer Delikte zusammen, so nähern sich die Werte dieser beiden Senate denn auch an; der vierte Senat weist eine Quote von 51 %, der erste eine von 46 % auf. Zum Vergleich: Der „Gesamtwert" (also ein und mehrere Deliktsauswechselungen zusammengefaßt) liegt bei den anderen Senaten jeweils zwischen 28 und 38 %, also deutlich niedriger.

3. Auswirkung der Schuldspruchänderung auf den Rechtsfolgenausspruch je Senat

Wie wirkten sich die vom jeweiligen Senat vorgenommenen Schuldspruchänderungen auf den Rechtsfolgenausspruch aus?

Grafik 19: Schuldspruchänderung und Rechtsfolge je Senat (Absolute Werte)

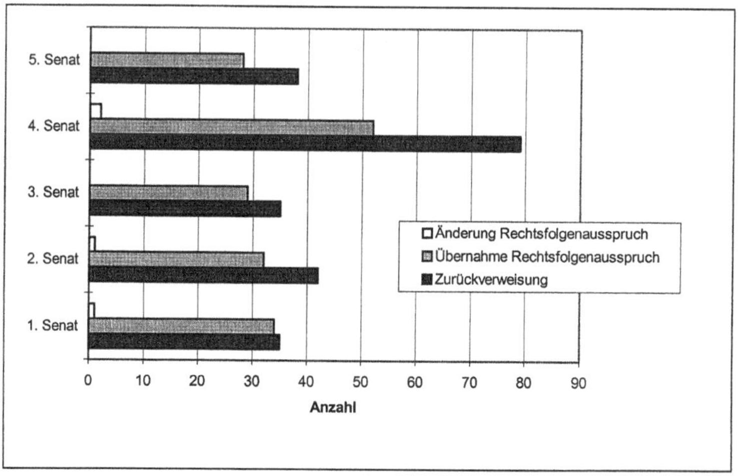

(Quelle: Eigene Erhebung)

„Führend" ist hier naturgemäß der vierte Senat, welcher ja auch absolut die meisten Schuldspruchänderungen zu verzeichnen hat. 79 Mal hat er die Sache an das Tatgericht zurückverwiesen und in 52 Fällen den vom Tatgericht festgesetzten Rechtsfolgenausspruch übernommen. Untersucht man die aussagekräftigeren prozentualen Quoten der jeweiligen Rechtsfolgenbestimmung bei den einzelnen Senaten, so ergibt sich folgendes Bild:

Grafik 20: Schuldspruchänderung und Rechtsfolge je Senat (Prozentwerte)

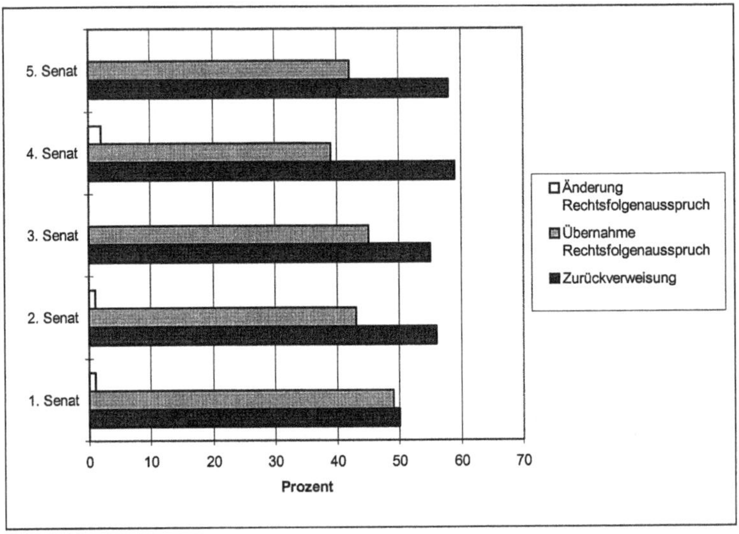

(Quelle: Eigene Erhebung)

Im Hinblick auf die Beziehung zwischen einer vorgenommenen Schuldspruchänderung und der Auswirkung auf den Rechtsfolgenausspruch lassen sich immerhin Differenzen von ca. 10 Prozentpunkten feststellen. Die Quote der Zurückverweisungen bewegt sich je Senat zwischen 50 und 59 %. Interessant erscheint dabei, daß der vierte Senat – der ja im Erhebungszeitraum absolut die meisten Schuldspruchänderungen aufzuweisen hat – prozentual (gut 59 %) die höchste Rückverweisungsquote (hinsichtlich des Rechtsfolgenausspruchs) aufzuweisen hat. Man könnte dies auch so formulieren, daß die relativ häufige Anwendung der nicht kodifizierten Schuldspruchänderung durch eine vermehrte, vom Gesetz vorgesehene, Anwendung der Zurückverweisung im Bereich der Rechtsfolge „ausgeglichen" wird. In dieses Bild paßt auch, daß der vierte Senat keine besonders hervorgehobene Rolle spielt, was die Erfolgsquote des Revisionsführers im allgemeinen angeht. Untersucht man nämlich *alle* Revisionen[497] unter dem Gesichtspunkt des tatsächlichen Erfolges für den Revisionsführer, so ist die diesbezügliche Quote des vierten Senates im Vergleich zu den anderen Senaten sehr gering: Versteht man unter einem Revisionserfolg eine Schuldspruchaufhebung (einschließlich einer evtl. Aufhebung des Rechtsfolgenausspruchs) und eine (alleinige) Aufhebung des Rechtsfolgenausspruchs, so sind die

---

[497] Im folgenden wird auf die Auswertung von *Barton*, Revisionsrechtsprechung, S. 62 ff. zurückgegriffen (Berücksichtigung der Jahre 1981 bis 1996).

Erfolgschancen des Revisionsführers bei jedem Senat (außer dem fünften) größer als beim vierten. Im einzelnen ergibt sich insoweit folgendes Bild[498]:

Tabelle 4: Aufhebungsquote der einzelnen Senate (1981 – 1996)

1. Senat	2. Senat	3. Senat	4. Senat	5. Senat
14%	18%	15%	13%	13%

(Quelle: DFG–Projekt)

Hat nun der vierte Senat bei den Schuldspruchänderungen die höchste Rückverweisungsquote und läßt sich im Hinblick auf die allgemeine Aufhebungsquote eher das Gegenteil feststellen, so wird zumindest die oben geäußerte Vermutung einer „Kompensation der analogen Anwendung des § 354 Abs. 1 StPO" durch eine Zurückverweisung im Bereich des Strafmaßes gestützt.

4. Begründung der Sachentscheidungskompetenz bzgl. § 265 StPO je Senat

Untersucht man die Schuldspruchänderungen unter dem Blickwinkel des § 265 StPO, fragt man also, mit welcher Begründung sich die Senate trotz des fehlenden Hinweises auf die Änderung der rechtlichen Bewertung, zu einer eigenen Sachentscheidung in der Lage sehen, so ergibt sich – absolut betrachtet – das Bild auf der folgenden Seite.

498 Siehe ausführlich zur „Erfolgsstatistik" der einzelnen Senate *Barton*, Revisionsrechtsprechung, Seite 62 (Grafik 16).

Grafik 21: Begründung der Sachentscheidungskompetenz bzgl. § 265 StPO je Senat (Absolute Werte)

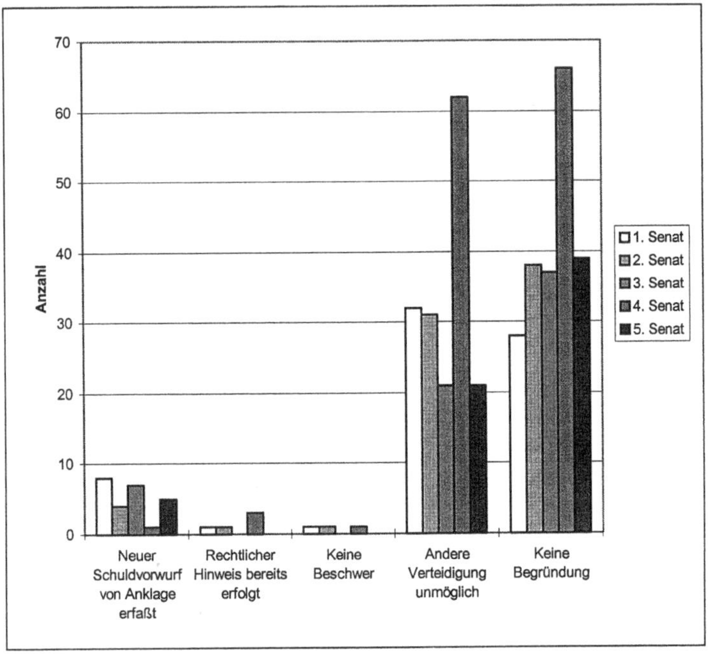

(Quelle: Eigene Erhebung)

Untersucht man die Spruchpraxis jedes Senates im Hinblick darauf, wie sich die jeweilige Quote im Verhältnis zu den jeweils gesamten eigenen Sachentscheidungen (§ 354 Abs. 1 StPO analog) darstellt, so läßt sich folgendes feststellen:

Grafik 22: Begründung der Sachentscheidungskompetenz bzgl. § 265 StPO je Senat (Prozentwerte)

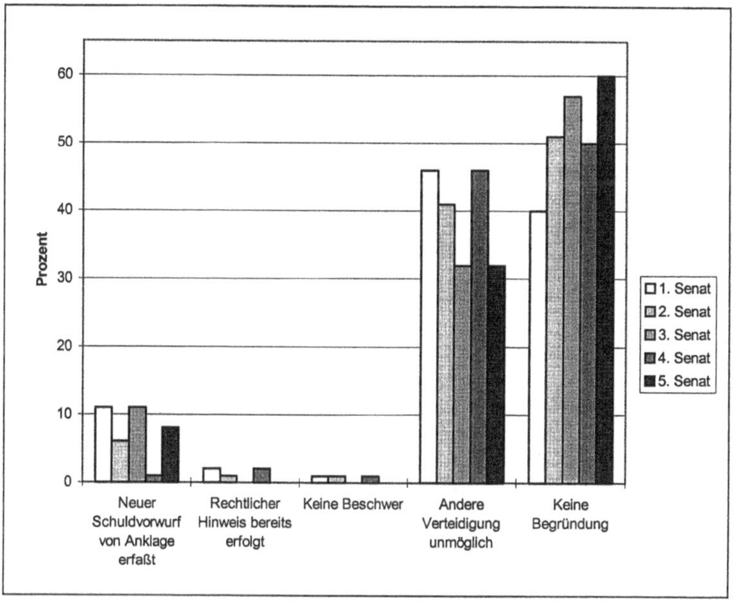

(Quelle: Eigene Erhebung)

Auffällig erscheint hier die Diskrepanz zwischen dem ersten und dem fünften Senat was die Entscheidungen betrifft, die ohne jegliche Begründung bzgl. des fehlenden rechtlichen Hinweises nach § 265 StPO ergangen sind. Während der erste Senat mit exakt 40 % ungefähr 10 Prozentpunkte „unter dem Durchschnitt" liegt, ist es beim fünften Senat quasi genau umgekehrt; die Quote von 60 % liegt ungefähr 10 Prozentpunkte über dem Durchschnitt. Eine Erklärung für dieses Phänomen fällt schwer. Es kann nicht darauf verwiesen werden, daß der fünfte Senat bzgl. der Beachtung von § 265 StPO relativ viel „unproblematische" Schuldspruchänderungen – namentlich der Wegfall von Delikten – vorgenommen hat. Im Gegenteil; während der erste Senat in ca. 33 % der Fälle den Schuldspruch insoweit änderte, als ein oder mehrere Straftatbestände ersatzlos gestrichen wurden, so betrug dieser Wert beim fünften Senat lediglich knapp 28 %[499]. Im übrigen greift der fünfte Senat relativ selten auf die Begründung einer fehlenden anderweitigen Verteidigungsmöglichkeit zurück. In lediglich 32% der von ihm getroffenen eigenen Sachentscheidungen findet sich eine solche Argumentation. Zusammen mit dem dritten Senat liegt er damit „am Schluß des Feldes". Hier ist es beim ersten Senat genau umgekehrt; zusammen mit dem vierten Senat geht er prozentual betrachtet am häufigsten davon aus, daß eine

[499] Siehe oben Grafik 19.

andere Verteidigung unmöglich sei (in 46% der Fälle). Auf der anderen Seite findet sich beim ersten Senat – wie bereits erwähnt – relativ selten keinerlei Begründung, warum denn nun die Beachtung von § 265 StPO entbehrlich sei.

F. Zusammenfassende Schlußbewertung

Bevor näher auf das in der Einführung formulierte Erkenntnisinteresse[500] eingegangen wird, sei noch einmal kursorisch die Regelung des § 354 Abs. 1 StPO beleuchtet, um so die gesetzliche Normkonzeption der tatsächlichen Spruchpraxis des BGH gegenüberstellen zu können.

I. § 354 Abs. 1 StPO als abschließende Regelung

§ 354 Abs. 1 StPO regelt die Fälle, in denen das Revisionsgericht selbst eine Entscheidung in der Sache vornehmen darf bzw. muß. Es handelt sich hier demnach um eine Ausnahme von dem Grundsatz, daß dem Revisionsgericht lediglich eine kassatorische Entscheidung zusteht, und zwar dergestalt, daß die Sache mit der Feststellung des Rechtsfehlers an das Untergericht zurückverwiesen wird (§ 354 Abs. 2 StPO)[501]. Eine solche Zurückverweisung erschien dem historischen Gesetzgeber aber grundsätzlich dann nicht angebracht, wenn das Revisionsgericht eine eigene Sachentscheidung zu treffen in der Lage ist, ohne die „klassische Aufgabenverteilung" zwischen Tat– und Revisionsgericht zu mißachten, nämlich in den Konstellationen, in denen eine Entscheidung allein durch eine rechtliche Prüfung herbeigeführt werden kann, ohne die tatrichterlichen Feststellungen in Frage stellen zu müssen[502]. Stichwort: Revision als Rechtsbeschwerde. Diese legislatorische Wertung erscheint nachvollziehbar, erscheint doch eine Rückverweisung hier als überflüssige Förmelei. So kann das Revisionsgericht selbst eine Freisprechung (§ 354 Abs. 1 Alt. 1 StPO), eine Verfahrenseinstellung (§ 354 Abs. 1 Alt. 2 StPO) vornehmen oder aber auch eine absolut bestimmte Strafe (§ 354 Abs. 1 Alt. 3 StPO) verhängen. Bei all diesen Alternativen erschließt sich das Entscheidungsergebnis allein aus einer vorhergehenden rechtlichen Subsumtion[503], ohne daß das Revisionsgericht ein – wie auch immer geartetes – Ermessen ausüben müßte. Eine solche Ermessensausübung ist aber in den beiden übrigen in § 354 Abs. 1 StPO aufgeführten Alternativen, nämlich der Verhängung der gesetzlich niedrigsten Strafe (Alt. 4) und dem Absehen von Strafe (Alt. 5) sehr wohl erforderlich, denn das Revisionsgericht muß sich hier fragen, ob diese Entscheidungsalternativen jeweils angemessen sind (§ 354 Abs. 1 StPO a. E.). Insoweit wird also der Grundsatz, daß eine eigene Sachentscheidung dem Revisionsgericht nur bei einer rechtlichen, ermessensunabhängigen Subsum-

---

[500] Siehe oben unter A. III.

[501] Siehe dazu oben B. I. 1.

[502] Siehe dazu oben B. I. 1.

[503] Siehe aber zur Problematik der Einordnung der lebenslangen Freiheitsstrafe als „absolut bestimmte Strafe" i. S. v. § 354 Abs. 1 Alt. 3 StPO unter B. II. 3. b).

tion zusteht, durchbrochen. Diese Inhomogenität der Norm ist aber als gesetzlich formulierte Ausnahme zu betrachten[504]. „Abgemildert" wird dieser dogmatische Bruch durch das Erfordernis der staatsanwaltlichen Zustimmung, so daß ein „Alleingang" des Revisionsgerichts verhindert wird.

Stellt sich nun während der revisionsgerichtlichen Nachprüfung des tatrichterlichen Urteils heraus, daß dieses im Schuldspruch einen Fehler aufweist – der Angeklagte also z. B. nicht wegen Diebstahls, sondern wegen Betruges zu bestrafen ist –, so sollten diese Fälle nach der gesetzlichen Konzeption an das Tatgericht zurückverwiesen werden. Die Rechtsansicht des Revisionsgerichts sollte hier sozusagen auf dem Umweg über das Tatgericht, welches aufgrund des heutigen § 358 Abs. 2 StPO an die revisionsgerichtliche Auffassung gebunden ist, zum Ausdruck kommen. Dies ergibt sich mit hinreichender Sicherheit aus der Entstehungsgeschichte der Norm[505]. Daß dieses Vorgehen als solches nicht unbedingt als prozeßökonomisch bezeichnet werden kann, ändert daran nichts. Immerhin ist aber darauf hinzuweisen, daß bzgl. der Neubestimmung des Rechtsfolgenausspruchs ja auf jeden Fall eine Zurückverweisung zu erfolgen hat – zumindest wenn die gesetzliche Konzeption zugrundegelegt wird –, eine solche also insgesamt nicht vermieden werden kann. In diesem Fall ist also zumindest auch über den Rechtsfolgenausspruch vom Tatrichter neu zu entscheiden. Selbst wenn sich herausstellt, daß der Strafausspruch aufrechterhalten werden kann, muß doch zumindest eine Reflektion hierüber erfolgen. Eine solche Strafzumessung ist aber nach der Konzeption der StPO allein dem Tatgericht vorbehalten, da nur aufgrund einer Hauptverhandlung eine schuld- und tatangemessene Strafe bestimmt werden kann. Aus eben diesem Grund ist dem Revisionsgericht aber auch eine über die ausdrücklich in § 354 Abs. 1 StPO geregelten Fälle hinausgehende eigene Strafzumessung verwehrt.

II. Die tatsächliche Erweiterung der revisionsgerichtlichen Sachentscheidungskompetenzen in der Praxis

Im Hinblick auf die durch die vorliegende Arbeit angestrebte Transparenz der BGH-Rechtsprechung auf dem Gebiet der eigenen Sachentscheidungen kann konstatiert werden, daß die dogmatischen Bedenken gegen eine Erweiterung eben dieser Sachentscheidungskompetenzen vom BGH mehr oder weniger ignoriert werden. Die eigene Sachentscheidung über den Rahmen von § 354 Abs. 1 StPO hinaus ist mittlerweile als alltägliches prozessuales Instrument anzusehen, die analoge Anwendung der Norm übertrifft z. B. bei weitem die Fälle, in denen direkt auf eine der kodifizierten Sachentscheidungsalternativen zurückgegriffen wurde[506]. Auch nimmt die quantitative Bedeutung der eigenen Sachentscheidung als solche immer mehr zu[507]. Somit kann vor dem Hintergrund der gesetzlich konzipierten restriktiven Zielrichtung nicht mehr davon gesprochen werden, die eigene Sachentscheidung durch das Revisionsgericht sei als bloße Ausnahme vom Regelfall der Zurückverweisung anzuse-

---

[504] Siehe dazu oben B. I. 1.

[505] Siehe oben C. III. 3. Ebenso *Steinmetz*, Sachentscheidungskompetenzen, S. 427.

[506] Siehe dazu oben Grafik 1.

[507] Siehe dazu oben Grafik 3.

hen. Anders formuliert nimmt der BGH immer mehr Einfluß auf die Verfahrensbeendigung.

1. Schuldspruchberichtigung / Eigene Strafzumessung

Inhaltlich werden von dieser erweiterten Anwendung praktisch alle nur denkbaren Konstellationen erfaßt, betreffen sie nun den Schuld– oder aber den Rechtsfolgenausspruch, wobei auch Kombinationen einer selbständigen Schuld– und Rechtsfolgenausspruchänderung zu beobachten sind[508]. So erfolgt z. B. nach einer Schuldspruchberichtigung eine eigenständige Anpassung der Rechtsfolge an den veränderten Schuldspruch, sei es auch nur in Form der Beibehaltung des bereits bestehenden Strafausspruchs. Selbst eine eigene Beweiswürdigung läßt sich feststellen[509]. Ist nach Ansicht des BGH nicht damit zu rechnen, daß bei einer Zurückverweisung ein anderes Ergebnis zu erwarten ist, als das, welches der jeweils erkennende Senat ausgesprochen hat, so ist die analoge Anwendung von § 354 Abs. 1 StPO die Folge. Kurz gefaßt kann festgestellt werden, daß die ursprünglich gezogenen Grenzen zwischen tatrichterlichen und revisionsgerichtlichen Aufgaben mehr und mehr verschwimmen. Der zur Rechtfertigung dieser Praxis immer wieder ins Feld geführte Gedanke der Prozeßökonomie[510] kann insoweit – selbst wenn man den Charakter des § 354 Abs. 1 StPO als abschließende Regelung außer acht läßt – keine ausreichende Grundlage bieten. Zum einen darf die tatsächliche „Wirkung" der erweiterten Normanwendung durchaus kritisch beurteilt werden, wenn in gut der Hälfte der Fälle dennoch eine Zurückverweisung erfolgt[511]. Zum anderen können verfahrenswirtschaftliche Gesichtspunkte schon deshalb nicht durchschlagen, weil – seien nun die Fälle teilweiser Zurückverweisung oder aber die Fälle betroffen, in denen vollständige Rechtskraft eintritt – eine eigene Sachentscheidung des BGH als solche praktisch nicht prognostizierbar ist.

2. Die analoge Anwendung des § 354 Abs. 1 StPO als prozessuales Gestaltungsinstrument

Untersucht man die Spruchpraxis des BGH, so fällt auf, daß vergleichbare Fallgestaltungen nicht immer einheitlich behandelt werden. So finden sich Entscheidungen, bei denen nach einer Änderung des Konkurrenzverhältnisses z. B. von Tatmehrheit in Tateinheit, die Sache im übrigen an das Tatgericht zurückverwiesen wird, während bei derselben Schuldspruchänderung auch Judikate zu beobachten sind, in denen eine Zurückverweisung unterblieben und die Rechtsfolge aufrechterhalten oder geändert worden ist[512]. Im übrigen lassen sich im Rahmen der Schuldspruchänderung Konstellationen ausmachen, die eine Zurückverweisung nahelegen, während bei

---

[508] Siehe im einzelnen zu den verschiedenen Variationen oben unter D. III.

[509] Siehe oben unter A. I. 1. sowie D. I. 1.

[510] Siehe dazu oben unter C. I.

[511] Siehe dazu oben Grafik 8.

[512] Siehe dazu oben unter D. III. 2. b) und c).

anderen Varianten der Eintritt vollständiger Rechtskraft wahrscheinlicher ist[513]. Generell gesprochen wird das Instrument der analogen Anwendung von § 354 Abs. 1 StPO benutzt, um auf den Verfahrensgang Einfluß zu nehmen, genauer: um das Verfahren mit einem gewünschten Ergebnis beenden zu können. Bzgl. der fehlenden ausdrücklich normierten Kompetenz zur eigenen Sachentscheidung kann konstatiert werden, daß der BGH hier gleichwohl eine solche Kompetenz in tatsächlicher Hinsicht mit mehr oder weniger pauschalisierten Begründungen annimmt. Ist aus der Sicht des erkennenden Senates z. B. lediglich eine bestimmte Rechtsfolge als adäquat anzusehen, so wird dies in der Regel lediglich mit einem entsprechenden Hinweis – welcher eben als Kompetenzzuweisung dient – festgestellt[514]. Entsprechendes gilt für die Problematik des veränderten rechtlichen Gesichtspunktes im Falle einer Schuldspruchänderung. Als Begründung, warum in bestimmten Fällen ein rechtlicher Hinweis nach § 265 StPO entbehrlich ist, dienen schablonenartige Argumentationsroutinen wie z. B. die Annahme, der Angeklagte hätte sich auch bzgl. des geänderten Schuldspruches nicht anders als bisher verteidigen können[515]. Quasi parallel einzuordnen sind die Begründungen im Hinblick auf die Selbstfestsetzung des Rechtsfolgenausspruchs. Einmal wird eine Zurückverweisung als entbehrlich angesehen und der Rechtsfolgenausspruch aufrechterhalten, weil der Schuld- und Unrechtsgehalt der Tat trotz vorgenommener Schuldspruchänderung gleich geblieben sei. Ein anderes Mal wird dagegen nach einer vorgenommenen Schuldspruchänderung die Sache ohne weiteres zurückverwiesen. Konkrete inhaltliche Aussagen bzgl. der Unterschiede der jeweiligen Fallgestaltungen fehlen. Als Folge dieser (notwendigerweise) restriktiven Begründungen wird die Einschätzung erschwert, wann denn nun eine eigene Sachentscheidung zu erwarten ist und wann nicht. Vielmehr kann durch diese Verfahrensweise praktisch jede Entscheidung in der Sache selbst gerechtfertigt werden. Anders gewendet könnte man sagen, daß in den Fällen, in denen das Ergebnis „unter dem Strich stimmt", eine Zurückverweisung durch den Einsatz des prozessualen Gestaltungsmittels der analogen Anwendung von § 354 Abs. 1 StPO vermieden wird bzw. vermieden werden kann[516]. Die Beantwortung der Frage, wann ein solch „richtiges Ergebnis" aus der Sicht des Revisionsgerichts gegeben ist, hängt also zwangsläufig von vielerlei Faktoren ab, die jenseits eines rein rechtlichen Kontrollmaßstabes anzusiedeln sind. Es werden also durchaus nicht immer rein rechtliche Maßstäbe angelegt. Das Recht bzw. der Rechtsfehler als solcher nimmt dabei also nicht mehr die ursprünglich vorgesehene zentrale Stellung ein.

Dieses Phänomen paßt durchaus ins Bild der Revisionsrechtsprechung im allgemeinen. Verläßt man nämlich die „spezielle Ebene" der eigenen Sachentscheidung und untersucht die Revisionsrechtsprechung „als Ganzes", so stellt man fest, daß

---

[513] Siehe dazu oben unter E. VI. 2. c) aa).

[514] Siehe dazu oben unter E. VII. 1.

[515] Siehe dazu oben unter E. VII.2.

[516] Hier sei noch einmal daran erinnert, daß auch die Ausdehnung des revisionsgerichtlichen Instrumentariums auf die Nachprüfung tatrichterlicher Feststellungen (Stichwort: Darstellungsrüge) auch und gerade auf das Bemühen der Revisionsgerichte zurückzuführen ist, eine „richtige Entscheidung" zu treffen. Siehe dazu LR – *Hanack*, § 337 Rn. 125 und *Fezer*, Pragmatismus und Formalismus, S. 340.

eben dieser Bedeutungsrückgang des Rechts und dementsprechend der Zuwachs außerrechtlicher Faktoren als allgemeines Kennzeichen der Revisionsrechtsprechung festzustellen ist[517]. *Barton* benutzt insoweit den plastischen Ausdruck des „soft law"[518] im Gegensatz zum rechtsfehlerorientierten formstrengen Recht.

3. Der Gegensatz zwischen historischer Interpretation und dem „richtigen Ergebnis"

Nun kann eingewandt werden, die Rekrutierung allein des historischen Informationsmaterials und den dadurch gewonnenen gesetzgeberischen Intentionen verschließe den Weg zu einem „richtigen Ergebnis"[519]. Soll z. B. der Schuldspruch nur deswegen nicht durch das Revisionsgericht selbst korrigiert werden dürfen, weil der Gesetzgeber ein überkommenes Verständnis von der Aufgabenteilung zwischen Tat– und Revisionsgericht hatte[520]? Soll nur aus diesem Grund eine verfahrensverzögernde Rückverweisung erfolgen, die bei rein vergleichender Betrachtung zwischen dem tatrichterlichen und dem revisionsrichterlichen Schuldspruch keine sachliche Berechtigung hat? Fordert nicht schon allein die materielle Gerechtigkeit eine entsprechende Gesetzesergänzung? Natürlich ist gerade in den Fällen der bloßen Subsumtionsänderung das praktische Bedürfnis nach einer (wenn auch vielfach nur teilweisen) Verfahrensvereinfachung anzuerkennen[521]. Es ist aber gerade insoweit auf das Spannungsverhältnis zwischen den Grenzen einer Rechtsfindung de lege lata und einer Rechtsanwendung contra legem hinzuweisen. Der Richter darf keine – ohne gegen den Grundsatz der Gewaltenteilung zu verstoßen – (angeblich von der materiellen Gerechtigkeit geforderte) Gesetzesergänzung vornehmen. Im übrigen ist hier noch einmal anzuführen, daß die so oft beschworenen Praktikabilitätserwägungen tatsächlich gar nicht so durchschlagend sind, wenn trotz analoger Anwendung von § 354 Abs. 1 StPO teilweise immer noch Zurückverweisungen erfolgen[522]. Der Satz von *Peters*[523]: „Praktikabilitätserwägungen können nicht gegenüber dem offensichtlichen Willen des Gesetzes durchschlagen" kann unter diesem Blickwinkel also durchaus noch erweitert werden: „Erst recht nicht, wenn das tatsächliche Ausmaß der Verfahrenswirtschaftlichkeit längst nicht so groß ist, wie gemeinhin angenommen". Davon abgesehen besteht die Gefahr einer rechtlich nicht fundierten Selektion bestimmter Fälle: Die erweiterte Anwendung von § 354 Abs. 1 StPO wird als Instrument genutzt, um eine eigene Entscheidung zu forcieren, wenn dies – aus welchen Gründen auch immer – wünschenswert erscheint. Der Revisionsrichter ge-

---

[517] Siehe dazu eingehend *Barton*, Revisionsrechtsprechung, S. 261 ff.

[518] *Barton*, Revisionsrechtsprechung, S. 276.

[519] Siehe zum Konflikt zwischen einer Gesetzesinterpretation mit Hilfe einer Betrachtung des Gesetzgebungsverfahrens und dem – angeblich – richtigen Inhalt des Gesetzes: *Pawlowski*, Methodenlehre, Rn. 462.

[520] Vgl. auch LR – *Hanack*, § 354, Rn. 1, der von einer „überkommenen Ausgestaltung des Revisionsverfahrens als Rechtsbeschwerdeverfahren" spricht.

[521] Es ist aber sogleich (wieder) vor einer Überbewertung der verfahrensökonomischen Komponente zu warnen!

[522] Siehe oben unter E. VI. 2.

[523] *Peters*, Schuldspruch durch das Revisionsgericht, S. 211.

rät allein durch die Möglichkeit einer solch extensiven Anwendung in die Gefahr, die Verantwortung für das richtige *Gesamtergebnis* des Verfahrens zu übernehmen und so eben den Boden der rechtlichen Komponente zugunsten einer eher allgemeinen Sozialkontrolle (Ist das Ergebnis in Ordnung?) zu verlassen[524]. Auf einen einfachen Nenner gebracht ist es also nicht nur die analoge Normanwendung als solche, welche kritisch zu hinterfragen ist, sondern auch und gerade die daraus resultierende, nicht prognostizierbare Möglichkeit, dieses prozessuale Instrument als Mittel zur Absicherung bestimmter Ergebnisse im Einzelfall zu gebrauchen. Auch die Tatsache, daß – rein tatsächlich – mittlerweile eine entsprechende (nicht nur auf dem Gebiet der analogen Anwendung des § 354 Abs. 1 StPO) revisionsgerichtliche Praxis im Hinblick auf eine „erweiterte Revision" besteht[525], kann kein Hindernis auf dem Weg zurück zur ursprünglichen Revisionskonzeption sein[526]. In die gleiche Richtung geht der Einwand, eine Veränderung des gegenwärtigen Zustandes scheitere schon an den bestehenden gesellschaftlichen Wert– und Gerechtigkeitsvorstellungen, die sich angeblich nicht mit einer solchen Veränderung (hin zum Ursprung) vereinbaren ließen[527]. Will man keine eigenständige „Quasi–Gesetzgebung" durch die Revisionsgerichte anerkennen, so ist die Umkehr zur Ursprungskonzeption vielmehr die natürliche Folge, woran auch (tatsächlich bestehende?) allgemeine Wert– und Gerechtigkeitsvorstellungen nichts zu ändern vermögen. *Foth*[528] stellt denn auch zu recht heraus, „daß sich vieles verändern läßt, was noch vor kurzem für unantastbar gehalten wurde".

III. Der BGH als faktischer Gesetzgeber

Abschließend sei konkret auf die Beziehung zwischen der erweiterten Normanwendung durch den BGH und den pseudo–legislativen Folgeerscheinungen eingegangen. Was ist damit gemeint? Wie gezeigt, wird die Norm des § 354 Abs. 1 StPO durch die Rechtsprechung in einer Art und Weise „gebraucht", die als solche nicht mit deren Regelungsgehalt vereinbar ist; zumindest nicht im tatsächlich gegebenen Ausmaß. Der Verfahrensausgang erfährt dadurch eine bestimmte Steuerung, wobei diese Steuerungsmöglichkeit durch den BGH originär – eben rein tatsächlich – geschaffen wird. Plastisch ausgedrückt könnte man sagen, daß der BGH hier seine eigenen Gesetze aufstellt, wobei anzumerken ist, daß diese „Spielregeln" nur bei Bedarf eingesetzt werden, wenn es nämlich darum geht, in einem bestimmten Maße

---

[524] Vgl. – allgemein auf die erweiterte Revision bezogen – *Rieß*, Gegenwart und Zukunft der Revision, S. 412. Siehe dazu auch *Barton*, Revisionsrechtsprechung, S. 278 ff.

[525] Siehe dazu den Aufsatz von *Peters*, Wandel im Revisionsrecht, in: Festschrift für Karl Schäfer zum 80. Geburtstag, 1979, S. 137 ff. Zusammenfassend *Barton*, Revisionsrechtsprechung, S. 4 ff.

[526] So aber *Rieß* ,Gegenwart und Zukunft der Revision, S. 408, 417, der bzgl. des (mittlerweile weiten) Verständnisses des Begriffs der Gesetzesverletzung in § 337 StPO genau aus diesem „Grund" ein im Vergleich zum Ist–Zustand engeres Verständnis des Begriffs der Gesetzesverletzung ablehnt. Siehe auch *Fezer*, Pragmatismus und Formalismus, S. 340, der die Entwicklung im Bereich der Darstellungsprüfung des Revisionsgerichts für unumkehrbar hält.

[527] *Rieß*, Gegenwart und Zukunft der Revision, S. 408.

[528] *Foth*, DRiZ 1997, 208.

Rechtskraft herbeizuführen. Stichwort: Apokryphe Entscheidungskriterien. Um eben diese außerrechtlichen Faktoren zur Geltung zu bringen, versteht sich der BGH nicht mehr nur als rechtsprechende Institution, sondern vielmehr als zumindest partiell rechtsetzende Stelle, praktisch als „alternativen Gesetzgeber"[529]. Auffällig erscheint nun, daß sich in dieser tatsächlichen Praxis die bzgl. der Neugestaltung des § 354 Abs. 1 StPO vorgesehene gesetzliche Reformbestrebung widerspiegelt[530]. Wenn die tatsächlich bereits bestehende Praxis der eigenen Strafzumessung durch das Revisionsgericht in bestimmten Fällen nunmehr ausdrücklich kodifiziert werden soll[531], liegt tatsächlich die Vermutung nahe – worauf schon hingewiesen wurde –, daß hier eine bestehende Übung nachträglich legitimiert werden soll, und zwar vor dem Hintergrund einer angeblich sowieso nicht mehr umkehrbaren Praxis. In der Tat vermischen sich dann die Grenzen zwischen Judikative und Legislative. Ein Zustand, vor dem nur gewarnt werden kann.

529 Siehe zur „neuen Revisionsrechtsprechung" als sozialem Steuerungsinstrument, *Barton*, Revisionsrechtsprechung, S. 278 ff.

530 Siehe zur geplanten Reform der Norm oben unter B. I. 2.

531 Dazu im einzelnen oben unter B. I. 2.

Literaturverzeichnis

Alsberg, Max: Justizirrtum und Wiederaufnahme, Berlin 1913

Alternativkommentar zur Strafprozeßordnung
- Band 1, §§ 1 – 93, Neuwied 1988
- Band 3, §§ 276 – 477, Neuwied, Kriftel, Berlin 1996

Barton, Stephan: Rechtstatsachen zur Dauer von Strafverfahren und zu deren Gründen, StV 1996, 690

ders.: Eine selbsterfüllende Prophezeiung: Die zunehmende Dauer von Strafverfahren, in: Schulz, J., Vormbaum, T. (Hrsg.), Festschrift für Günter Bemmann, 1997, S. 524 ff.

ders.: Die Revisionsrechtsprechung des BGH in Strafsachen, Neuwied und Kriftel 1999

Basdorf, Clemens: Nochmals: Beeinflussung der Strafe durch abweichende Beurteilung der Konkurrenzverhältnisse, in: NStZ 1997, 423

Batereau, Ludwig Hans: Die Schuldspruchberichtigung, Göttingen 1971

Bloy, René: Die Ausgestaltung der Rechtsmittel im deutschen Strafprozeßrecht, in: JuS 1986, 585

Bode, Karl Heinrich: Die Entscheidung des Revisionsgerichts in der Sache selbst, Berlin 1958

Bruns, Hans–Jürgen: Strafzumessungsrecht – Gesamtdarstellung, 2. Aufl., Köln u. a. 1974

Dahs, Hans (sen.) / Dahs, Hans (jun.): Die Revision im Strafprozeß, 5. Aufl., München 1993

Dallinger, Wilhelm: Das Strafrechtsänderungsgesetz, II. Teil: Gerichtsverfassung und Strafverfahren, in: JZ 1953, 620

ders.: Aus der Rechtsprechung des Bundesgerichtshofs in Strafsachen, in: MDR 1970, 380

Fezer, Gerhard: Die erweiterte Revision - Legitimierung der Rechtswirklichkeit? - Inhaltsanalyse eines Jahrgangs unveröffentlichter Entscheidungen des Bundesgerichtshofs in Strafsachen, Tübingen, 1974

ders.: Möglichkeiten einer Reform der Revision in Strafsachen, Tübingen 1975

ders.: Zum Verständnis der sog. Annahmeberufung (§ 313 StPO), in: NStZ 1995, 265

ders.: Strafprozeßrecht, 2. Aufl., München 1995

ders.: Pragmatismus und Formalismus in der revisionsgerichtlichen Rechtsprechung, in: Ebert / Rieß / Roxin / Wahle (Hrsg.), Festschrift für Ernst–Walter Hanack zum 70. Geburtstag am 30. August 1999, Berlin, New York 1999, S. 331 ff.

Foth, Eberhard: Anm. zu BVerfG, Beschl. v. 08.05. 1991 – 2 BvR 1380 / 90 (= NStZ 1991, 499), in: NStZ 1992, 444

ders.: Tatgericht, Revisionsgericht – Wer würdigt die Beweise?, in: DRiZ 1997, 201

Frisch, Wolfgang: Revisionsrechtliche Probleme der Strafzumessung – Eine Untersuchung über die Struktur und Revisibilität des richterlichen Ermessens bei der Strafzumessung, Köln u. a. 1971

Geerds, Friedrich: Anm. zu BayOblG, Urt. v. 22.08.1967 – RReg. 2 a St 234/67 (= JZ 1968, 388), in: JZ 1968, 390

Geppert, Klaus: Anm. zu HansOLG Hamburg, Urt. v. 17.01.1985 – 1 Ss 168/84 (= JR 1985, 429), in: JR 1985, 430

Große Strafrechtskommission des Deutschen Richterbundes: Gutachten zum Thema: Reform der Rechtsmittel im Strafverfahren

Hahn, Carl: Die gesamten Materialien zur Strafprozeßordnung
- 1. Abtheilung, Berlin 1880
- 2. Abtheilung, Berlin 1881

Hanack, Ernst Walter: Anm. zu BGH, Urt. v. 17.12.1991 - 5 StR 569/91 (= StV 1993, 62), in: StV 1993, 63

ders.: Anm. zu OLG Stuttgart, Urt. v. 14.07.1965 – 1 Ss 251/65 (= JZ 1966, 105), in: JZ 1966, 107

ders.: Anm. zu BGH, Beschl. v. 26.05.1967 – 2 StR 129/67 (= JZ 1968, 233), in: JZ 1968, 234

Hassemer, Winfried: Einführung in die Grundlagen des Strafrechts, 2. Aufl., München 1990

Henkel, Heinrich: Strafverfahrensrecht – Ein Lehrbuch, 2. Aufl., Stuttgart u. a. 1968

Jähnke, Burkhard: Über die Befugnis des Revisionsgerichts zur Nachprüfung der tatrichterlichen Beweiswürdigung, in: Ebert / Rieß / Roxin / Wahle (Hrsg.), Festschrift für Ernst–Walter Hanack zum 70. Geburtstag am 30. August 1999, Berlin, New York 1999, S. 355 ff.

Kalf, Wolfgang: Muß die Veränderung der Konkurrenzverhältnisse die Strafe beeinflussen?, in: NStZ 1997, 66

Karlsruher Kommentar zur Strafprozeßordnung und zum Gerichtsverfassungsgesetz mit Einführungsgesetz, 4. Aufl., München 1999

Kemper, Werner: Horizontale Teilrechtskraft des Schuldspruchs und Bindungswirkung im tatrichterlichen Verfahren nach der Zurückverweisung – §§ 353, 354 Abs. 2 StPO, Frankfurt a. M. 1993

Kern, Eduard: Anm. zu BayObLG, Urt. v. 23.10.1919 (= JW 1920, 56), in: JW 1920, 56

Kleinknecht, Theodor / Meyer–Goßner, Lutz: Strafprozeßordnung, Gerichtsverfassungsgesetz und ergänzende Bestimmungen, 44. Aufl., München 1999

KMR: Kommentar zur Strafprozeßordnung, begründet von Kleinknecht/Müller/Reitberger, herausgegeben von Heintschel-Heinegg/Stöckel, Band 3, Neuwied (Stand: Oktober 1999)

Krey, Volker: Zur Problematik richterlicher Rechtsfortbildung contra legem (I), in: JZ 1978, 361

von Kries, August: Lehrbuch des Deutschen Strafprozeßrechts, Freiburg i. Br. 1892

Kühne, Hans–Heiner: Strafprozeßlehre – Eine systematische Darstellung für Prüfung und Praxis, 4. Aufl., Heidelberg 1993

Küper, Wilfried: Die Richteridee der Strafprozeßordnung und ihre geschichtlichen Grundlagen, Berlin 1967

Lackner, Karl / Kühl, Kristian: Strafgesetzbuch mit Erläuterungen, 23. Aufl., München 1999

Löwe, Ewald / Rosenberg, Werner: Die Strafprozeßordnung und das Gerichtsverfassungsgesetz - Großkommentar, 25. Aufl., herausgegeben von Rieß, Peter, Berlin u. a. 1999

Lüttger, Hans: Die Änderung des Schuldspruchs durch das Revisionsgericht in der Rechtsprechung des Obersten Gerichtshofs für die Britische Zone, in: DRZ 1950, 348

Luther, Horst: Freie Beweiswürdigung und ihre revisionsgerichtliche Überprüfung im Strafverfahren (Teile 1 und 2), in: NJ 1994, 294 ff. und 346 ff.

Mannheim, Hermann: Beiträge zur Lehre von der Revision wegen materiellrechtlicher Verstöße im Strafverfahren, Berlin 1925

Merkel, Paul: Anm. zu RG, Urt. v. 06.01.1922 – 5 D 1331/21 (= JW 1923, 399), in: JW 1923, 399

Müller, Friedrich: Juristische Methodik, 7. Aufl., Berlin 1997

Müller–Christmann, Bernd: Warenhauspassage als Geschäftsraum oder befriedetes Besitztum? – OLG Oldenburg, NJW 1985, 1352, in: JuS 1987, 19

Münchener Kommentar zum Bürgerlichen Gesetzbuch, Band 1, Allgemeiner Teil (§§ 1 – 240) und AGB–Gesetz, 3. Aufl., München 1993

Nack, Armin: Aufhebungspraxis der Strafsenate des BGH, NStZ 1997, 53

Naucke, Wolfgang: Der Revisionsrichter in Strafsachen, in: Bemmann, Günter / Manoledakis, Ioannis (Hrsg.), Der Richter in Strafsachen, (Griechisch-Deutsches Symposium, Hagen, 1992), Baden-Baden 1992, S. 107 ff.

Neumann, Ulfried: Unfaires Spielen an Geldautomaten – OLG Celle, NStZ 1989, 367, in: JuS 1990, 535

Otto, Harro: Anm. zu OLG Oldenburg, Urt. v. 31.07.1989 – 1 Ss 226/89 (= JR 1990, 127), in: JR 1990, 128

Pawlowski, Hans–Martin: Methodenlehre für Juristen – Theorie der Norm und des Gesetzes, 3. Aufl., Heidelberg 1999

Perels, Michael: Zum Verhältnis von Wiederaufnahmeantrag und Urteilsberichtigung und seinen kostenrechtlichen Folgen, in: NStZ 1985, 538

Peters, Karl: Strafprozeß, 4. Aufl., Heidelberg 1985

ders.: Bundesverfassungsgericht und Bundesgerichtshof (Eine Betrachtung zu dem Beschluß BverfG v. 19.10.1977 – JZ 1978, 20), in: JZ 1978, 230

ders.: Der Wandel im Revisionsrecht, in: Hassenpflug, Helwig (Hrsg.), Festschrift für Karl Schäfer zum 80. Geburtstag, Berlin, New York, 1979, S. 137 ff.

ders.: Schuldspruch durch das Revisionsgericht bei Freispruch in der Tatsacheninstanz, in: Spendel, Günter (Hrsg.), Studien zur Rechtswissenschaft, Festschrift für Ulrich Stock zum 70. Geburtstag am 8. Mai 1966, Würzburg 1966, S. 197 ff.

Pfeiffer, Gerd: Strafprozeßordnung und Gerichtsverfassungsgesetz – Kommentar, 2. Aufl., München 1999

Ranft, Ottfried: Strafprozeßrecht – Systematische Lehrdarstellung für Studium und Praxis, 2. Aufl., Stuttgart u. a. 1995

Richter, Hans: Rechtsschöpferische Gedanken in der Rechtsprechung des Reichsgerichts zum Strafverfahrensrecht, in: Mettgenberg, Wolfgang (Hrsg.), Erwin Bumke zum 65. Geburtstage, Berlin 1939, S. 85 ff.

Rieß, Peter: Zur Revisibilität der freien tatrichterlichen Überzeugung, in: GA 1978, 257

ders.: Einige statistische Bemerkungen und Hinweise zur Revisionstätigkeit des BGH in Strafsachen, in: Arbeitsgemeinschaft Strafrecht des DAV, 1986, S. 40

ders.: Statistische Erhebungen zur Revisionsrechtsprechung des Bundesgerichtshofs, StV 1987, 269

ders.: Über Aufhebungsgründe in Revisionsentscheidungen des Bundesgerichtshofs, NStZ 1982, 49

ders.: Gedanken zum gegenwärtigen Zustand und zur Zukunft der Revision in Strafsachen, in: Ebert / Rieß / Roxin / Wahle (Hrsg.), Festschrift für Ernst–Walter Hanack zum 70. Geburtstag am 30. August 1999, Berlin, New York 1999, S. 397 ff.

Roxin, Claus: Strafverfahrensrecht, 25. Aufl., München 1998

Sachs, Michael (Hrsg.): Grundgesetz – Kommentar, 2. Aufl., München 1999

Salditt, Franz: Anm. zu BGH, Urt. v. 19.01.1999 – 1 StR 171/98 (= NJW 1999, 1562), in: NStZ 1999, 420

Sarstedt, Werner: Anm. zu KG, Urt. v. 27.09.1956 – (2) 1 Ss 164/56 (106/56), (= JR 1957, 270), in: JR 1957, 272

ders.: Besprechung von: Bode, Karl Heinrich, Die Entscheidung des Revisionsgerichts in der Sache selbst, in: JR 1959, 199

Sarstedt, Werner / Hamm, Rainer: Die Revision in Strafsachen, 6. Aufl., Berlin, New York 1998

Scheffler, Uwe: Anm. zu BGH, Beschl. v. 09.07.1991 – 4 StR 291/91 (= NStZ 1992, 297), in: NStZ 1992, 297

ders.: Die überlange Dauer von Strafverfahren – Materiellrechtliche und prozessuale Rechtsfolgen, Berlin 1991

ders.: Anm. zu BGH, Beschl. v. 24.07.1991 – 5 StR 286 / 91 (= NStZ 1992, 78), in: NStZ 1992, 79

ders.: Anm. zu BGH, Beschl. v. 15.05.1996 - 2 StR 119/96 (= NStZ 1997, 29), in: NStZ 1997, 30

Schlothauer, Reinhold: Gerichtliche Hinweispflichten in der Hauptverhandlung, in: StV 1986, 213

Schlüchter, Ellen: Das Strafverfahren, Köln u. a. 1983

Schmid, Werner: Anm. zu BayObIG, Beschl. v. 14.02.1994 – 1 St RR 222/93 (= BA 1994, 328), in: BA 1994, 330

Schmidt, Eberhard: Lehrkommentar zur Strafprozeßordnung und zum Gerichtsverfassungsgesetz:
– Teil II: Erläuterungen zur Strafprozeßordnung und zum Einführungsgesetz zur Strafprozeßordnung, Göttingen 1957
– Nachträge und Ergänzungen zu Teil II (Strafprozeßordnung), Nachtragsband I, Göttingen 1967

Schmitt, Rudolf: Die Konkurrenz im geltenden und künftigen Strafrecht – Gleichzeitig eine Besprechung von: Geerds, Zur Lehre von der Konkurrenz im Strafrecht, in: ZStW 75 (1963), 179

Schönke, Adolf / Schröder, Horst: Strafgesetzbuch – Kommentar, 25. Aufl., München 1997

Schroeder, Friedrich–Christian: Schreien als Gewalt und Schuldspruchberichtigung durch Beschluß – BGH, NJW 1982, 189, in: JuS 1982, 491

Schwinge, Erich: Grundlagen des Revisionsrechts, 2. Aufl., Bonn 1960

Steinmetz, Jan: Sachentscheidungskompetenzen des Revisionsgerichts in Strafsachen (§ 354 Abs. 1 StPO), Berlin 1997

Streng, Franz: Anm. zu BayObIG, Beschl. v. 8.7.1992 – 2 St RR 127/92 (= JR 1993, 471), in: JR 1993, 472

Systematischer Kommentar zum Strafgesetzbuch, herausgegeben von Rudolphi/Horn/Samson/Günther/Hoyer, Band 1, Allgemeiner Teil (§§ 1 bis 79 b), 7. Aufl. (Stand: Oktober 1998), Neuwied u. a.

Tröndle, Herbert / Fischer, Thomas: Strafgesetzbuch und Nebengesetze, 49. Aufl., München 1999

Wagner, Heinz: Die Beweiswürdigungspflicht im tatrichterlichen Urteil im Falle der Verurteilung, ZStW 106 (1994), 259

Walbaum, Ina: Schuldspruch in der Revisionsinstanz nach freisprechendem Urteil des Tatgerichts, Frankfurt a. M. u. a. 1996

Weitzel, Jürgen: Grundzüge des Rechts der Rechtsmittel, in: JuS 1992, 625

Wimmer, August: Die ändernde Sachentscheidung des Revisionsgerichts in Strafsachen, in: MDR 1948, 69

Zeiler, A.: Aus der Werkstatt des Revisionsrichters, in: DRiZ 1935, 42

Zippelius, Reinhold: Juristische Methodenlehre, 7. Aufl., München 1999

BIELEFELDER RECHTSSTUDIEN

Schriftenreihe für Gesetzgebungswissenschaft, Rechtstatsachenforschung und Rechtspolitik
Herausgegeben von Prof. Dr. Otto Backes, Prof. Dr. Stephan Barton,
Prof. Dr. Gerhard Otte, Prof. Dr. Martin Stock

Band 1 Ingrid Künzler: Macht der Technik – Ohnmacht des Rechts? Regelungsbedarf und Regelungsmöglichkeiten im Bereich Gentechnologie. 1989.

Band 2 Andreas Kondziela: Opferrechte im Jugendstrafverfahren. Legitimation und Grenzen aus theoretischer und empirischer Sicht. 1991.

Band 3 Dorothea Rzepka: Polizei und Diversion. Das Bielefelder Modell der Informationsvermittlung. 1993.

Band 4 Silvia Voß: Staatsanwaltschaftliche Entscheidung – Beeinflussung durch systematische Informationserweiterung? Die Umsetzung des Bielefelder Modellversuchs durch die Staatsanwaltschaft. 1993.

Band 5 Helmut Janssen: Die Praxis der Geldstrafenvollstreckung. Eine empirische Studie zur Implementation kriminalpolitischer Programme. 1994.

Band 6 Peter A. Peters: Das deutsche Insiderstrafrecht unter Berücksichtigung strafrechtlicher Konsequenzen für Kreditinstitute und prozessualer Durchsetzung. 1997.

Band 7 Olivia Lührmann: Tötungsrecht zur Eigentumsverteidigung? Eine Untersuchung des Notwehrrechts unter verfassungsrechtlichen, menschenrechtlichen und rechtsvergleichenden Gesichtspunkten. 1999.

Band 8 Marion Rosenke: Die rechtlichen Probleme im Zusammenhang mit der weiblichen Genitalverstümmelung. 2000.

Band 9 Dagmar Spona: Laienbeteiligung im Strafverfahren. Eine rechtssoziologische Untersuchung zur Funktion der Laienbeteiligung im Strafprozess. 2000.

Band 10 Stefan Vogelsang: Die Bedeutung erfolgreicher Verfahrensrügen für das nachfolgende tatrichterliche Urteil. Eine rechtstatsächliche Untersuchung der Aufhebungsentscheidungen des Bundesgerichtshofs in Strafsachen der Jahre 1992 und 1993 sowie der entsprechenden tatrichterlichen Urteile. 2001.

Band 11 Georg Zimmermann: Staatliches Abhören. 2001.

Band 12 Thomas Schwarz: Die eigene Sachentscheidung des BGH in Strafsachen (§ 354 Abs. 1 StPO). Eine normativ-empirische Studie. 2002.

FSC
www.fsc.org
MIX
Papier | Fördert gute Waldnutzung
FSC® C083411

Kolibri 360 GmbH
Ferdinand-Jühlke-Straße 7
99095 Erfurt, Deutschland
produktsicherheit@kolibri360.de

Druck:
CPI Druckdienstleistungen GmbH
im Auftrag der
Kolibri 360 GmbH
Ferdinand-Jühlke-Str. 7
99095 Erfurt